D1722965

Heiko Bellmann

Der Kosmos
Heuschreckenführer

Die Arten Mitteleuropas sicher bestimmen

KOSMOS

Inhalt

Über Heuschrecken 5

Systematik, Körperbau und Biologie 6
Körperbau 6
Vorkommen und Lebensraum 16
Ernährung 20
Gesang 20
Paarung 28
Eiablage 28
Jugendentwicklung 29
Häutung 32
Feinde der Heuschrecken 33
Gefährdung und Schutz 36
Fang, Haltung und Sammeln 37
Fotografieren und Tonaufnahmen 39

Bestimmungsschlüssel 41
Artbestimmung nach Merkmalen des Körperbaus 41
Artbestimmung nach dem Gesang 59

Die Heuschrecken-Arten 71

Familie Tettigoniidae (Laubheuschrecken) 72
Unterfamilie Phaneropterinae (Sichelschrecken) 72
Unterfamilie Meconeminae (Eichenschrecken) 102
Unterfamilie Conocephalinae (Schwertschrecken) 106
Unterfamilie Tettigoniinae (Heupferde) 110
Unterfamilie Decticinae (Beißschrecken) 114
Unterfamilie Ephippigerinae (Sattelschrecken) 154
Unterfamilie Saginae (Sägeschrecken) 160

Familie Rhaphidophoridae (Höhlenschrecken) 162

Familie Gryllidae (Grillen) 166

Familie Gryllotalpidae (Maulwurfsgrillen) 182

Familie Tetrigidae (Dornschrecken) 184

Familie Tridactylidae (Grabschrecken) 194

Familie Pamphagidae (Steinschrecken) 196

Familie Pyrgomorphidae (Kegelkopfschrecken) 198

Familie Catantopidae (Knarrschrecken) 200

Familie Acrididae (Feldheuschrecken) 220
Unterfamilie Locustinae (Ödlandschrecken) 220
Unterfamilie Acridinae (Nasenschrecken) 248
Unterfamilie Gomphocerinae (Grashüpfer) 250

Glossar 338
Verwendete Abkürzungen bei den Fundorten hinter den Bildlegenden 339
Literaturverzeichnis 340
Register 344
Impressum 350

Über
Heuschrecken

Systematik, Körperbau und Biologie

In der ungemein artenreichen Tierklasse der Insekten (zu ihnen zählen etwa drei Viertel aller bekannten Tierarten) gehören die Heuschrecken zur Gruppe der Hemimetabola, den Insekten mit unvollständiger Verwandlung. Diese entwickeln sich aus dem Ei über eine unterschiedliche Zahl von Larvenstadien zur Imago, dem ausgewachsenen Tier. Das sonst für die Metamorphose der Insekten typische Puppenstadium fehlt also. In die nächste Verwandtschaft der Heuschrecken (Ordnung Saltatoria) gehören die Schaben (Blattodea), Ohrwürmer (Dermaptera) und Fangheuschrecken (Mantodea). Alle vier Ordnungen zusammen bezeichnet man als Geradflügler oder Orthopteren. Innerhalb der Saltatoria werden zwei Unterordnungen unterschieden: die Ensifera oder Langfühlerschrecken (mit den Laubheuschrecken und Grillen) und die Caelifera oder Kurzfühlerschrecken (mit den Dornschrecken, Knarrschrecken und Feldheuschrecken). Durch die unterschiedliche Länge ihrer Fühler lassen sich die Angehörigen der beiden Unterordnungen leicht unterscheiden. Nur die Maulwurfsgrille bereitet hier Schwierigkeiten: Trotz ihrer Zugehörigkeit zu den Ensifera besitzt sie kurze Fühler; ihr fehlt auch das zweite wichtige Merkmal, die lange Legeröhre im weiblichen Geschlecht. Über die systematische Gliederung der Heuschrecken herrscht momentan leider keine einheitliche Auffasung. Während die meisten Autoren z. B. die Heuschrecken weiterhin als eine einzige Ordnung der Insekten betrachten, behandeln andere die Langfühler- und Kurzfühlerschrecken als zwei getrennte Ordnungen. Bei der Aufteilung in Familien, Unterfamilien usw. gehen die Meinungen sehr weit auseinander. Bei drei im gleichen Jahr, teilweise sogar im gleichen Zeitschriftenband veröffentlichten Arbeiten (Coray & Lehmann 1998, Heller et al. 1998, Ingrisch & Köhler 1998) sind die Aussagen derart verschieden, dass keine einheitliche Linie erkennbar ist. Um hier neuen Schwierigkeiten aus dem Wege zu gehen, habe ich im speziellen Teil die bereits in der vorangegangenen Auflage dieses Buches getroffene systematische Gliederung, die sich weitgehend am Standardwerk von Harz (Harz 1969 u. 1975, Harz & Kaltenbach 1976) orientiert, beibehalten.

Körperbau

Der Körper der Heuschrecken (Abb. 1, S. 7) ist in drei Abschnitte gegliedert: Kopf, Thorax (Brust) und Abdomen (Hinterkörper). Der Kopf trägt ein Paar Antennen (Fühler), Mundwerkzeuge und Augen.

Die Mundwerkzeuge gehören zum ursprünglichen, beißenden Typus (bei anderen Insekten finden wir mannigfache Abwandlungen, etwa zu leckend-saugenden oder stechenden Mundteilen). Sie setzen sich zusammen aus einem Paar kräftiger, gezähnter Mandibeln (Oberkiefer) zum Abbeißen der Nahrungsteilchen, einem Paar Maxillen (Unterkiefer) zum Zerkleinern der Nahrung und einem unpaaren Labium (Unterlippe), das ein Herabfallen der Nahrung verhindert. Zum besseren Festhalten der Nahrung (auch zum Abtasten) sind die Maxillen und das Labium mit langen, gegliederten Palpen (Tastern) ausgerüstet. Abgedeckt werden die Mundwerkzeuge vom Labrum (Oberlippe), einem unpaaren Anhang des Clypeus (Kopfschild).

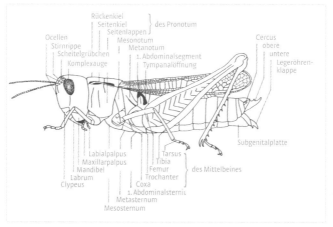

Abb. 1 Körpergliederung einer Feldheuschrecke *(Stenobothrus lineatus ♀)*; Mundwerkzeuge nur teilweise sichtbar

Die paarigen Komplexaugen setzen sich aus einer Vielzahl winziger Einzelaugen zusammen. Diese erzeugen jeweils einen Bildpunkt, so dass die Heuschrecke von ihrer Umwelt etwa das Bild eines sehr groben Zeitungsrasters erhält. An der Vorderseite des Kopfes liegen drei weitere, punktförmige Einzelaugen, die Ocellen. Über ihre Funktion sind wir noch unzureichend informiert; sie dienen aber u. a. dem Dämmerungssehen.

Als weitere Merkmale des Kopfes einer Kurzfühlerschrecke wären noch die Stirnrippe (eine breite, zwischen den Fühlern herablaufende Längsleiste) und die Scheitelgrübchen zu erwähnen. Bei Letzteren handelt es sich um dreieckige, trapezförmige oder rechteckige Vertiefungen dicht neben den Komplexaugen, die nicht bei allen Arten vorkommen, aber oft von systematischer Bedeutung sind.

Der Thorax setzt sich aus drei Segmenten (Pro-, Meso- und Metathorax) zusammen, deren Rückenplatten als Pro-, Meso- und Metanotum, die dazugehörigen Bauchplatten als Pro-, Meso- und Metasternum bezeichnet werden. Die beiden hinteren Segmente sind durch Furchen in jeweils einen vorderen und einen hinteren Abschnitt unterteilt. Das Pronotum oder Halsschild ist gegenüber den beiden hinteren Thoraxsegmenten auffallend vergrößert. Auf seiner Oberseite verlaufen oft drei Längskiele: in der Mitte der Rückenkiel, seitlich davon die Seitenkiele (deren Form oft für die Bestimmung wichtig ist). Eine Querfurche etwa in der Pronotummitte trennt dieses in einen vorderen Abschnitt, die Prozona, und einen hinteren, die Metazona. Die Halsschildseitenlappen reichen ungefähr bis zum Ansatz der Vorderbeine herab.

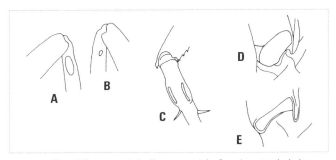

Abb. 2 Hörorgane: A *Gryllus campestris* ♂, rechtes Vorderknie von außen, B dto. von innen; C *Tettigonia viridissima* ♂, rechtes Vorderknie von vorn; D *Chorthippus apricarius* ♀, rechte Tympanalöffnung; E *Chorthippus biguttulus* ♀, rechte Tympanalöffnung

Der Thorax trägt alle Bewegungsorgane: drei Paar Laufbeine und zwei Paar Flügel. Die Beine gliedern sich (vom Körper aus) in die Abschnitte Coxa (Hüfte), Trochanter (Schenkelring), Femur (Schenkel), Tibia (Schiene) und Tarsus (Fuß), dieser mit drei oder vier Tarsalgliedern und zwei Endklauen. Das hintere Beinpaar ist außerordentlich kräftig entwickelt: sein Femur enthält die mächtige Sprungmuskulatur, die den Heuschrecken zu ihrer bemerkenswerten Sprungfähigkeit verhilft. Bei den Langfühlerschrecken liegen in den Vorderbeinen, kurz hinter dem Kniegelenk, die Hörorgane (Abb. 2, A-C). In den Tibien liegen zwei Trommelfelle, die durch breitovale (2 A) oder spaltförmige Öffnungen (2 C) mit dem Außenmedium in Verbindung stehen. Bei den Grillen ist das innere Trommelfell oft kleiner (2 B) oder fehlt ganz.

Die beiden Flügelpaare unterscheiden sich deutlich. Das vordere Paar ist schmal und stärker sklerotisiert (verhärtet) als das hintere. Die Hinterflügel werden im Flug fächerförmig ausgebreitet; in der Ruhelage liegen sie schmal zusammengefaltet unter den länglichen Vorderflügeln. Für die Bestimmung der einander sehr ähnlichen Grashüpfer ist vielfach eine Untersuchung des Geäders im Vorderflügel notwendig.

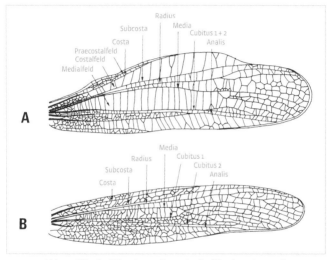

Abb. 3 Flügelgeäder des rechten Vorderflügels: A *Stauroderus scalaris* ♂, B *Omocestus virdulus* ♀

Die wichtigsten Begriffe seien daher kurz erläutert (vergl. Abb. 3, S. 9). Die Längsadern heißen – vom Vorderrand zum Hinterrand (bei angelegten Flügeln von unten nach oben) – Costa, Subcosta, Radius, Media, Cubitus und Analis. Der Cubitus ist meist doppelt vorhanden. Zwischen den Längsadern liegen Felder, die nach den vor ihnen liegenden Adern benannt sind, also etwa hinter der Costa das Costalfeld, hinter der Media das Medialfeld. Oft sind diese beiden erwähnten Felder verbreitert (3 A). Bei einem verbreiterten Medialfeld sind meist die beiden Cubitus-Adern miteinander verwachsen. Ein weiteres für die Bestimmung wichtiges Flügelfeld ist das Praecostalfeld. Es liegt vor der Costa am Vorderrand des Flügels und ist bei vielen Arten nahe der Flügelbasis erweitert (3 A). Die Hinterflügel sind für die Artbestimmung meist von untergeordneter Bedeutung; sie können aber unterschiedlich stark verdunkelt, sogar einfarbig braunschwarz sein (*Arcyptera fusca, Stauroderus scalaris*). Sechs heimische Arten besitzen bunte Hinterflügel; an ihrer Farbe und Zeichnung sind diese Arten leicht zu erkennen.

Bei weitem nicht alle Heuschrecken sind flugfähig. Die Flügel können in unterschiedlichem Maße zurückgebildet sein; manchmal fehlen sie vollständig (*Tachycines asynamorus, Myrmecophilus acervorum*). Kurzflügelige Arten kann man leicht mit Larven verwechseln. Bei vielen normalerweise kurzflügeligen Heuschreckenarten treten hin und wieder voll geflügelte Individuen auf.

Das Abdomen als dritter Körperabschnitt trägt im Innern vor allem den Verdauungstrakt und die Geschlechtsorgane. Äußerlich setzt es sich aus Tergiten (Rückenplatten) und Sterniten (Bauchplatten) zusammen. An den Seiten des ersten Abdominalsegments liegt bei den Knarrschrecken und den Feld-

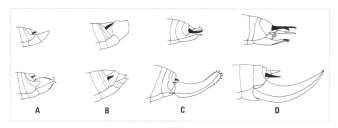

Abb. 4 Abdomenspitze männlicher (obere Reihe) und weiblicher Heuschrecken (untere Reihe): A *Tetrix tenuicornis*, B *Chorthippus biguttulus*, C *Isophya kraussii*, D *Metrioptera roeselii*; Cercus und Stylus der linken Körperseite schwarz

heuschrecken jederseits ein Hörorgan (Abb. 2, D+E, S. 8). Eine schmal nieren-
förmige, halbkreisförmige oder ovale Öffnung führt zu einem schräg dahinter
liegenden Trommelfell, dem Tympanum. Die Tympanalöffnung ist oft nicht
leicht zu finden; meist braucht man eine Lupe, um sie zu erkennen, und oft liegen die Flügel teilweise darüber.

Die Hinterleibsspitze bietet die sicherste Möglichkeit, beide Geschlechter zu unterscheiden (Abb. 4, S. 12). Alle Heuschreckenweibchen (mit
Ausnahme der Maulwurfsgrille) besitzen eine vierklappige (in Seitenansicht
zweiklappige) Legeröhre. Bei den Ensifera sind die oberen und unteren Legeröhrenklappen fest miteinander verbunden (verfalzt); bei den Caelifera können sie wie Zangen auseinander gespreizt werden. Während die Legeröhren
der Langfühlerschrecken als sichelförmige, schwertförmige oder stabförmige
Anhänge deutlich erkennbar sind, können die kurzen Legeröhrenklappen der
Kurzfühlerschrecken teilweise ins Abdomen zurückgezogen sein. Wenn man
leicht auf das Abdomen der lebenden Heuschrecke drückt, treten sie etwas
deutlicher hervor.

Bei männlichen Kurzfühlerschrecken erscheint die Abdomenspitze, je
nach der Form der Subgenitalplatte, abgerundet oder zugespitzt. Die löffelför-
mig ausgehöhlte Subgenitalplatte (das letzte Abdominalsternit) umschließt in
der Ruhelage die männlichen Genitalien. Bei den männlichen Langfühlerschrecken ist die Subgenitalplatte flach oder etwas gebogen, am Ende oft
zweizipflig und mit paarigen Anhängen, den Styli, versehen (fehlen bei den
Sichelschrecken). Sehr auffallend und artweise verschieden sind bei den Ensifera die Cerci entwickelt (Abb. 5, S. 16). Sie können in unterschiedlicher Weise
gebogen oder gezähnt sein und bilden in vielen Fällen ein zuverlässiges
Bestimmungsmerkmal.

Seite 14
Oben: Paarung von *Isophya kraussii*, (Schlatt SA) 26. 6. 84
Unten: *Barbitistes serricauda*, ♀ frisst Spermatophore, (Ulm SA) 5. 8. 84

Seite 15
Oben: Paarung von *Myrmeleotettix maculatus*, Gosheim NöR 28. 8. 83
Unten: Paarung von *Tetrix tuerki*, Reichenau Gr 11. 8. 84

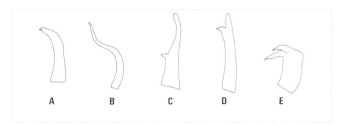

Abb. 5 Linker Cercus männlicher Laubheuschrecken: **A** *Polyarcus denticauda*, **B** *Barbitistes serricauda*, **C** *Tettigonia cantans*, **D** *Metrioptera bicolor*, **E** *Ruspolia nitidula*

Vorkommen und Lebensraum

Die einzelnen Heuschreckenarten stellen sehr unterschiedliche Ansprüche an ihren Lebensraum. Manche Arten, etwa *Tettigonia viridissima* und *Chorthippus parallelus*, kommen mit sehr verschiedenen Lebensbedingungen zurecht und kommen daher in ganz unterschiedlichen Lebensräumen vor; man bezeichnet sie als euryöke Arten. Andere, die so genannten stenöken Arten, können nur in ganz speziellen Gebieten, die genau ihren Ansprüchen genügen, leben. Ein Beispiel hierfür sind die Bewohner von Kiesbänken der Alpenflüsse, z. B. *Tetrix tuerki* und *Bryodemella tuberculata*. Solche Arten werden besonders stark durch Umweltveränderungen geschädigt (s. Kap. Gefährdung und Schutz, S. 36).

Da die Ursprungsgebiete unserer meisten Heuschrecken in wärmeren Zonen, etwa im Mittelmeerraum, liegen, ist für viele die Temperatur ein über alles entscheidender Faktor. Manche können sich auf Dauer nur in menschlichen Gebäuden halten *(Tachycines asynamorus, Acheta domesticus)*; andere sind auf die wärmsten und trockensten Gegenden angewiesen (z. B. *Ephippiger ephippiger, Calliptamus italicus)*. Neben wärmebedürftigen gibt es aber auch kälteresistente Heuschrecken, die nur im Gebirge vorkommen *(Gomphocerus sibiricus)*. Auch für Feuchtgebiete gibt es Spezialisten, etwa die *Conocephalus*-Arten und *Stethophyma grossum*.

In vielen Fällen lässt sich anhand der vorkommenden Heuschreckenarten sehr schön ein kleinräumiges Mosaik unterschiedlicher Lebensbedingungen in einem scheinbar gleichförmigen Gebiet dokumentieren. So können beispielsweise auf einer Moorrandwiese in trockenen Bereichen *Myrmeleotettix maculatus* und *Omocestus rufipes* häufig vorkommen, in nur ganz leicht feuchten Senken werden sie durch *Chorthippus dorsatus* und *Metrioptera bra-*

chyptera ersetzt und im Bereich sumpfiger Mulden treten *Stethophyma grossum* und *Chorthippus montanus* an ihre Stelle. Die euryöken Arten, wie *Chorthippus parallelus* und *Euthystira brachyptera*, können im gesamten Gebiet auftreten. So lassen sich, ähnlich wie bei der Pflanzensoziologie mit Pflanzen, auch Heuschreckengesellschaften aufstellen, die jeweils für ganz bestimmte Umweltbedingungen charakteristisch sind (Ingrisch 1982). Da die stenöken Heuschreckenarten Jahr für Jahr an genau den gleichen Orten leben, stellen sie vorzügliche Indikatoren für unveränderte, bei ihrem Verschwinden für veränderte Umweltbedingungen dar.

Besonders artenreiche Heuschreckenbiotope sind kurzgrasige Trockenrasen, auch Feuchtwiesen und sonnige Waldsäume. Die größte Artenvielfalt trifft man verständlicherweise in Gegenden an, die kleinräumig sehr unterschiedliche Lebensbedingungen aufweisen. Insbesondere Moore mit trockenen Randbereichen und einer nassen Kernzone können solche Bedingungen erfüllen. So konnte ich beispielsweise innerhalb weniger Tage in einem Riedgebiet von etwa zwei Kilometern Durchmesser 23 verschiedene Heuschreckenarten nachweisen. Für derartige Bestandserhebungen reichen oft schon wenige Begehungen aus, da man im Hoch- und Spätsommer (Ende Juli bis Ende September) nahezu alle Arten gleichzeitig antreffen kann.

Ernährung

Allgemein herrscht die Ansicht vor, dass Heuschrecken Pflanzenfresser und damit schädlich sind. Diese Meinung stützt sich ganz auf die historischen Erfahrungen mit den Wanderheuschreckenschwärmen längst vergangener Zeiten. Nur die Kurzfühlerschrecken und die Sichelschrecken sind reine Pflanzenfresser. Die meisten Caelifera fressen aber fast nur Gräser; andere Pflanzen nehmen die meisten von ihnen nur in Ausnahmefällen als Nahrung an. Fast alle Laubheuschrecken sind auf Mischkost eingestellt. Sie verzehren kleine, weichhäutige Insekten, wie Raupen und Blattläuse, daneben verschiedene Pflanzen, besonders solche von weicher, saftiger Beschaffenheit (z. B. Löwenzahn, Vogelmiere und Kleearten). Der Anteil tierischer und pflanzlicher Bestandteile an der Nahrung ist artweise verschieden. Die großen Laubheuschrecken, wie das Grüne Heupferd und der Warzenbeißer, scheinen sich vorwiegend von anderen Tieren zu ernähren; sie fressen sogar die von den meisten Räubern verschmähten Larven des Kartoffelkäfers. Die Eichenschrecken leben sogar ausschließlich von anderen Insekten, besonders von Blattläusen. Auch die viel geschmähte Maulwurfsgrille frisst offensichtlich vorzugsweise Insektenlarven, z. B. Engerlinge und Eulenraupen. Die angeblichen Schadwirkungen von Heuschrecken sind also maßlos übertrieben – im Gegenteil: Viele Arten erweisen sich als ausgesprochen nützlich.

Gesang

Die Heuschrecken sind die wichtigste Insektenordnung mit differenzierten Lautäußerungen. Bei keiner anderen Insektengruppe gibt es eine derartige Fülle verschiedener Gesänge. Die Töne werden dabei unter Mithilfe ganz unterschiedlicher Strukturen hervorgebracht.

Bei fast allen Ensifera werden die beiden Vorderflügel leicht angehoben und dann gegeneinander gerieben (S. 167). Bei den Grillen liegt dabei der rechte, bei den Laubheuschrecken der linke Flügel im Allgemeinen oben; die Maulwurfsgrille nimmt mal den einen, mal den anderen Flügel nach oben. Das Geräusch entsteht dadurch, dass eine Schrillleiste mit Querrippen (Abb. 6 B, S. 21) – sie befindet sich auf der Unterseite des oberen Flügels – über eine Schrillkante am unteren Flügel (Abb. 6 A: Sk) gerieben wird (bei den Grillen sind die lauterzeugenden Strukturen in beiden Flügeln etwa gleich entwickelt). Durch zwei große, membranöse Flächen, die Harfe und den Spiegel (Abb. 6 A: Ha, Sp), wird der Ton verstärkt (bei den Laubheuschrecken nur durch den Spiegel).

Die Feldheuschrecken streichen einen oder beide Hinterschenkel über die Flügel. Bei den Grashüpfern reibt eine gezähnte Leiste auf der Innenseite

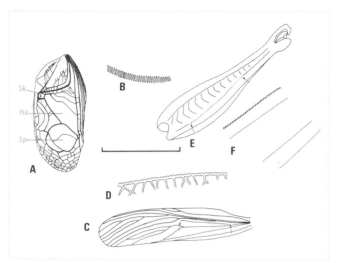

Abb. 6 Stridulationsorgane: A *Gryllus campestris* ♂, rechter Vorderflügel (Ha: Harfe, Sp: Spiegel, Sk: Schrillkante), B dto., Ausschnitt der Schrillleiste; C *Psophus stridulus* ♂, linker Vorderflügel, D dto., Ausschnitt der Schrillleiste (Blickrichtung vom Hinterrand des Flügels); E *Gomphocerus sibiricus* ♂, rechter Hinterschenkel von innen, F dto., Ausschnitt der Schrillleiste (Blickrichtung von unten, die Striche markieren die Längskiele und die Außenseite des Schenkels). Der Maßstab bezeichnet 1 mm für B, D, F. Die Schrillleisten liegen in A, C, E jeweils zwischen den Pfeilen.

Seite 22
Oben links: Eigelege *Phaneroptera falcata*, (Jockgrim Pf) 8. 9. 84
Oben rechts: Eigelege *Chrysochraon dispar*, (Weißlingen BS) 12. 9. 84
Unten links: Eigelege *Oedipoda caerulescens*, (Jockgrim Pf) 17. 9. 84
Unten rechts: Eigelege *Euthystira brachyptera*, Baustetten OS VIII 76

Seite 23
Oben links: Larve *Barbitistes serricauda*, letztes LaSt. ♀, (Ulm SA) 10. 7. 84
Oben rechts: Larve *Conocephalus discolor*, vorletztes LaSt. ♀, Riedheim BS 29. 7. 84
Unten links: Larve *Euthystira brachyptera*, letztes LaSt. ♀, Arnegg SA 11. 16. 84
Unten rechts: Larve *Psophus stridulus*, letztes LaSt. ♂, (Solnhofen FrA) 18. 7. 84

des Hinterschenkels (Abb. 6 E, F) über den vorstehenden Radius des Vorderflügels. Der Resonanzboden wird von den dachförmig gehaltenen Flügeln gebildet, die zwischen sich und dem Abdomen einen Zwischenraum freilassen.

Bei den Ödlandschrecken (Locustinae) ist die Leiste auf der Innenseite des Hinterschenkels ungezähnt; sie besitzen dafür eine spezielle, den Grashüpfern fehlende Zwischenader (Vena intercalaris) im Medialfeld des Vorderflügels (Abb. 6 C). Diese Ader steht deutlich über die Flügeloberfläche empor; sie ist auf ihrer ganzen Länge mit abgerundeten Zähnchen besetzt (Abb. 6 D). *Stethophyma grossum*, die Sumpfschrecke, hat eine von den übrigen Locustinae abweichende Gesangsweise entwickelt. Sie hebt einen Hinterschenkel an und schleudert die Schiene nach hinten weg. Dabei streifen die Enddorne der Hintertibie über die Vena intercalaris und erzeugen so den markanten „Schienenschleuder-Zick", der etwas an das Knipsen mit den Fingernägeln erinnert.

Die Knarrschrecken stridulieren, indem sie die Kauflächen ihrer Mandibeln aneinander reiben; man kann es mit „Zähneknirschen" vergleichen. Die fein knisternden Töne sind nur auf nächste Distanz wahrzunehmen. Besonders ausgefallen ist die Gesangserzeugung bei *Meconema thalssinum*, der Gemeinen Eichenschrecke. Sie winkelt eines ihrer Hinterbeine stark an und trommelt mit dem Tarsus auf die Unterlage, meist ein Blatt. Dabei entsteht ein schnurrendes Geräusch, das etwa 1 m weit hörbar ist.

Einige Feldheuschrecken (*Psophus stridulus, Bryodemella tuberculata, Arcyptera fusca* und *Stauroderus scalaris*) erzeugen ein deutliches, schnarrendes Fluggeräusch, *Psophus* sogar ein auffallendes Klappern. Die Entstehung dieser Geräusche ist anscheinend noch nicht in allen Einzelheiten geklärt. Bei den schnarrenden Arten ist im Hinterflügel jede zweite Längsader auffallend verstärkt. Das Schnarren könnte durch Auf- und Abwärtsschwingungen der zwischen diesen stärkeren Längsadern liegenden Paare von Flügelfeldern (die jeweils durch eine schwächere Längsader gelenkig verbunden sind) entstehen.

Bei vielen Heuschrecken singen auch die Weibchen, vor allem bei den Grashüpfern. Hier besitzen auch die weiblichen Tiere ähnliche Schrillleisten wie die Männchen, jedoch in etwas vereinfachter Ausführung. Die Weibchengesänge drücken im Allgemeinen deren Paarungsbereitschaft aus. Sie sind wesentlich leiser als die Männchengesänge und selten zu hören. Daher spielen sie für die Artansprache keine wesentliche Rolle.

Die meisten Langfühlerschrecken verfügen nur über eine einheitliche Singweise, die höchstens von der Temperatur beeinflusst wird. *Tettigonia cantans* z. B. singt bei warmem Wetter mit einem fließenden Schwirren. Wenn die

Temperatur aber abends auf Werte von 15 °C und weniger absinkt, werden die einzelnen Tonstöße deutlich hörbar. Von der Temperatur unabhängige, verschiedene Singweisen sind bei Laubheuschrecken selten. Eine Ausnahme bildet der abwechslungsreiche Gesang von *Polysarcus denticauda*. Er setzt sich aus einer immer wieder gleichen Reihe von Schwirrtönen unterschiedlicher Frequenz und ganz scharfen Einzeltönen zusammen. Bei der Feldgrille (und auch bei den anderen Grillen) gibt es unterschiedliche Gesangsformen: normalen Gesang zum Anlocken der Weibchen und zur Abgrenzung der Reviere, Kampfgesang zweier Männchen und Werbegesang zum Einleiten der Paarung. Eine ähnliche Vielfalt verschiedener Gesangsformen ist auch für die meisten Grashüpfer kennzeichnend. Hier kommt es allerdings niemals zu Kämpfen unter den Männchen, sondern nur zu Rivalengesängen, die zur Einhaltung der nötigen Individualabstände ausreichen. Die Werbegesänge sind vielfach in mehrere Stufen untergliedert, die mit der zunehmenden Annäherung des Männchens und schließlich mit dem Aufsteigen auf das Weibchen korreliert sind.

Entwicklung von *Tettigonia viridissima* (♀), (Ingstetten BS), Maßstab jeweils 1 cm

Seite 26
Oben links: 1. Larvenstadium, 6. 5. 84
Oben rechts: 2. Larvenstadium, 15. 5. 84
Unten links: 3. Larvenstadium, 3. 6. 84
Unten rechts: 4. Larvenstadium, 19. 6. 84

Seite 27
Oben links: 5. Larvenstadium, 26. 6. 84
Oben rechts: 6. Larvenstadium, 4. 7. 84
Unten links: 7. Larvenstadium, 15. 7. 84
Unten rechts: Imago, 27. 7. 84

Paarung

Die Paarung verläuft bei den Ensifera und Caelifera in grundsätzlich verschiedener Weise. Bei den Kurzfühlerschrecken verhält sich das Weibchen weitgehend passiv; es kann allerdings seine Paarungsbereitschaft (etwa durch einen speziellen Gesang) oder seine Nichtbereitschaft (z. B. durch Abwehrbewegungen mit den Hinterschienen) zum Ausdruck bringen. Das Männchen steigt ggf. auf und vollzieht die Paarung, indem es seine Abdomenspitze seitlich am weiblichen Abdomen vorbeiführt und dann von unten dessen Abdomenspitze ergreift. Oft lässt sich das Männchen anschließend nach hintenüberfallen und wird dann, auf dem Rücken liegend, vom Weibchen mitgeschleift (S. 15 oben). Bei den meisten Arten dauert die Paarung recht lange (20 Minuten bis mehrere Stunden lang).

Bei den Langfühlerschrecken verhält sich das Weibchen wesentlich aktiver. Angelockt vom Gesang des Männchens, nähert es sich diesem, falls es in Paarungsstimmung ist. Schließlich ersteigt es den Rücken des Männchens, das dann mit seinen Cerci die weibliche Abdomenspitze ergreift. Dann tritt aus der männlichen Genitalöffnung eine bei vielen Arten sehr große, weißliche Spermatophore aus, die an der weiblichen Genitalöffnung angeheftet wird. Diese Spermatophore besteht aus einer gallertigen Substanz, die im Innern die Spermien enthält. Oft ist sie in mehrere kugelige Abschnitte gegliedert. Kurz nach dem Austreten der Spermatophore trennt sich das Paar. Der Paarungsvorgang ist bei vielen Arten schon nach wenigen (zwei bis fünf) Minuten beendet, bei anderen dauert er bis zu einer halben Stunde. Das Weibchen beginnt sogleich nach der Trennung mit dem Verzehren der Gallerte. Während des meist mehrstündigen Fressvorgangs wandern die Spermien in die weibliche Genitalöffnung. Bei vielen Ensifera gibt es Abweichungen von der oben erwähnten Paarungsstellung, indem z. B. das Männchen sich unter dem Weibchen nach hinten wegdreht oder sich auf den Kopf stellt.

Eiablage

Wenige Tage nach der Paarung beginnt das Weibchen mit der Eiablage. In den meisten Fällen bohrt es die Legeröhre (Ensifera) oder die gesamte Abdomenspitze (Caelifera) ins Erdreich. Während bei den Langfühlerschrecken die Eier lose in kleinen Gruppen oder einzeln abgelegt werden, betten Feldheuschrecken ihre Eier in ein rasch erhärtendes, schaumiges Sekret. Bei den Dornschrecken hängen sie mit einem Pol aneinander, so dass ein Gelege wie ein kleines Bananenbüschel aussieht. Manche Laubheuschrecken wählen oberirdische Ablageorte, z. B. rissige Baumrinde oder Pflanzenstängel. Die Gemeine Sichelschrecke legt ihre flachen Eier zwischen die obere und untere Epidermis von Blättern (S. 22 oben links). Unter den Feldheuschrecken kommt oberirdische Ablage nur bei den beiden Goldschrecken vor (wenn man einmal von einigen Arten absieht, die ihre Eipakete oberflächlich an der Basis von Gräsern ablegen). Die Große Goldschrecke legt ihre Eier in abgebrochene, verholzte Pflanzenstängel (S. 19 oben, S. 22 oben rechts). Ihre kleinere Verwandte faltet Blätter zusammen und befestigt dazwischen ihre Eipakete (S. 22 unten rechts).

Jugendentwicklung

Aus den überwinternden Eiern (nur die Grillen und Dornschrecken überwintern bei uns in anderen Stadien) schlüpfen im Frühjahr Larven, die schon im ersten Stadium sehr an die ausgewachsenen Heuschrecken erinnern. Kurzfühlerschrecken haben vier oder fünf, Laubheuschrecken fünf bis sieben und Grillen z. T. mehr als zehn Larvenstadien. Zunächst sind von den Flügeln nur winzige Spuren zu erkennen. Erst in den beiden letzten Larvenstadien werden die Flügelanlagen als lappenförmige Gebilde deutlich erkennbar. Auf den ersten Blick könnte man diese Stadien leicht mit kurzflügligen Imagines verwechseln. Bei den Flügelanlagen der Larven ist aber immer der hintere Flügel fächerförmig ausgebreitet und über den vorderen geklappt; oft liegen beide Flügelanlagen etwas nebeneinander. Bei kurzflügligen adulten Heuschrecken dagegen bedeckt der Vorderflügel immer vollständig den zusammengefalteten Hinterflügel. Der lange Legebohrer der Laubheuschrecken entwickelt sich ganz allmählich, indem er von Stadium zu Stadium jeweils etwa seine Länge verdoppelt (S. 26 u. 27). In den ersten Stadien ist er aber nur mikroskopisch erkennbar.

Imaginalhäutung bei *Tettigonia cantans* (♂), (Pfullingen SA) 4.8.84

Seite 30
Oben links: Die Larvenhaut hat sich gelöst (8.30 Uhr).
Oben rechts: Die Heuschrecke gleitet nach unten aus der Exuvie.
Unten links: Die Flügel sind frei.
Unten rechts: Vorder- und Mittelbeine sind frei, die Hinterschenkel geknickt.

Seite 31
Oben links: Beine und Fühler sind frei.
Oben rechts: Die Heuschrecke ist ganz aus der Exuvie heraus.
Unten links: Die Flügel sind entfaltet, aber noch nicht zusammengelegt.
Unten rechts: Die Exuvie wird verzehrt (9.45 Uhr).

Im letzten Stadium hat er bereits seine volle Länge erreicht. In vielen Fällen, besonders bei den Laubheuschrecken, ist es möglich, schon nach den ersten Larvenstadien die Arten genau zu bestimmen. Hierfür gibt es mehrere Bestimmungsschlüssel (Ingrisch 1977, Oschmann 1969), die allerdings nicht ganz vollständig sind.

Häutung

Um wachsen zu können, müssen die Heuschreckenlarven sich von Zeit zu Zeit häuten. Zwischen den Häutungen vergrößert sich nur das Abdomen, indem die Intersegmentalhäute (die die einzelnen Segmente verbinden) immer weiter gedehnt werden. Es ist nicht ganz einfach, eine Häutung zu beobachten, da Heuschrecken sich zu allen Tageszeiten häuten können. Es gibt aber einige Anzeichen für eine bevorstehende Häutung. Ich möchte hier die Imaginalhäutung, also die letzte Häutung von *Tettigonia cantans*, der Zwitscherschrecke, schildern (S. 30 u. 31).

Ein bis zwei Tage vor der Häutung wird die Nahrungsaufnahme eingestellt; die Flügelanlagen heben sich jetzt deutlich vom Körper ab. Wenige Stunden vorher tritt schließlich Luft unter die alte Larvenhaut, so dass diese weißlich-trüb wirkt. Dann krallt sich die Heuschrecke kopfunten an einer Pflanze fest. Die Rückenhaut des Pronothorax platzt auf, und das Tier lässt sich langsam aus der transparent gewordenen Hülle gleiten. Einige Schwierigkeiten bereitet das Herausziehen der langen Hinterbeine; die noch weichen Schenkel werden geknickt (S. 30 unten rechts), um so das Freiwerden der Schienen zu erleichtern. Wenig später sind sie wieder vollkommen gerade. Auch die Fühler werden in ganzer Länge mitgehäutet. Bei der vollständig aus der Exuvie befreiten Heuschrecke werden als Letztes noch die lappig zusammengefalteten Flügel ausgebreitet. Dies geschieht durch Einpumpen von Blutflüssigkeit in die Flügeladern. Wenn schließlich die ausgebreiteten Flügel erhärtet sind, werden die Hinterflügel schmal zusammengefaltet und unter die Vorderflügel geschoben. Zu guter Letzt verzehrt die Heuschrecke die zurückgebliebene Exuvie (S. 31 unten rechts). Das ganze Häutungsgeschehen bis zum Verzehren der Exuvie dauerte im hier beschriebenen Fall 85 Minuten.

Während die grünen Laubheuschrecken schon fast in ihrer Endfärbung die Larvenhaut verlassen, sind frisch geschlüpfte Feldheuschrecken zunächst weiß bis gelblich; sie fressen auch nicht die zurückgebliebene Exuvie. Feldgrillen kommen zur Häutung aus ihrer Erdröhre hervor. Sie häuten sich direkt vor der Röhrenmündung, indem sie nach vorn aus der am Boden festgekrallten Exuvie hervorkommen.

Feinde der Heuschrecken

Wie die meisten Insekten sind auch die Heuschrecken zahlreichen Verfolgern ausgesetzt. Eine große Zahl wird von Vögeln, Spinnen und anderen Insektenfressern verzehrt. Neben unspezialisierten Räubern gibt es auch eine Reihe spezieller Feinde, die es ausschließlich auf Heuschrecken abgesehen haben.

Unter den Fliegen sind manche Dickkopffliegen (Familie Conopidae) und Raupenfliegen (Familie Tachinidae) Parasiten von Heuschrecken – genauer Parasitoide, da sie ihren Wirt töten. Sie überfallen vor allem Feldheuschrecken und legen auf ihrem Körper Eier ab. Die Fliegenlarven wandern ins Körperinnere und fressen ihr Opfer schließlich von innen vollkommen aus.

Unter den Wespen sind einige Grabwespen (Familie Specidae) spezialisierte Heuschreckenjäger. Sie fangen ihre Beute und lähmen sie durch einen Stich ins Nervensystem. Dann tragen sie sie (z. T. fliegend) in eine zuvor ausgescharrte Erdhöhle und legen ihr Ei daran. Meist werden mehrere Heuschrecken als Nahrung für eine Wespenlarve eingetragen. Derartige Heuschreckenjäger sind mehrere Arten der Gattung *Tachyspex* und der sehr wärmebedürftige, bei uns seltene *Sphex rufocinctus* (S. 35 oben).

In Feuchtgebieten fallen viele Heuschrecken parasitischen Fadenwürmern aus den Gattungen *Mermis* und *Gordius* zum Opfer. Diese wachsen in ihnen zu oft 20 cm langen, sehr dünnen Würmern heran und leben nach dem Tod ihres Wirtes im Wasser weiter.

Besonders in feuchten Jahren gehen viele Heuschrecken an Pilzen zugrunde. Man sieht dann scheinbar intakte Schrecken auf Pflanzen sitzen; erst bei näherer Betrachtung wird die Verpilzung des leblosen Körpers sichtbar (S. 35 unten).

Ungefährlich sind dagegen im Allgemeinen parasitische Milben aus der Familie der Laufmilben (Trombidiidae). Ihre roten Larven saugen als ungegliederte, sackförmige Gebilde an Intersegmentalhäuten Blut, oft z. B. unter den Flügeln. Sie scheinen ihren Wirt nicht wesentlich zu schädigen. Sie häuten sich später zu achtbeinigen Milben, die räuberisch am Erdboden leben.

Gefährdung und Schutz

Viele unserer Heuschreckenarten sind heute durch Umweltveränderungen gefährdet. Gerade die meisten der bunten, auffallenden Arten, aber auch viele weniger spektakuläre Vertreter sind den letzten Jahren sehr stark zurückgegangen. Besonders hart wurden die ausgesprochenen Spezialisten, wie z. B. die Kiesbankbewohner, getroffen. Auch viele Arten, die in landwirtschaftlich beeinflussten Gebieten vorkommen, und die meisten Bewohner von Feuchtgebieten sind selten geworden. Erschreckend ist auch der Rückgang bei den wärmebedürftigen, trockenheitsliebenden Arten. Die Rote Liste der gefährdeten Geradflügler Deutschlands (Ingrisch & Köhler 1998b) unterscheidet die Kategorien 0 (ausgestorben oder verschollen), 1 (vom Aussterben bedroht), 2 (stark gefährdet) und 3 (gefährdet). Außerdem werden einige Arten in den Kategorien R (Arten mit geographischer Restriktion), G (Gefährdung anzunehmen, aber Status unbekannt) und V (Arten der Vorwarnliste) geführt. Mit den dort insgesamt angeführten 43 Arten sind etwas mehr als die Hälfte aller heimischen Heuschrecken mehr oder weniger gefährdet, zwei von ihnen sogar bereits ausgestorben. Die Gefährdungsgrade werden im speziellen Teil jeweils bei den einzelnen Arten angegeben.

Nach der neuen Bundesartenschutzverordnung sind die folgenden Heuschreckenarten geschützt:

Aiolopus thalassinus (Grüne Strandschrecke)
Arcyptera fusca (Große Höckerschrecke)
Arcyptera microptera (Kleine Höckerschrecke)
Bryodemella tuberculata (Gefleckte Schnarrschrecke)
Calliptamus italicus (Italienische Schönschrecke)
Ephippiger ephippiger (Steppen-Sattelschrecke)
Gampsocleis glabra (Heideschrecke)
Oecanthus pellucens (Weinhähnchen)
Oedipoda caerulescens (Blauflügelige Ödlandschrecke)
Oedipoda germanica (Rotflügelige Ödlandschrecke)
Platycleis tesselata (Braunfleckige Beißschrecke)
Psophus stridulus (Rotflügelige Schnarrschrecke)

Ruspolia nitidula (Große Schiefkopfschrecke)
Sphingonotus caerulans (Blauflügelige Sandschrecke)

Diese Schutzverordnung bewirkt allerdings gar nichts, solange die tatsächlichen Gefährdungsursachen unberücksichtigt bleiben. Es sind dies in allererster Linie der nach wie vor ungebremste Einsatz von Pflanzenschutzmitteln in der Landwirtschaft und die rücksichtslose Zerstörung naturnaher und natürlicher Landschaften durch Bauvorhaben unterschiedlicher Art und so genannte „Erschließungsmaßnahmen".

Die Schutzbestimmungen verbieten lediglich das Sammeln bestimmter Arten. Dies ist aber in vielen Fällen notwendig, da oft nur so ein eindeutiger Beweis für das Vorkommen bestimmter Arten erbracht werden kann. Ohne die Sammler früherer Jahre könnten wir heute z. B. nicht die Ausrottung vieler Arten (wohlbemerkt: durch Veränderungen der Fundorte und nicht durch die Sammler!) nachweisen. Es ist ein weit verbreiteter Irrtum, vor allem in Naturschutzkreisen, dass Insektensammler zum Rückgang der Arten beitragen. Dies kann höchstens in ganz seltenen Extremfällen vorkommen, bei den Heuschrecken vielleicht bei *Gampsocleis glabra* und *Arcyptera fusca*. Ich halte daher nur diese beiden Arten für schutzbedürftig im Sinne eines Sammelverbots. Eine der geschützten Arten (*Arcyptera microptera*) ist bereits seit vielen Jahrzehnten in Deutschland ausgerottet; ihr Schutz (der erst seit wenigen Jahren gilt) hat sich somit ohnehin erübrigt.

Fang, Haltung und Sammeln

In vielen Fällen können Heuschrecken schon aus der Entfernung erkannt werden. Oft ist es aber notwendig, sie zu fangen, um die Art sicher anzusprechen. Das Fangen geschieht am besten mit einem kurzstieligen Kescher, den man sich aus einem gebogenen Draht und einem leichten Gardinenstoff selbst herstellen kann. Der Bügeldurchmesser sollte bei etwa 20 cm liegen, damit man den Kescher leicht einpacken kann.

Für manche Arten, etwa für die Eichenschrecken, erweist sich ein Klopfschirm als sehr nützliches Utensil. Dieser entspricht in Form und Größe etwa einem weißen, umgedrehten Regenschirm ohne Stiel. Man hält einen solchen Klopfschirm unter einen Zweig und klopft mit einem Stock leicht gegen diesen. Zahlreiche Insekten, Spinnen und gerade die tagsüber unter Blättern „schlafenden" Eichenschrecken lassen sich fallen und sind auf dem weißen Tuch leicht zu finden.

Sofern im Gelände ein sicheres Ansprechen der Art möglich ist, wird man die Tiere anschließend wieder freilassen. Bei Bestandsaufnahmen oder unsicherer Freilanddiagnose ist es aber sinnvoll, ein Paar jeder Art mitzunehmen, um sie daheim zu präparieren, die Bestimmung abzusichern und zudem Belegexemplare für die Funde zu haben. Daneben bietet die Lebendhaltung unter Laborbedingungen eine Fülle von Beobachtungsmöglichkeiten. Zum Transport sind für die meisten Arten 40-ml-Schnappdeckelgläschen geeignet; große Heuschrecken kann man auch in Marmeladengläsern oder Ähnlichem transportieren (immer einzeln!).

Zur Haltung genügen bei Larven und kleineren Arten Marmeladengläser mit durchlöchertem Deckel. Die Tiere sollten dann aber einzeln gehalten werden. Will man mehrere Tiere zusammen halten, ist ein größeres Terrarium erforderlich. Hierfür eignet sich z. B. ein Plastikaquarium mit Gazedeckel. Als Futter bietet man (je nach Art) Haferflocken, zerschnittene Mehlwürmer und verschiedene draußen gesammelte Pflanzen, wie Löwenzahn, Vogelmiere und Gräser. Viele Laubheuschrecken weiden gern mit Blattläusen besetzte Pflanzenstängel ab. Ein gutes Futter ist ferner frisch gekeimter Weizen, den man in Blumentöpfen aussäen kann.

Bei vielen Arten ist die Aufzucht aus den Larven nicht schwierig. Mit den Imagines lassen sich im Terrarium die Gesänge und das Paarungsverhalten studieren. Zur Beobachtung der Paarung muss man die Geschlechter eine Zeitlang getrennt halten (am besten schon seit dem letzten Larvenstadium). Wenn man dann Männchen und Weibchen zusammenbringt, klappt es meistens auf Anhieb. Es ist allerdings zu beachten, dass sich viele Langfühlerschrecken nur abends und nachts paaren.

Zum Studium der Gesänge bei Feldheuschrecken setzt man am besten mehrere Männchen zusammen und erwärmt das Terrarium mit einer 60 W Glühlampe in ca. 30 cm Entfernung. Unter derartigen Bedingungen singen fast alle Feldheuschrecken zu jeder Tages- und Nachtzeit. Man hört so die gewöhnlichen und die Rivalengesänge. Bei manchen Arten muss man allerdings ein einzelnes Männchen isolieren, um den gewöhnlichen Gesang in reiner Form zu erhalten. Will man auch die Werbegesänge hören, muss man ein Weibchen hinzugeben. Die Langfühlerschrecken singen meist auch ohne künstliche Beleuchtung, viele nur bei Dunkelheit.

Um Heuschrecken präparieren zu können, muss man sie zunächst abtöten. Dies geschieht am einfachsten in einem dicht schließenden Marmeladenglas mit etwas Zellstoff und einigen Tropfen Essigäther (= Ethylacetat). Die Heuschrecken können erst nach etwa einer Stunde herausgenommen werden (sonst wachen sie u. U. wieder auf). Für eine saubere Präparation werden Ensifera und große Caelifera ausgenommen. Man durchschneidet hierfür entweder mit einer feinen Präparierschere die Nackenhaut (vor allem bei Caelifera) oder schneidet mit einem Längsschnitt etwas seitlich von der Mitte die Bauchseite des Abdomens auf. Dann zieht man mit einer feinen Pinzette durch die Schnittöffnung alle Eingeweide heraus. Anschließend wird der entstandene Hohlraum mit einem zusammengerollten Wattepfropf ausgestopft. Bei den kleineren Caelifera (etwa ab *Chorthippus*-Größe) ist das Ausnehmen nicht erforderlich. Dann wird die Heuschrecke durch das Pronotum (mit einer Insektennadel) genadelt. Grüne Laubheuschrecken legt man danach für etwa 30 Minuten in ein Acetonbad, um die Farbe zu erhalten. Schließlich werden die Beine und Fühler auf einem Styroporblock (der bei Tieren mit Acetonbehandlung mit Papier abgedeckt sein muss) ausgerichtet und bis zur Trocknung mit Nadeln festgesteckt. Bei Feldheuschrecken ist es sinnvoll, ein Flügelpaar zu spannen, um die Flügeladerung besser erkennen zu können. Man kann hierfür kleine Stücke angeschrägter Balsaholz-Profile (beim Modellbaubedarf erhältlich) verwenden, die man in der passenden Größe zurechtschneidet und neben der Heuschrecke auf dem Styroporblock befestigt (z. B. mit Klebeband). Dann breitet man die Flügel aus und steckt sie mit Nadeln und Transparentpapier auf dem Holz fest. Auf keinen Fall darf man vergessen, die Funddaten auf einem kleinen Etikett zu notieren und dies später mit auf die Nadel zu schieben. Es gehört sicher eine gewisse Überwindung dazu, Tiere für scheinbar überflüssige Zwecke zu töten. Für ein sicheres Kennenlernen ist dies aber in vielen Fällen erforderlich, z. B. bei den *Chorthippus*- und *Tetrix*-Arten.

Fotografieren und Tonaufnahmen

In der neueren Zeit hat das Fotografieren von Insekten das Sammeln in seiner Bedeutung offensichtlich überholt. Wir dürfen aber niemals vergessen, dass der dokumentarischen Aussage eines Fotos oft Grenzen gesetzt sind. Selbst eine noch so gute Habitus-Aufnahme einer Ödlandschrecke kann z. B. nicht sicher aussagen, ob es sich um die rotflügelige oder die blauflügelige Art handelt. In den meisten Fällen ist es aber möglich, Heuschrecken mit Fotos zu „sammeln" und sicher zu bestimmen.

Alle in diesem Buch gezeigten Fotos sind mehr als zehn Jahre alt. Sie entstanden überwiegend mit einer Kleinbild-Spiegelreflexkamera (Asahi Pentax) und einem 100 mm Makroobjektiv. Durch zusätzliche Verwendung eines Balgengerätes (Novoflex) und zusätzlich mehrere Zwischenringe ließ sich ein Abbildungsmaßstab bis etwa 3:1, also dreifache natürliche Größe erreichen. Dieser Maßstab reicht für alle in diesem Buch gezeigten Arten aus. Als Lichtquelle dienten zwei Batterieblitze der Leitzahl 20, die seitlich an der Vorderkante des Objektivs befestigt waren. Als Filmmaterial wurde Kodachrome 25, Fuji Velvia oder Ektrachrome 100 verwendet. Die Flugaufnahmen entstanden mit Lichtschranke und einer 6 x 6 Spiegelreflex (Zenza Bronica) auf Ektachrome 64 im Zimmer. In den übrigen Fällen habe ich mich bemüht, die Tiere unter möglichst natürlichen Bedingungen im Freiland aufzunehmen. Bei Aufnahmen, die nicht direkt am Fundort, z. T. aber auch im Freiland entstanden sind, habe ich den Fundort in Klammern gesetzt. Die von mir verwendete Technik ist aber mittlerweile veraltet. Inzwischen bietet die Digitalfotografie deutlich einfachere Möglichkeiten, zu brauchbaren Aufnahmen von Heuschrecken zu kommen. Allerdings sollte man sich auch bei dieser Technik für eine hochwertige Spiegelreflex mit Wechseloptik entscheiden, um wirklich optimale Ergebnisse zu erzielen.

Eine gute Möglichkeit, sich die Heuschreckengesänge einzuprägen, bieten eigene Tonaufnahmen. Keine Schwierigkeiten bereiten im Allgemeinen Aufnahmen von Feldheuschrecken im Terrarium. Man muss nur das Mikrofon dicht genug (etwa 10 – 20 cm) an die Tiere heranbringen. Schwieriger sind Tonaufnahmen von Laubheuschrecken. Die hohen Töne werden vielfach verzerrt wiedergegeben, vor allem, wenn der Mikrofonabstand zu gering war. Oft lassen sich solche Aufnahmen über einen Frequenz-Entzerrer (Equalizer) wieder „hinbiegen". Man kann nämlich mit einem Equalizer beispielsweise alle Frequenzen unter 4 kHz unterdrücken und erhält dadurch sehr saubere Aufnahmen in den maßgeblichen Frequenzbereichen von über 4 kHz.

Bestimmungsschlüssel

Artbestimmung nach Merkmalen des Körperbaus

Dieser Schlüssel erlaubt in den meisten Fällen die Artbestimmung am lebenden Tier, berücksichtigt aber nur die in Deutschland heimischen Arten; in einigen Fällen ist die Bestimmung ohne Präparation allerdings etwas unsicher. Sonst kommt man im Allgemeinen mit einer guten Lupe aus (Vergrößerung etwa 10fach). Ein Bestimmen nach Fotos ist mit diesem Schlüssel aber nur bedingt möglich, da die entscheidenden Merkmale (z. B. die Cerci) meist nicht erkennbar sind. Achtung: Langflüglige Individuen sonst kurzflügliger Arten sind im Schlüssel nicht berücksichtigt; sie sind aber stets viel seltener als die sonst gleich aussehenden Normaltiere! Aus Gründen der Platzersparnis wurde manchmal vom streng dichotomen Prinzip (Alternative zwischen Zahl und kleinem Pfeil) abgewichen und einer Zahl zwei Alternativen (zwei kleine Pfeile) gegenübergestellt.

S-1
Gryllotalpa gryllotalpa:
rechtes
Vorderbein

S-2
Gryllus campestris:
rechter
Vordertarsus

S-3
Metrioptera roeselii:
rechter
Vordertarsus

1. Vorderbeine zu Grabbeinen entwickelt (S-1);
   Sprungvermögen fehlend
   Gryllotalpa gryllotalpa **S. 182**
   › Vorderbeine normal;
     Sprungvermögen meist vorhanden **2**

2. Fühler so lang wie oder länger als der Körper
   (Ensifera) **3**
   › Fühler kürzer als der Körper (Caelifera) **32**

3. Kleiner als 5 mm; ohne Flügel und Hörorgane
   Myrmecophilus acervorum **S. 180**
   › Größer als 5 mm **4**

4. Flügel und Hörorgane fehlen völlig; nur in Gewächshäusern *Tachycines asynamorus* **S. 162**
   › Wenigstens Reste von Flügeln und Hörorganen
     (Vorderknie) vorhanden **5**

5. Tarsen dreigliedrig (S-2), Tier niemals grün (Grillen)
   6
   › Tarsen viergliedrig (S-3), Tier oft grün (Laubheuschrecken) **10**

S-4
Modicogryllus frontalis:
Kopf von oben

S-5
Nemobius sylvestris
Kopf von oben

S-6
Pteronemobius heydenii
Kopf von oben

S-7
Isophya kraussii:
rechtes
Vorderknie

S-8
Tettigonia viridissima:
rechtes
Vorderknie

6. Färbung dunkelbraun bis schwarz **7**
  > Färbung hellbraun oder gelblich **9**

7. Körperlänge mindestens 20 mm, Färbung schwarz
  Gryllus campestris **S. 166**
  > Körperlänge unter 20 mm **8**

8. Körperlänge 12–13 mm;
  vor den Augen weißgelbe Querbinde (S-4)
  Modicogryllus frontalis **S.170**
  > Körperlänge 7 –10 mm; vor den Augen weiße Linien
  in Form eines Fünfecks (S-5)
  Nemobius sylvestris **S. 174**
  > Körperlänge 6–7 mm;
  hinter den Augen helle Längslinien (S-6)
  Pteronemobius heydenii **S. 176**

9. Kopf gelbbraun mit schwarzen Querbinden
  Acheta domesticus **S. 168**
  > Kopf gelbbraun mit zwei schwarzen Längslinien
  hinter den Augen
  Oecanthus pellucens **S. 182**

10. Tympanalöffnungen rund (S-7) **11**
  > Tympanalöffnungen spaltförmig (S-8) **19**

11. Flügel voll entwickelt **12**
  > Flügel verkürzt **13**

12. Vorderflügel kürzer als Hinterflügel
  Phaneroptera falcata **S. 72**
  > Beide Flügelpaare gleichlang
  Meconema thalassinum **S.102**

S-9
Meconema meridionale ♂:
linker Cercus

S-10
Meconema meridionale ♀:
Legebohrer

S-11
Barbitistes serricauda ♀:
Legebohrer

S-12
Leptophyes albovittata ♀:
Legebohrer

S-13
Barbitistes constrictus ♂:
linker Cercus

S-14
Barbitistes serricauda ♂:
linker Cercus

13. ♂: Cerci wie in S-9. ♀: Legebohrer säbelförmig (S-10)
   Meconema meridionale **S. 104**
   > ♂: Cerci wie in S-13 bis S-16
    ♀: Legebohrer grob gesägt (S-11)
    oder kurz sichelförmig (S-12) **14**

14. Fühler länger als zweifache Körperlänge
   (ohne Legebohrer!) **15**
   > Fühler kürzer als zweifache Körperlänge **18**

15. ♂: Cerci s-förmig (S-13);
   ♀: Legeröhre grob gesägt (S-11) **16**
   > ♂: Cerci einfach hakig gebogen (S-15, S-16);
    ♀: Legeröhre sehr fein gesägt (Lupe!),
    kurz sichelförmig (S-12) **17**

16. ♂: Cerci vor dem Ende etwas erweitert (S-13);
   ♀: Legeröhre mindestens 2,5-mal so lang
   wie das Pronotum
   Barbitistes constrictus **S. 80**
   > ♂: Cerci nicht erweitert (S-14);
    ♀: Legeröhre höchstens etwas mehr als zweimal
    so lang wie das Pronotum
    Barbitistes serricauda **S. 78**

S-15
*Leptophyes
punctatissima*
♂:
linker Cercus

S-16
*Leptophyes
albovittata* ♂:
linker Cercus

S-17
*Polysarcus
denticauda*:
Kopf von oben

S-18:
Isophya kraussii:
Kopf von oben

17. ♂: Cerci im Spitzendrittel gebogen (S-15);
    ♀: Legeröhre mehr als doppelt so lang
    wie das Pronotum
    Leptophyes punctatissima **S. 80**
    > ♂: Cerci ganz gerade mit nach innen gebogenem
    Spitzenzahn (S-16);
    ♀: Legeröhre wenig länger als das Pronotum
    Leptophyes albovittata **S. 86**

18. Stirngipfel zwischen den Fühlern breiter als das
    1. Fühlerglied (S-17)
    Polysarcus denticauda **S. 100**
    > Stirngipfel schmäler als das 1. Fühlerglied (S-18)
    Isophya kraussii **S. 92**

S-19
Conocephalus discolor:
Kopf von links

S-20
Rupolia nitidula:
Kopf von links

S-21
Tettigonia viridissima:
Kopf von links

S-22
Ephippiger ephippiger:
Pronotum von links

S-23
Pholidoptera griseoaptera:
Pronotum von links

19. Kopf nach vorn oben auffallend zugespitzt
    (S-19, S-20) **20**
    > Kopf nach vorn oben nicht auffallend zugespitzt
    (S-21), oft vorn einfach abgerundet **21**

20. Körperlänge mindestens 20 mm.
    Flügel überragen weit die Hinterknie
    Ruspolia nitidula **S. 100**
    > Körperlänge unter 20 mm
    Flügel überragen etwas die Hinterknie
    Conocephalus discolor **S. 106**
    > Körperlänge unter 20 mm
    Flügel reichen etwa bis zur Abdomenmitte
    Conocephalus dorsalis **S. 108**

21. Halsschildrücken in Seitenansicht
    mit deutlichem Knick in der Mitte (S-22)
    Ephippiger ephippiger **S. 154**
    > Halsschildrücken flach
    oder etwas gewölbt (S-23) **22**

22. Färbung fast einheitlich grün, nur Rücken und Beine
    oft gelblich bis bräunlich;
    Körpergröße mindestens 20 mm **23**
    > Färbung grün oder braun; grüne Tiere entweder
    unter 20 mm oder stärker gefleckt,
    meist mit dunklen Würfelflecken auf den Flügeln
    25

23. Flügel reichen etwa bis zu den Hinterknien
    Tettigonia cantans **S. 112**
    > Flügel überragen die Hinterknie deutlich **24**

S-24
Tettigonia viridissima ♂:
Cerci mit Sub-
genitalplatte und
Styli von unten

S-25
Tettigonia caudata ♂:
Cerci mit Sub-
genitalplatte und
Styli von unten

S-26
Decticus verrucivorus:
Pronotum
von oben

S-27
Gampsocleis glabra:
Pronotum
von oben

S-28
Platycleis albopunctata:
Pronotum
von oben

24. ♂: Cerci viel länger als die Styli (S-24);
   ♀: Legeröhre reicht etwa bis zur Flügelspitze
   Tettigonia viridissima **S. 110**
   > ♂: Cerci und Styli fast gleich lang (S-25);
   ♀: Legeröhre überragt dieFlügelspitze deutlich
   Tettigonia caudata **S. 112**

25. Flügel meist mit dunklen Würfelflecken,
   überragen die Abdomenspitze **26**
   > Flügel ungefleckt, kürzer als Abdomen **29**

26. Halsschild mit durchgehendem Rückenkiel (S-26);
   Körperlänge 24-44 mm; Grundfarbe grün oder braun
   Decticus verrucivorus **S. 114**
   > Halsschild ohne Rückenkiel (S-27);
   Körperlänge 20–26 mm;
   Grundfarbe grün, seltener gelblich
   Gampsocleis glabra. **S. 118**
   > Halsschild nur hinten mit Rückenkiel (S-28);
   Körperlänge höchstens 22 mm;
   Grundfarbe meist braun **27**

27. Flügel reichen etwa bis zu den Hinterknien
   Platycleis albopunctata **S. 120**
   > Flügel kürzer **28**

S-29
*Platycleis
montana* ♂:
rechter Cercus

S-30
*Platycleis
montana* ♀:
Legebohrer

S-31
*Platycleis
tesselata* ♂:
rechter Cercus

S-32
*Platycleis
tesselata* ♀:
Legebohrer

S-33
*Metrioptera
roeselii*:
Pronotum
von links

S-34
*Metrioptera
brachyptera*:
Pronotum
von links

28. ♂: Cerci an der Basis gezähnt (S-29);
  ♀: Legeröhre schwach gebogen (S-30)
  Platycleis montana **S. 124**
  > ♂: Cerci kurz vor der Spitze gezähnt (S-31);
  ♀: Legeröhre stark gebogen (S-32)
  Platycleis tesselata **S. 124**

29. Flügel beim ♂ deutlich,
  beim ♀ etwas länger als Halsschild **30**
  > Flügel beim ♂ etwas,
  beim ♀ deutlich kürzer als Halsschild **31**

30. Halsschildseitenlappen dunkel, unten und hinten mit
  breitem, hellgrünem oder weißlichem Saum (S-33)
  Metrioptera roeselii **S. 130**
  > Halsschildseitenlappen dunkel, nur hinten schmal
  weiß gesäumt (S-34), manchmal undeutlich
  Metrioptera brachyptera **S. 132**
  > Halsschildseitenlappen einfarbig hellgrün
  oder hellbraun
  Metrioptera bicolor **S. 132**

S-35
*Pholidoptera
aptera*:
Pronotum
von links

S-36
*Pholidoptera
griseoaptera*:
Pronotum
von links

S-37
Tetrix subulata:
Pronotum
von links

S-38
Tetrix tuerki:
Linker Mittel-
femur von außen

S-39
Tetrix ceperoi:
Kopf von oben

S-40
Tetrix subulata:
Kopf von oben

31. Halsschildseitenlappen hinten mit breitem,
scharf abgesetztem, hellem Saum (S-35)
Pholidoptera aptera **S.136**
> Halsschildseitenlappen hinten ganz schmal
und meist undeutlich hell gesäumt (S-36)
Pholidoptera griseoaptera **S. 138**

32. Halsschild nach hinten in einen langen Dorn
ausgezogen, der mindestens bis zur Abdomenspitze
reicht (S-37, S-42) **33**
> Halsschild ohne derartigen Dorn **38**

33. Rückenkiel des Halsschilds in Seitenansicht
kaum gewölbt, fast gerade (S-37) **34**
> Rückenkiel des Halsschilds deutlich gewölbt
(S-42, S-44) **36**

34. Mittelschenkel unten deutlich gewellt (S-38).
Tetrix tuerki **S. 186**
> Mittelschenkel unten nicht gewellt
(Unterscheidung der beiden folgenden Arten
sehr schwierig.) **35**

35. Scheitel zwischen den Augen von oben gesehen etwa
so breit wie ein Auge, wenig zwischen den Augen
vorragend (S-39) (sehr selten)
Tetrix ceperoi **S. 186**
> Scheitel zwischen den Augen breiter als ein Auge,
deutlich über den Augen vorragend (S-40)
Tetrix subulata **S. 184**

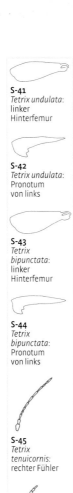

S-41
Tetrix undulata:
linker
Hinterfemur

S-42
Tetrix undulata:
Pronotum
von links

S-43
Tetrix bipunctata:
linker
Hinterfemur

S-44
Tetrix bipunctata:
Pronotum
von links

S-45
Tetrix tenuicornis:
rechter Fühler

S-46
Tetrix bipunctata:
rechter Fühler

36. Hinterschenkel etwa dreimal so lang wie breit (S-41);
Rückenkiel des Halsschilds weniger stark gewölbt
(S-42)
Tetrix undulata **S. 188**
> Hinterschenkel weniger als dreimal so lang
wie breit (S-43);
Rückenkiel des Halsschilds stärker gewölbt
(S-44) **37**

37. Fühler lang und dünn,
mittlere Glieder etwa 4-mal so lang wie breit (S-45)
Tetrix tenuicornis **S. 188**
> Fühler kurz und dick,
mittlere Glieder etwa 2-mal so lang wie breit (S-46)
Tetrix bipunctata **S. 190**

S-47
Calliptamus italicus:
Prosternum

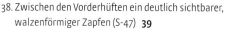

38. Zwischen den Vorderhüften ein deutlich sichtbarer, walzenförmiger Zapfen (S-47) **39**
　> Zwischen den Vorderhüften kein derartiger Zapfen, manchmal aber ein kleiner, kegelförmiger Höcker (S-50) (Lupe!) **41**

39. Flügel voll entwickelt, Hinterflügel an der Basis rosa
　Calliptamus italicus **S. 216**
　> Flügel verkürzt **40**

40. Grundfarbe braun, Hinterschienen bläulich
　Podisma pedestris **S. 200**
　> Grundfarbe grün, Hinterschienen gelb oder rot
　Miramella alpina **S. 200**

41. Hinterflügel teilweise rot, rosa oder hellblau **42**
　> Hinterflügel nicht farbig, manchmal aber ganz oder teilweise dunkelbraun **46**

42. Halsschild mit durchgehendem, hohem Rückenkiel; Hinterflügel rot. ♂ fliegt mit lautem Schnarrton
　Psophus stridulus **S. 220**
　> Rückenkiel des Halsschilds durch eine oder mehrere Querfurchen unterbrochen **43**

S-48
Oedipoda caerulescens:
linker Hinterfemur

S-49
Oedipoda germanica:
linker Hinterfemur

43. Hinterschenkel oben mit deutlicher Stufe (S-48, S-49) **44**
　> Hinterschenkel oben nicht gestuft **45**

44. Hinterflügel blau; Stufe sehr deutlich (S-48)
　Oedipoda caerulescens **S. 224**
　> Hinterflügel rot; Stufe etwas weniger scharf (S-49)
　Oedipoda germanica **S. 226**

45. Hinterflügel an der Basis hellrot; Hinterschienen
    gelb; fliegt mit Schnarrton
    Bryodemella tuberculata **S. 230**
    > Hinterflügel an der Basis hellblau;
      Hinterschienen bläulich
      Sphingonotus caerulans **S. 230**

46. Größer als 30 mm; grün, braun oder gelblich,
    Flügel mit dunklen Würfelflecken oder ungefleckt
    Locusta migratoria **S. 222**
    > Kleiner als 30 mm; falls größer, dann Flügel
      mit gelblichem Streifen nahe am Vorderrand **47**

47. Halsschild-Seitenkiel fehlend
    oder nur hinten schwach entwickelt **48**
    > Halsschild-Seitenkiele vorhanden **50**

48. Halsschildseiten mit scharf abgesetzter,
    schwarzer Längsbinde
    Mecostethus parapleurus **S. 244**
    > Halsschildseiten ohne schwarze Binde **49**

49. Hinterschienen rötlich (manchmal gelblich);
    Vorderflügel mit großen, dunklen Flecken
    Aiolopus thalassinus **S. 238**
    > Hinterschienen bläulich;
      Vorderflügel mit feiner, dunkler Fleckung
      Epacromius tergestinus **S. 240**

S-50
*Stethophyma
grossum*:
Prosternum

S-51
*Chrysochraon
dispar*:
Scheitel schräg
von oben

S-52
*Chrysochraon
dispar* ♂:
Abdomenspitze

S-53
*Omocestus
viridulus*:
Scheitel schräg
von oben

S-54
*Chorthippus
biguttulus* ♂:
Abdomenspitze

50. Hinterschenkel unten rot, Knie schwarz;
  Hinterschienen gelb oder rot;
  Vorderflügel mit gelblichem Längsstreifen;
  zwischen den Vorderhüften ein kleiner, kegelförmi-
  ger Höcker (S-50) (schwer sichtbar) **51**
  > Hinterschenkel unten nicht rot;
    falls doch, dann Flügel ohne gelben Längsstreifen;
    kein Höcker zwischen den Vorderhüften **53**

51. Hinterschienen gelb mit schwarzen Dornen
  Stethophyma grossum **S. 242**
  > Hinterschienen rot **52**

52. Hinterflügel schwarzbraun, Halsschild-Seitenkiele
  leicht gebogen (aber dort geknickte, gelbe Streifen);
  ♂ schnarrt beim Fliegen
  Arcyptera fusca **S. 250**
  > Hinterflügel durchsichtig;
    Halsschild-Seitenkiele geknickt
    Arcyptera microptera **S. 252**

53. Scheitelgrübchen fehlen (S-51);
  ♂ mit zugespitztem Abdomen (S-52);
  Flügel beim ♀ stark verkürzt,
  beim ♂ höchstens fast bis zur Abdomenspitze **54**
  > Scheitelgrübchen vorhanden (S-53),
    aber manchmal undeutlich;
    ♂ mit abgerundeter Abdomenspitze (S-54) **55**

S-55
*Euthystira
brachyptera* ♂:
rechter
Vorderflügel

S-56
*Chrysochraon
dispar* ♂:
rechter
Vorderflügel

S-57
*Gomphocerus
sibiricus* ♂:
Fühlerspitze

S-58
*Gomphocerippus
rufus*:
rechter
Vorderflügel

S-59
*Gomphocerus
sibiricus* ♂:
rechtes
Vorderbein

54. Beide Geschlechter metallisch grün;
   ♂ mit hellen Knien und abgestutzten,
   leicht ausgerandeten Flügeln
   von halber Abdomenlänge (S-55);
   ♀ mit rosa oder grünlichen Flügelstummeln,
   die am Rücken weit getrennt sind
   Euthystira brachyptera **S. 262**
   > ♂ metallisch grün mit dunklen Knien und abgerundeten Flügeln fast bis zur Abdomenspitze (S-56);
   ♀ braun mit braunen Flügelstummeln,
   die sich in der Rückenmitte fast berühren
   Chrysochraon dispar **S. 260**

55. Fühler an der Spitze etwas erweitert (S-57)
   (von oben betrachtet) **56**
   > Fühler nicht erweitert **58**

56. Vorderflügel am Vorderrand nicht erweitert
   Myrmeleotettix maculatus **S. 302**
   > Vorderflügel am Vorderrand etwas erweitert
   (S-58) **57**

57. Fühlerkeulen mit hellen Spitzen
   Gomphocerippus rufus **S. 300**
   > Fühlerkeulen einfarbig dunkel; nur im Hochgebirge;
   ♂ mit blasenförmig verdickten Vorderschienen
   (S-59)
   Gomphocerus sibiricus **S. 296**

58. Vorderflügel am Vorderrand nicht erweitert **59**
   > Vorderflügel am Vorderrand etwas erweitert
   (S-58) **68**

S-60
Chorthippus albomarginatus
♂: Pronotum von oben

S-61
Stenobothrus nigromaculatus
♂: rechter Vorderflügel mit Medialfeld

S-62
Stenobothrus lineatus ♂: rechter Vorderflügel mit Medialfeld

S-63
Stenobothrus stigmaticus ♂: rechter Vorderflügel mit Medialfeld

S-64
Omocestus viridulus ♂: rechter Vorderflügel mit Medial- und l. Cubitalfeld

59. Halsschild-Seitenkiele fast gerade,
　　nach hinten etwas divergierend (S-60)
　　Chorthippus albomarginatus ? **S.328**
　　> Halsschild-Seitenkiele gebogen (S-65)
　　　bis geknickt (S-67) **60**

60. Flügel stark verkürzt,
　　beim ♂ höchstens bis zur Hinterleibsmitte reichend,
　　beim ♀ noch kürzer *Stenobothrus crassipes* **S. 276**
　　> Flügel länger **61**

61. Medialfeld des Vorderflügels erweitert
　　und regelmäßig parallel geadert (S-61 bis S-63) **62**
　　> Medialfeld des Vorderflügels nicht erweitert
　　　(S-64) **64**

62. Medialfeld länger als der halbe Flügel (S-61)
　　Stenobothrus nigromaculatus **S. 268**
　　> Medialfeld etwa halb so lang wie der Flügel
　　　(S-62, S-63) **63**

63. Vorderflügel breiter als 3 mm
　　Stenobothrus lineatus **S. 266**
　　> Vorderflügel schmäler als 3 mm
　　　Stenobothrus stigmaticus **S. 270**

64. Bauch auffallend gefärbt: vorn grün,
　　dann gelb und zum Abdomenende hin rot werdend;
　　Taster schwarz mit weißen Spitzen
　　Omocestus rufipes **S. 286**
　　> Bauch nicht derartig gefärbt,
　　　aber oft Abdomenspitze rot **65**

S-65
Stenobothrus stigmaticus:
Pronotum von oben

S-66
Omocestus haemorrhoidalis:
Pronotum und Kopf von oben

S-67
Myrmeleotettix maculatus:
Pronotum und Kopf von oben

S-68
Chorthippus apricarius ♂ und ♀: rechter Vorderflügel mit Costal- und Medialfeld

S-69
Chorthippus biguttulus ♂: rechter Vorderflügel mit Costal-, Media- und l. Cubitalfeld

65. Medialfeld des Vorderflügels ungefleckt oder undeutlich gefleckt; Abdomenspitze nie rot
Omocestus viridulus **S. 284**
> Medialfeld mit dunklen Flecken **66**

66. Halsschild-Seitenkiele hinten etwa 1,5-mal so weit voneinander entfernt wie an der engsten Stelle (S-65)
Stenobothrus stigmaticus **S. 270**
> Halsschild-Seitenkiele hinten mindestens 2-mal so weit voneinander entfernt wie an der engsten Stelle (S-66, S-67) **67**

67. Kopf von oben gesehen kürzer als das Halsschild (S-66)
Omocestus haemorrhoidalis **S. 288**
> Kopf von oben gesehen so lang wie das Halsschild (S-67)
Myrmeleotettix maculatus ♂ **S. 302**

68. Hinterflügel schwarzbraun; schnarrt beim Fliegen
Stauroderus scalaris **S.306**
> Hinterflügel heller **69**

69. Medialfeld erweitert, beim ♂ parallelnervig, beim ♀ netznervig (S-68)
Chorthippus apricarius **S. 308**
> Medialfeld nicht erweitert (S-69) **70**

S-70
Chorthippus biguttulus:
Pronotum von oben

S-71
Chorthippus dorsatus:
Pronotum von oben

S-72
Chorthippus vagans:
rechte Tympanal-öffnung

S-73
Chorthippus biguttulus:
rechte Tympanal-öffnung

70. Halsschild-Seitenkiele winklig geknickt (S-70) **71**
> Halsschild-Seitenkiele vorn parallel,
nach hinten divergierend (S-71) **74**

71. Tympanalöffnung oval (S-72) **72**
> Tympanalöffnung schmal nierenförmig (S-73) **73**

72. Flügel etwa bis zu den Hinterknien,
beim ♀ manchmal etwas kürzer
Chorthippus vagans **S. 314**
> Flügel beim ♂ bis zur Abdomenspitze,
beim ♀ bis zur Abdomenspitze
Chorthippus pullus **S. 310**

S-74
Chorthippus biguttulus ♂
und ♀:
rechter Vorder-
flügel mit
Costalfeld

S-75
Chorthippus brunneus ♂
und ♀:
rechter Vorder-
flügel mit
Costalfeld

S-76
Chorthippus mollis ♂ und ♀:
rechter Vorder-
flügel mit
Costalfeld

S-77
Chorthippus albomarginatus ♀:
Pronotum von
oben

73. Die Unterscheidung der folgenden drei Arten
ist schwierig, am ehesten durch Form und Größe
der Flügel möglich (Durchschnittswerte in mm:
L = Länge, B = Breite).
Gesangsunterscheidung leichter!
♂: L 12, B 3, L/B 4; ♀: L 15, B 3, L/B 5 (S-74)
Chorthippus biguttulus **S. 316**
> ♂: L 14,5, B 3, L/B 4, 8; ♀: L 18, B 3, L/B 6 (S-75)
Chorthippus brunneus **S. 318**
> ♂: L 12, B 2,5, L/B 4,8; ♀: L 15, B 2,5, L/B 6 (S-76)
Chorthippus mollis **S. 320**

74. Flügel voll entwickelt, Knie hell **75**
> Flügel verkürzt (beim ♂ höchstens bis zur
Abdomenspitze), Knie dunkel **76**

75. Halsschild-Seitenkiel fast gerade (S-77);
Vorderflügel mit weißem Längsstreifen
Chorthippus albomarginatus ♀ **S. 328**
> Halsschild-Seitenkiele deutlich gebogen (S-71),
Vorderflügel ohne weißen Streifen
Chorthippus dorsatus **S. 326**

S-78
*Chorthippus
parallelus* ♂
und ♀:
rechter Vorder-
flügel (beim
♂ mit Stigma
und Umriss des
Hinterflügels)

S-79
*Chorthippus
parallelus* ♀:
Abdomenspitze

S-80
*Chorthippus
montanus* ♂
und ♀:
rechter Vorder-
flügel (beim ♂
mit Stigma und
Umriss des
Hinterflügels)

S-81
*Chorthippus
montanus* ♀:
Abdomenspitze

76. ♂ Stigma höchstens 1,5 mm von der Flügelspitze
entfernt, Hinterflügel enden deutlich davor
(gegen das Licht halten!) (S-78);
♀ Flügel zugespitzt (S-78),
Legeröhrenklappen kürzer (S-79)
Chorthippus parallelus **S. 330**

> ♂ Stigma mindestens 2,5 mm von der Flügelspitze
entfernt, Hinterflügel erreichen das Stigma fast
oder ganz (S-80);
♀: Flügel abgerundet (S-80),
Legeröhrenklappen länger (S-81)
Chorthippus montanus **S. 332**

Artbestimmung nach dem Gesang

Bei vielen Heuschrecken ist die Artbestimmung nach dem Gesang recht einfach. Es ist aber schwierig, sich nur nach Beschreibungen eine Vorstellung von bestimmten Lauten zu machen. Eine über den Buchhandel beziehbare CD mit allen in diesem Buch erwähnten Heuschreckengesängen (und darüber hinaus noch einigen weiteren) soll die Bestimmung erleichtern (Bellmann 2004). Aus Gründen der Überschaubarkeit enthält die Tabelle nur die normalen Gesänge und daneben das Flugschnarren einiger Arten, da dies die am häufigsten hörbaren Lautäußerungen sind. Andere Gesangsformen, wie Rivalengesänge und Werbegesänge, sind sehr viel seltener zu hören; ihre Einbeziehung in die Tabelle würde deren Rahmen sprengen. So fehlen auch die nicht als normale Gesänge zu bezeichnenden Laute der Knarrschrecken und fast aller Ödlandschrecken. Es fehlen auch einige extrem seltene oder bei uns schon ausgestorbene Arten, deren Gesang ich bisher nicht untersuchen konnte, sowie die nur außerhalb von Deutschland vorkommenden Arten. Zur Verdeutlichung der Beschreibungen sollen die nach Tonbandaufnahmen erstellten Gesangsdiagramme dienen. Sie vermitteln zusätzliche Informationen, vor allem über den zeitlichen Ablauf der Gesänge (die Striche unter der Zeitachse markieren die Sekunden). Bei diesen Diagrammen, wie auch allgemein bei den Gesangsbeschreibungen, ist zu beachten, dass die Gesänge z. T. erheblichen temperaturabhängigen Abweichungen unterliegen können. Alle Beschreibungen beziehen sich auf Temperaturen von ca. 20–30 °C. Weitere Einzelheiten zu den Gesängen finden sich z. T. bei den Artbeschreibungen.

A   Flugschnarren (ohne Diagramme)

1. Lautes, deutlich klapperndes Flugschnarren   *Psophus stridulus* **S. 220**
2. Lautes Flugschnarren, nicht klappernd   *Bryodemella tuberculata* **S. 230**
3. u. 4. Weiches Flugschnarren   *Arcyptera fusca* **S. 250**
   Stauroderus scalaris **S. 306**

B   Längere Reihen von gleichartigen Einzeltönen; Pausen deutlich länger als die Töne

5. Sehr leise Einzeltöne („zb") in ganz unregelmäßiger Folge (G-1)
   Phaneroptera falcata **S. 72**

G-1 *Phaneroptera falcata*

6. Sehr leise Einzeltöne („zp"), regelmäßig gruppiert   Siehe unter 24
7. Äußerst leise Töne („sb") in 5-10 s Abstand (G-2)

Leptophyes albovittata **S. 86**

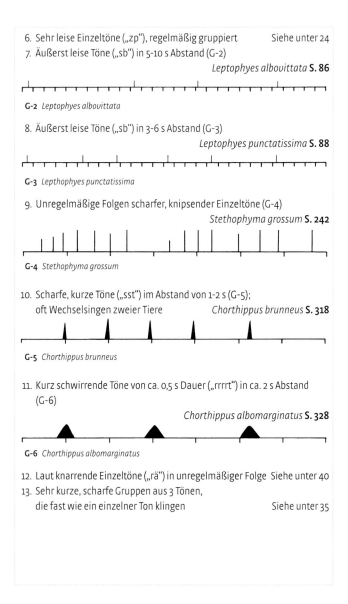

G-2 *Leptophyes albovittata*

8. Äußerst leise Töne („sb") in 3-6 s Abstand (G-3)

Leptophyes punctatissima **S. 88**

G-3 *Lepthophyes punctatissima*

9. Unregelmäßige Folgen scharfer, knipsender Einzeltöne (G-4)

Stethophyma grossum **S. 242**

G-4 *Stethophyma grossum*

10. Scharfe, kurze Töne („sst") im Abstand von 1-2 s (G-5);
    oft Wechselsingen zweier Tiere   *Chorthippus brunneus* **S. 318**

G-5 *Chorthippus brunneus*

11. Kurz schwirrende Töne von ca. 0,5 s Dauer („rrrrt") in ca. 2 s Abstand
    (G-6)

Chorthippus albomarginatus **S. 328**

G-6 *Chorthippus albomarginatus*

12. Laut knarrende Einzeltöne („rä") in unregelmäßiger Folge Siehe unter 40
13. Sehr kurze, scharfe Gruppen aus 3 Tönen,
    die fast wie ein einzelner Ton klingen   Siehe unter 35

C   Längere Reihen von Doppeltönen, Pausen länger als die Töne

14. Laute Doppeltöne mit einer scharfen und einer etwas gedehnteren
Komponente („tsi-schipp"), oft zu zweit gruppiert (G-7)

Ephippiger ephippiger **S. 154**

G-7 *Ephippiger ephippiger*

**D   Längere Reihen deutlich getrennter, manchmal verschiedenartiger
Töne; Pausen so lang oder kürzer als die Töne (z. T. kurzfristig länger)**

15. Sehr leise Doppeltöne mit längerer, weicher und kurzer,
harter Komponente („ss-z") (G-8)   *Isophya kraussii* **S. 92**

G-8 *Isophya kraussii*

16. Weiche, leise Töne („zli") in schneller Folge (G-9)

Conocephalus discolor **S. 108**

G-9 *Conocephalus discolor*

17. Scharfe, laute Töne („zick") in anfangs langsamer,
dann sehr schneller Folge (G-10)   *Decticus verrucivorus* **S. 114**

G-10 *Decticus verrucivorus*

18. Kratzende, kurze Töne („trä") in gleichmäßig schneller,
etwas anschwellender Folge (G-11)   *Chorthippus vagans* **S. 314**

G-11 *Chorthippus vagans*

19. Kurze, hart kratzende und laute Töne („trä") in schneller Folge,
überlagert von durchgehendem, leiserem Schwirren (G-12)

Gomphocerus sibiricus **S. 296**

G-12 *Gomphocerus sibiricus*

20. Anschwellende Reihen schwirrend-rollender Laute („rrr-rrr-rrr") (G-13)

Myrmeleotettix maculatus **S. 302**

G-13 *Myrmeleotettix maculatus*

21. Anschwellende Reihen aus Stoßlaut („z") und Schwirrlaut „rrr".
Anfangs ist der Stoßlaut, gegen Ende der Reihe der Schwirrlaut
dominierend (G-14)

Chorthippus mollis **S. 320**

G-14 *Chorthippus mollis*

22. Reihen mit Wechsel von Schwirr- und Schnarrton („dsch-trr") (G-15)

Stauroderus scalaris **S. 306**

G-15 *Stauroderus scalaris*

23. Reihen mit je 1 Stoßlaut („k") und zwei Schwirrlauten („chichi") in dichter Folge, zu Beginn anschwellend (G-16) *Chorthippus apricarius* **S. 308**

G-16 *Chorthippus apricarius*

**E Kurze Gruppen (0,5–5 s) deutlich getrennter, gleichartiger Töne,
nach Pause nächste Gruppe**

24. Sehr leise Einzeltöne („zp") in rhythmisch gegliederten Kurzgruppen
(G-17)

Barbitistes serricauda **S. 78**

G-17 *Barbitistes serricauda*

25. Scharfe, sehr laute Töne („schi") in kurzen Gruppen (G-18)

Pholidoptera aptera **S. 136**

G-18 *Pholidoptera aptera*

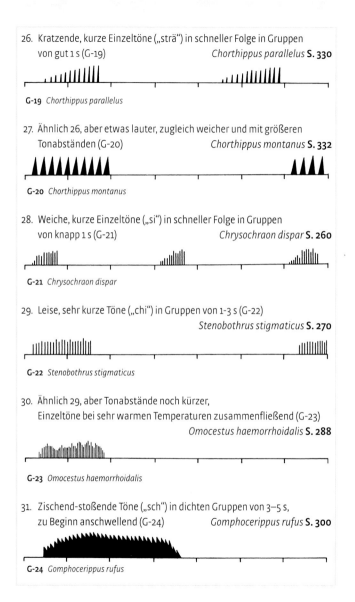

26. Kratzende, kurze Einzeltöne („strä") in schneller Folge in Gruppen
von gut 1 s (G-19) *Chorthippus parallelus* **S. 330**

G-19 *Chorthippus parallelus*

27. Ähnlich 26, aber etwas lauter, zugleich weicher und mit größeren
Tonabständen (G-20) *Chorthippus montanus* **S. 332**

G-20 *Chorthippus montanus*

28. Weiche, kurze Einzeltöne („si") in schneller Folge in Gruppen
von knapp 1 s (G-21) *Chrysochraon dispar* **S. 260**

G-21 *Chrysochraon dispar*

29. Leise, sehr kurze Töne („chi") in Gruppen von 1–3 s (G-22)
Stenobothrus stigmaticus **S. 270**

G-22 *Stenobothrus stigmaticus*

30. Ähnlich 29, aber Tonabstände noch kürzer,
Einzeltöne bei sehr warmen Temperaturen zusammenfließend (G-23)
Omocestus haemorrhoidalis **S. 288**

G-23 *Omocestus haemorrhoidalis*

31. Zischend-stoßende Töne („sch") in dichten Gruppen von 3–5 s,
zu Beginn anschwellend (G-24) *Gomphocerippus rufus* **S. 300**

G-24 *Gomphocerippus rufus*

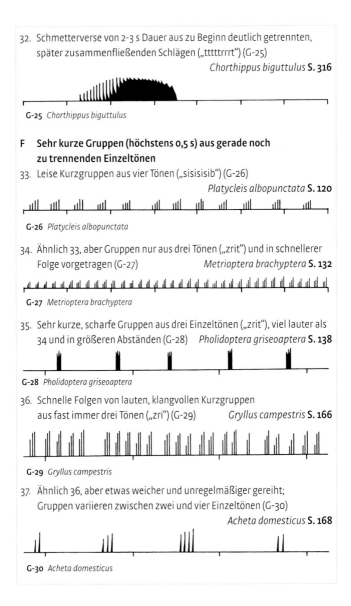

32. Schmetterverse von 2–3 s Dauer aus zu Beginn deutlich getrennten, später zusammenfließenden Schlägen („ttttttrrrt") (G-25)

Chorthippus biguttulus **S. 316**

G-25 *Chorthippus biguttulus*

F   Sehr kurze Gruppen (höchstens 0,5 s) aus gerade noch zu trennenden Einzeltönen

33. Leise Kurzgruppen aus vier Tönen („sisisisib") (G-26)

Platycleis albopunctata **S. 120**

G-26 *Platycleis albopunctata*

34. Ähnlich 33, aber Gruppen nur aus drei Tönen („zrit") und in schnellerer Folge vorgetragen (G-27)   *Metrioptera brachyptera* **S. 132**

G-27 *Metrioptera brachyptera*

35. Sehr kurze, scharfe Gruppen aus drei Einzeltönen („zrit"), viel lauter als 34 und in größeren Abständen (G-28)   *Pholidoptera griseoaptera* **S. 138**

G-28 *Pholidoptera griseoaptera*

36. Schnelle Folgen von lauten, klangvollen Kurzgruppen aus fast immer drei Tönen („zri") (G-29)   *Gryllus campestris* **S. 166**

G-29 *Gryllus campestris*

37. Ähnlich 36, aber etwas weicher und unregelmäßiger gereiht; Gruppen variieren zwischen zwei und vier Einzeltönen (G-30)

Acheta domesticus **S. 168**

G-30 *Acheta domesticus*

38. Kurzgruppen aus etwa 5 leisen Einzeltönen, die fast zusammenfließen
    („srrr") (G-31)   *Enthystira brachyptera* **S. 262**

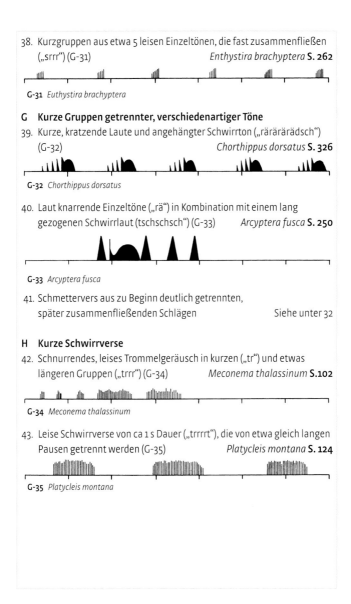

G-31 *Euthystira brachyptera*

G   Kurze Gruppen getrennter, verschiedenartiger Töne

39. Kurze, kratzende Laute und angehängter Schwirrton („rärärärädsch")
    (G-32)   *Chorthippus dorsatus* **S. 326**

G-32 *Chorthippus dorsatus*

40. Laut knarrende Einzeltöne („rä") in Kombination mit einem lang
    gezogenen Schwirrlaut (tschschsch") (G-33)   *Arcyptera fusca* **S. 250**

G-33 *Arcyptera fusca*

41. Schmettervers aus zu Beginn deutlich getrennten,
    später zusammenfließenden Schlägen   Siehe unter 32

H   Kurze Schwirrverse

42. Schnurrendes, leises Trommelgeräusch in kurzen („tr") und etwas
    längeren Gruppen („trrr") (G-34)   *Meconema thalassinum* **S.102**

G-34 *Meconema thalassinum*

43. Leise Schwirrverse von ca 1 s Dauer („trrrrt"), die von etwa gleich langen
    Pausen getrennt werden (G-35)   *Platycleis montana* **S. 124**

G-35 *Platycleis montana*

44. Schwirrverse mittlere Lautstärke von mit zunehmender Temperatur wachsender Länge ("zrirrt"), durch kurze Pausen getrennt (G-36)

Metrioptera bicolor **S. 132**

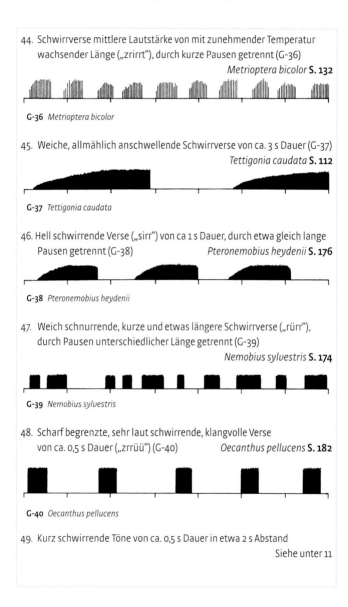

G-36 *Metrioptera bicolor*

45. Weiche, allmählich anschwellende Schwirrverse von ca. 3 s Dauer (G-37)

Tettigonia caudata **S. 112**

G-37 *Tettigonia caudata*

46. Hell schwirrende Verse ("sirr") von ca 1 s Dauer, durch etwa gleich lange Pausen getrennt (G-38)

Pteronemobius heydenii **S. 176**

G-38 *Pteronemobius heydenii*

47. Weich schnurrende, kurze und etwas längere Schwirrverse ("rürr"), durch Pausen unterschiedlicher Länge getrennt (G-39)

Nemobius sylvestris **S. 174**

G-39 *Nemobius sylvestris*

48. Scharf begrenzte, sehr laut schwirrende, klangvolle Verse von ca. 0,5 s Dauer ("zrrüü") (G-40)

Oecanthus pellucens **S. 182**

G-40 *Oecanthus pellucens*

49. Kurz schwirrende Töne von ca. 0,5 s Dauer in etwa 2 s Abstand

Siehe unter 11

50. 1 bis 2 s anhaltende Schwirrverse („ssss") in unregelmäßiger Folge
    (G-41)   *Chorthippus pullus* **S. 310**

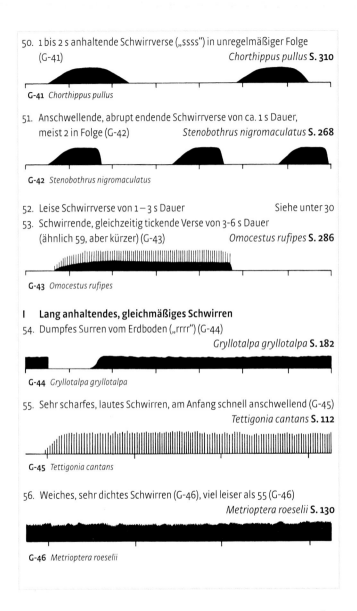

G-41 *Chorthippus pullus*

51. Anschwellende, abrupt endende Schwirrverse von ca. 1 s Dauer,
    meist 2 in Folge (G-42)   *Stenobothrus nigromaculatus* **S. 268**

G-42 *Stenobothrus nigromaculatus*

52. Leise Schwirrverse von 1 – 3 s Dauer   Siehe unter 30
53. Schwirrende, gleichzeitig tickende Verse von 3-6 s Dauer
    (ähnlich 59, aber kürzer) (G-43)   *Omocestus rufipes* **S. 286**

G-43 *Omocestus rufipes*

I Lang anhaltendes, gleichmäßiges Schwirren

54. Dumpfes Surren vom Erdboden („rrrr") (G-44)
                                           Gryllotalpa gryllotalpa **S. 182**

G-44 *Gryllotalpa gryllotalpa*

55. Sehr scharfes, lautes Schwirren, am Anfang schnell anschwellend (G-45)
                                              Tettigonia cantans **S. 112**

G-45 *Tettigonia cantans*

56. Weiches, sehr dichtes Schwirren (G-46), viel leiser als 55 (G-46)
                                              Metrioptera roeselii **S. 130**

G-46 *Metrioptera roeselii*

K   Lang anhaltendes Schwirren, aus dem Einzeltöne herauszuhören sind

57. Sehr dichtes, lautes Schwirren, in das in unregelmäßigen Abständen sehr hohe Quietschtöne eingelagert sind (G-47)   *Ruspolia nitidula* **S. 108**

G-47 *Ruspolia nitidula*

58. Das Schwirren erscheint deutlich zerhackt, da die einzelnen Tonstöße immer zu zweit zusammengefasst sind und dadurch die Frequenz scheinbar erniedrigt wird (G-48)   *Tettigonia viridissima* **S. 110**

G-48 *Tettigonia viridissima*

59. Weiches Schwirren mit eingelagerten, tickenden Tönen in regelmäßigen, kurzen Abständen; langsam anschwellend (G-49)
Omocestus viridulus **S. 284**

G-49 *Omocestus viridulus*

60. Wie 59, aber nicht so lange anhaltend   Siehe unter 53

L Lang anhaltendes Schwirren mit unterschiedlichen Frequenzen

61. Lautes Schwirren, dessen Frequenz angehoben wird; dann folgen ganz
hohe, spitze Töne und kurze Unterbrechungen (G-50); ausführlichere
Beschreibung siehe S. 100   *Polysarcus denticauda* **S. 100**

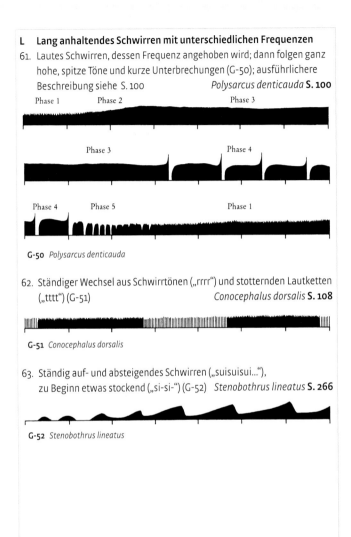

Phase 1 Phase 2 Phase 3

Phase 3 Phase 4

Phase 4 Phase 5 Phase 1

G-50 *Polysarcus denticauda*

62. Ständiger Wechsel aus Schwirrtönen („rrrr") und stotternden Lautketten
(„tttt") (G-51)   *Conocephalus dorsalis* **S. 108**

G-51 *Conocephalus dorsalis*

63. Ständig auf- und absteigendes Schwirren („suisuisui..."),
zu Beginn etwas stockend („si-si-") (G-52)   *Stenobothrus lineatus* **S. 266**

G-52 *Stenobothrus lineatus*

Die
Heuschrecken-
Arten

Familie Tettigoniidae *Laubheuschrecken*

Der Körper der Laubheuschrecken ist seitlich etwas zusammengedrückt und oft grün gefärbt. Die Tarsen sind viergliedrig. Bei der Stridulation wird der linke Flügel über den rechten gestrichen. Die Überwinterung erfolgt stets im Eistadium. Die Familie wird in sechs Unterfamilien aufgeteilt (von einigen Autoren auch als eigene Familien geführt).

Unterfamilie Phaneropterinae *Sichelschrecken*

Mit Ausnahme von *Phaneroptera* besitzen alle in Deutschland heimischen Sichelschrecken stark verkürzte, schuppenförmige Flügel. Das Trommelfell ist oval (S. 10). Der Legebohrer des Weibchens ist sehr breit und sichelförmig gebogen, oft am Ende deutlich gesägt. Bei der Eiablage wird die Legeröhre mit den Mandibeln geführt (S. 18 oben).

Phaneroptera falcata *Gemeine Sichelschrecke*

Merkmale: *Phaneroptera falcata* ist die einzige voll geflügelte Sichelschrecke unserer Heimat (siehe aber *Phaneroptera nana*, nächste Seite). Die Vorderflügel reichen etwa bis zu den Hinterknien, die Hinterflügel sind deutlich länger (eine solche Flügelbildung bezeichnet man als parapter). Die Grundfärbung ist grün, Rücken und Beine können rostrot getönt sein. Der ganze Körper ist mit feinen, dunklen Punkten gesprenkelt. Die Körperlänge schwankt zwischen 12 und 18 mm. Die Fühler erreichen etwa vierfache Körperlänge. Die sehr breite Legeröhre ist fast rechtwinklig gebogen. Das Männchen besitzt lange, stark gekrümmte Cerci. Die Art ist meist erst im August adult und lebt bis Oktober.

Vorkommen: *Phaneroptera falcata* ist sehr wärmeliebend. Sie lebt vorzugsweise auf gebüschreichen Trockenrasen, auch an Wegrändern und in Sandgruben. Die nördlichsten Fundorte liegen im Vogelsberg und bei Köln. Auch weiter südlich fehlt sie über weite Strecken, etwa im Alpenvorland und in weiten Teilen der Schwäbischen Alb. Sie zeigt gebietsweise aber deutliche Ausbreitungstendenzen, besonders im Norden ihres Verbreitungsgebietes.

Gesang: Der Gesang ist sehr leise (etwa 1 m weit hörbar) und wird vorzugsweise bei Dunkelheit vorgetragen. Die einzelnen Laute, die sich etwa mit „zb" umschreiben lassen, werden in unregelmäßigen Abständen aneinander gereiht.

Wissenswertes: Die vegetarische Gemeine Sichelschrecke kann man z. B. gut mit Himbeerblättern halten. Bei Sonnenschein ist sie recht lebhaft und fliegt aufgescheucht über weite Strecken. Die Weibchen legen ihre flachen Eier zwischen oberer und unterer Epidermis von Blättern ab.

Phaneroptera falcata, ♂ im Flug, (Jochenstein BaW) 26.8.84
Phaneroptera falcata ♀, Jockgrim Pf 14.8.83

Familie Tettigoniidae *Laubheuschrecken*

Phaneroptera nana *Vierpunktige Sichelschrecke* (= Ph. quadripunctata)

Merkmale: Die Vierpunktige Sichelschrecke entspricht der Gemeinen Sichelschrecke in der Körperlänge, erscheint aber etwas untersetzter. Die Halsschild-Seitenlappen sind etwas höher als lang (bei *Ph. falcata* dagegen etwas länger als hoch). Die Vorderflügel überragen deutlich die Hinterknie. Der Legebohrer des Weibchens ist ziemlich gleichmäßig gebogen, bei der anderen Art dagegen an der Basis stark, im Spitzenteil schwächer gekrümmt. Die Färbung ist ähnlich wie bei *Ph. falcata*, doch treten bei *Ph. nana* die dunklen Punkte oft stärker hervor. Adulte Tiere treten von Juli bis Oktober auf.

Vorkommen: Die mediterrane Art ist in Südeuropa meist häufiger als die andere Art, kommt aber gelegentlich gemeinsam mit ihr vor. Nach Norden geht sie bis Österreich (Burgenland) und in die Südschweiz. Neuerdings breitet sie sich offenbar in der Nordschweiz aus und wurde sogar schon einmal in Baden-Württemberg gefunden (Coray 2003). Sie bewohnt verbuschtes, sonniges Gelände, geht aber auch in dichter bewachsene Gebiete.

Fehlt in Deutschland

Tylopsis liliifolia *Lilienblatt-Sichelschrecke*

Merkmale: Die Lilienblatt-Sichelschrecke erinnert etwas an die Arten der Gattung *Phaneroptera*, besitzt aber als Ausnahme unter den Sichelschrecken ein spaltförmiges Hörorgan. Sie entspricht den *Phaneroptera*-Arten in der Körpergröße. Die Beine sind auffallend lang und dünn. Die hell gefärbten Fühler erscheinen trotz ihrer Länge ziemlich steif. Die Färbung ist recht variabel, grün oder gelbbraun mit unterschiedlichen Zeichnungen. Meist ziehen schmale, weiße Streifen über Halsschild und Flügel; Letztere sind oft hell gefleckt. Oft zieht ein brauner Längsstreif über Kopf, Halsschild und Rückenseite der Flügel. Adulte Tiere findet man von Juli bis September.

Vorkommen: Die Art ist im Mittelmeergebiet weit verbreitet und hier fast überall ziemlich häufig. Sie geht nach Norden bis Südtirol. Sie lebt vorzugsweise auf sonnigem, mit Sträuchern bewachsenem Ödland und an Waldrändern.

Fehlt in Deutschland

Phaneroptera nana ♀, Banjole Is 6. 9. 83
Tylopsis liliifolia ♂, (Pula Is) 7.9.83

Familie Tettigoniidae *Laubheuschrecken*

Acrometopa macropoda *Langbeinige Sichelschrecke*

Merkmale: Die Art fällt durch ihre ungewöhnlich langen Beine auf, vor allem das Weibchen, bei dem die Langbeinigkeit durch den etwas verkürzten, plumpen Körper besonders deutlich hervortritt. Die Körperlänge beträgt beim Männchen 21–24, beim Weibchen 29–31 mm. Die Flügel des Männchens sind deutlich parapter (also die Hinterflügel länger als die Vorderflügel); die Vorderflügel reichen etwa bis zu den Hinterknien. Beim Weibchen sind beide Flügel etwas verkürzt, überragen aber deutlich die Abdomenspitze, meist auch die Spitze des Legebohrers. Letzterer entspricht in der Form etwa dem von *Phaneroptera*, ist aber außer an den Rändern auch auf den Seitenflächen mit feinen Zähnchen besetzt. Die Färbung ist beim Männchen gelbgrün, beim Weibchen mehr bläulichgrün. Die Vorder- und Mittelschenkel sind teilweise rötlich violett gefärbt. Die etwas steifen, sehr langen Fühler sind strohgelb. In ihrer Fortsetzung läuft eine schmale, gelbliche Binde über das Auge am Unterrand des Halsschild-Seitenlappens bis etwa zu dessen Mitte. Die Flügel des Männchens tragen an der Basis einen braunen Fleck. Adulte Tiere erscheinen im Juni und Juli, Weibchen vereinzelt bis in den September.

Vorkommen: Das Verbreitungsgebiet der wärmeliebenden Art erstreckt sich etwa von Triest entlang der Adriaküste bis nach Südgriechenland. Es reicht im Hinterland bis in die Dinarischen Alpen. Die Langbeinige Sichelschrecke bewohnt hier vor allem mit lockerem Gebüsch bestandene Trockenwiesen oder mit Disteln und ähnlichen, höherwüchsigen Pflanzen bewachsenes Ödland, wo sich die Tiere meist auf Sträuchern und höheren Kräutern aufhalten.

Gesang: Der Gesang setzt sich aus gut 1 s langen Schwirrversen zusammen, die jeweils mit einem scharfen, kurzen Einzellaut abgeschlossen werden.

Ähnlich: *Acrometopa macropoda* wird im größten Teil Italiens, auf Korsika, Sardinien, Sizilien, Kreta und dem östlichen Balkan durch weitere, sehr ähnliche Arten dieser Gattung ersetzt. Heller (1988) betrachtet *A. macropoda* nach Untersuchung der Gesänge als Unterart der ostbalkanischen *A. servillea*, ebenso die in Italien und auf Korsika verbreitete *A. italica*.

Fehlt in Deutschland

Acrometopa macropoda ♂, Vodnjan Is 15.7.88
Acrometopa macropoda ♀, Vodnjan Is 15.7.88

Familie Tettigoniidae *Laubheuschrecken*

Barbitistes serricauda *Laubholz-Säbelschrecke*

Merkmale: Die Laubholz-Säbelschrecke ist wohl die schönste heimische Sichelschrecke. Die Grundfärbung ist meist gelbgrün, gelegentlich braun, mit braunen bis schwarzen Punkten und Flecken. Die dunklen Flecken können so sehr verdichtet sein, dass das Tier insgesamt dunkel erscheint, meist aber dominiert die helle Grundfärbung. Vom Auge verläuft – wie bei der Plumpschrecke – ein gelber, unten dunkel gesäumter Steifen über die Halsschildseiten am Flügelrand entlang; er kann sich an den Abdomenseiten noch fortsetzen. Die schuppenförmigen Flügel sind beim Männchen rostbraun, beim Weibchen grün oder braun gefärbt. Die Beine sind, vor allem beim Männchen, oft rot. Die Fühler haben zwei- bis dreifache Körperlänge. Diese beträgt ca. 15–20 mm. Das markanteste Merkmal der Männchen sind die roten, S-förmig geschwungenen Cerci. Die Legeröhre des Weibchens ist unten fast gerade, an der Spitze nach oben gebogen und dort beiderseits deutlich gesägt. Die Tiere sind ab Mitte Juli adult und leben bis August/ September, z. T. noch im Oktober.

Vorkommen: Lebensräume dieser Art sind sonnige Waldsäume und Steppenheidewälder. Während sich die Larven oft in Bodennähe aufhalten, findet man die Imagines nur selten, da sie auf Laubbäumen und Büschen leben. Sie sonnen sich aber gelegentlich auf niedrigen Sträuchern. Das Verbreitungsgebiet reicht im Norden etwa bis zum Harz und zum mittleren Rheintal. Südlich dieser Linie kommt sie vor allem in den wärmeren Gebieten vor.

Gesang: Der Gesang wird in der Dämmerung und nachts vorgetragen. Er ist etwa 1 m weit hörbar und besteht aus „zp"-Lauten, die jeweils zu Reihen von eins bis vier Lauten zusammengefasst werden. Drei bis fünf solcher Reihen bilden wiederum eine Strophe, die eine Gesamtdauer von 2–3 s hat und durch eine längere Pause von der nächsten getrennt ist. Eine solche Strophe lässt sich etwa folgendermaßen umschreiben: „zpzp-zpzpzp-zpzp-zp". Nach der Paarung legt das Weibchen seine flachen Eier in Rindenritzen oder morsches Holz ab.

Wissenswertes: Die Laubholz-Säbelschrecke ist vorwiegend dämmerungs- und nachtaktiv. Sie ernährt sich fast ausschließlich von Blättern holziger Pflanzen, z. B. Ahorn, Hasel oder Himbeere.

Barbitistes serricauda ♂, Schelklingen SA 5.8.77
Barbitistes serricauda ♀, Schelklingen SA 20.7.83

Familie Tettigoniidae *Laubheuschrecken*

Barbitistes constrictus *Nadelholz-Säbelschrecke*

Merkmale: Die Nadelholz-Säbelschrecke ähnelt sehr der vorangegangenen Art. Ihre Grundfärbung ist mehr blaugrün (manchmal aber auch braun) mit schwarzer Fleckung. Halsschild und Rückenseite des Abdomens sind oft (besonders beim Männchen) durchgehend schwarz. Auch bei dieser Art erstreckt sich ein gelber Längsstreifen von den Augen nach hinten. Die Fühler sind braun bis schwarz mit hellen Ringen in größeren Abständen. Gegenüber *B. serricauda* ist der Kopf breiter (etwas breiter als das Halsschild lang ist) und das Halsschild stärker sattelförmig eingesenkt. Die S-förmig geschwungenen Cerci des Männchens sind kurz vor der Spitze nach außen verbreitert und gegen die Spitze dann plötzlich wieder verschmälert (bei *B. serricauda* nehmen sie von der Basis zur Spitze kontinuierlich im Durchmesser ab). Beim Weibchen ist die Legeröhre etwa 2,5- bis 3-mal so lang wie das Halsschild (bei *B. serricauda* höchstens etwas mehr als doppelt so lang). Die Größe variiert zwischen 14 und 20 mm, gelegentlich kommen noch größere Individuen vor. Die Reifezeit reicht von Juli bis Oktober.

Vorkommen: *Barbitistes constrictus* ist bei uns selten. Im Gegensatz zur Laubholz-Säbelschrecke lebt diese Art vorzugsweise in Nadelwäldern. Bis vor wenigen Jahren kannte man sie nur von Fundorten, die östlich einer Linie Kulmbach-Nürnberg-Passau in Nordost-Bayern sowie im südlichen Ostdeutschland liegen. Neuerdings wurden aber auch Funde aus den Randbereichen der Bayerischen Alpen und aus dem östlichen Württemberg bekannt.

Gesang: Der Gesang ähnelt dem der Laubholz-Säbelschrecke; es werden aber längere Rufreihen von sechs bis neun Einzellauten gebildet, die mit Einzelsilben abwechseln.

Wissenswertes: Bisher ist ein wenig über die Lebensweise von *Barbitistes constrictus* bekannt. Eine von mir im Frankenwald gefundene Larve ließ sich mit Rosenblättern sowie Nadeln von Fichten und Lärchen bis zur Imago heranziehen.

Barbitistes constrictus ♂, (Furt im Wald BaW) 10.8.91
Barbitistes constrictus ♀, (Wallenfels FrW) 26.8.84

Familie Tettigoniidae *Laubheuschrecken*

Barbitistes obtusus *Südalpen-Säbelschrecke*

Merkmale: Die Südalpen-Säbelschrecke ähnelt außerordentlich der Laubholz-Säbelschrecke. Sie wird etwa gleich groß wie diese und zeigt die gleiche Schwankungsbreite in der Färbung. Der einzige sichere Unterschied liegt in den Cerci des Männchens: Diese sind am Ende abgestumpft, und der feine Spitzenzahn liegt ganz etwas vor dem Cercusende. Das Weibchen dagegen ist nicht mit letzter Sicherheit vom *serricauda*-Weibchen zu trennen. Adulte Tiere treten im Juli und August auf.

Vorkommen: *Barbitistes obtusus* ersetzt die Laubholz-Säbelschrecke südlich des Alpenhauptkammes. Die Art kommt etwa von den Basses-Alpes bis in die Julischen Alpen, daneben vereinzelt in den Apuanischen Alpen vor. Ihr Lebensraum sind leicht schattige Waldränder und Gebüsche, wo sich die Tiere gern auf Brombeerblättern aufhalten.

Fehlt in Deutschland

Barbitistes fischeri *Südfranzösische Säbelschrecke*

Merkmale: Diese Säbelschrecke erreicht als Männchen 19–21 mm, als Weibchen 20–25 mm Körperlänge. Beim Männchen sind die Cerci nicht so deutlich S-förmig geschwungen wie bei den anderen Arten der Gattung, oft erscheinen sie einfach bogenförmig. Die Subgenitalplatte des Männchens trägt unten einen deutlichen, nasenartigen Fortsatz (im Bild neben dem nach unten gebogenen Cercus gut zu erkennen). Die Färbung ist sehr variabel, vielfach ausgesprochen bunt. Die kurzen Flügel sind in der Mitte rot, außen und innen dagegen gelb gefärbt. Der meist grüne, oft aber sehr verdunkelte Körper zeigt an Kopf, Fühlern, Beinen und Cerci meist ausgeprägte, rötliche Partien. Die Reifezeit liegt zwischen Juni und August.

Vorkommen: Das Verbreitungsgebiet der Art erstreckt sich von der Iberischen Halbinsel bis in die Ausläufer der französischen Südalpen. Dort geht sie bis in Höhen von ca. 1500 m. Ihr Lebensraum sind lichte Wälder, Waldränder und Gebüsche. Oft findet man sie an ziemlich schattigen Orten.

Fehlt in Deutschland

Barbitistes obtusus ♂, Monticello Gr 13.8.84
Barbitistes fischeri ♂, Villedieu Pr 20.7.86

Familie Tettigoniidae *Laubheuschrecken*

Barbitistes yersini *Graugrüne Säbelschrecke*

Merkmale: Diese Säbelschrecke ähnelt ebenfalls der Laubholz-Säbelschrecke, wird aber etwas größer (in beiden Geschlechtern 20 bis fast 30 mm). Die Färbung ist ähnlich wie bei dieser, meist aber mehr graugrün. Ein markanter Unterschied besteht in der Farbverteilung auf den Flügeln: Diese sind (wie bei *B. fischeri*) innen und außen gelb, dazwischen dunkler (meist braun) gefärbt. Adulte Tiere erscheinen im Juli und August, vereinzelt noch im September.

Vorkommen: Das Verbreitungsgebiet von *Barbitistes yersini* reicht von Istrien an der Adriaküste entlang bis nach Herzegowina; es schließt die Inseln der Dalmatinischen Küste mit ein. Die Tiere leben vor allem auf niedrigen Sträuchern in offenem Gelände und an Waldrändern.

Fehlt in Deutschland

Barbitistes ocskayi *Dunkle Säbelschrecke*

Merkmale: Die hübsche Art erreicht als Männchen 18–22 mm, als Weibchen 18–25 mm Körperlänge. Das Halsschild ist meist sehr deutlich sattelförmig eingesenkt. Beim Männchen ist, wie bei *B. fischeri*, an der Subgenitalplatte ein nasenförmiger Anhang entwickelt, allerdings nicht ganz so deutlich wie bei dieser. Die Färbung schwankt zwischen dunkelgrün und tiefschwarz, mit meist sehr kontrastreichen, hellen Zeichnungen. Die Flügel sind in der Mitte rot, außen und innen weißlich gefärbt. Adulte Tiere erscheinen von Juni bis August.

Vorkommen: Das Verbreitungsgebiet deckt sich weitgehend mit dem von *B. yersini*, mit der die Art oft zusammen auftritt, reicht aber etwas weiter nach Süden, bis zum Peloponnes.

Wissenswertes: In manchen Jahren neigt die Art zu einer ausgesprochenen Massenvermehrung. Dann sind vielfach die Sträucher fast kahl gefressen und viele Straßen mit den Leichen überfahrener Tiere bedeckt. Unter derartigen Bedingungen sind die Tiere (wie auf dem Foto) sehr dunkel gefärbt, bei geringerer Individuendichte dagegen eher grün, so dass man auch hier (wie bei den Wanderheuschrecken) von einer speziellen Wanderoder besser Massenphase sprechen könnte.

Fehlt in Deutschland

Barbitistes yersini ♂, Mandici Is 7.7.84
Barbitistes ocskayi ♂, Baderna Is 7.7.84

Familie Tettigoniidae *Laubheuschrecken*

Leptophyes albovittata *Gestreifte Zartschrecke*

Merkmale: Die Gestreifte Zartschrecke wird nur 9–14 mm (Männchen) bzw. 12–16 mm groß (Weibchen). Die Grundfarbe ist grün mit roten oder dunkelbraunen Punkten. Der Abdomenrücken des Männchens ist meist rotbraun. Vom Unterrand der Halsschildseiten läuft ein weißer Längsstreifen über die Abdomenseiten. Das sattelförmige Halsschild bedeckt die basale Hälfte der Stummelflügel. Der frei sichtbare Teil der Flügel ist beim Männchen etwa halb, beim Weibchen höchstens ein Drittel so lang wie das Halsschild. Die Fühler erreichen etwa vierfache Körperlänge. Das Männchen besitzt ganz gerade Cerci, die an der Spitze einen nach innen gerichteten Zahn aufweisen. Die breite, sichelförmige Legeröhre ist kaum länger als das Halsschild und in der Spitzenhälfte ganz fein gezähnelt. Die Tiere sind von August bis September adult.

Vorkommen: *Leptophyes albovittata* ist eine östliche Heuschrecke, die etwa auf der Linie Würzburg-Nördlingen-München die Westgrenze ihrer Verbreitung erreicht. Sie ist wärmeliebend und lebt vor allem an sonnigen Waldrändern und auf gebüschreichen Trockenrasen. Die Art ist durch Veränderungen ihrer Lebensräume gefährdet.

Gesang: Der Gesang ist so leise, dass man ihn nur etwa 20 cm weit wahrnimmt. Er besteht aus einer Reihe von ganz zarten Einzeltönen („sb"), die einander bei Zimmertemperatur etwa im Abstand von 5 bis 10 s folgen.

Wissenswertes: Die Gestreifte Zartschrecke ernährt sich nur von Pflanzen; besonders gern frisst sie zarte, weiche Arten wie Vogelmiere, Wiesenplatterbse oder Löwenzahn. Daneben soll sie eine besondere Vorliebe für stark aromatisch duftende Pflanzen besitzen. Bei dieser Art ist die Kopula verhältnismäßig leicht zu beobachten. Man muss nur die Geschlechter einen Tag lang getrennt halten und dann in der Abenddämmerung zusammensetzen. Das Männchen macht vor dem Weibchen einen „Katzenbuckel" und wird von diesem – sofern es in Paarungsstimmung ist – bald bestiegen. Nach ca. 1 Minute quillt aus der männlichen Genitalöffnung die fast kugelige, nur etwa 2 mm große Spermatophore hervor. Kurz nachdem sie am Abdomen des Weibchens befestigt ist, trennt sich das Paar. Die Spermatophore wird dann im Verlauf von ca. 2 Stunden verzehrt. Die flachen Eier werden in Rindenritzen oder Pflanzenstängel abgelegt.

Rote Liste 3

Leptophyes albovittata ♂, Eichstätt FrA, 19.8.84
Leptophyes albovittata ♀, Heroldingen NöR 28.8.83

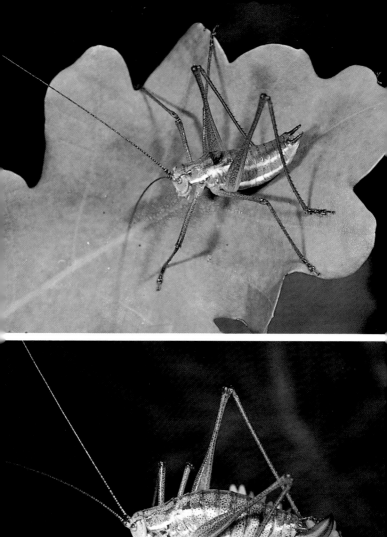

Familie Tettigoniidae *Laubheuschrecken*

Leptophyes punctatissima *Punktierte Zartschrecke*

Merkmale: Mit 10–14 mm (Männchen) bzw. 12–17 mm Körperlänge (Weibchen) ist die Punktierte Zartschrecke nur wenig größer als die vorangegangene, verwandte Art. Ihre Grundfarbe ist gelbgrün mit dunkelroter Punktierung. Über den Abdomenrücken des Männchens verläuft meist ein brauner Längsstreifen, der aber schmäler ist als bei der anderen Art. Das Halsschild ist kürzer, die Stummelflügel sind frei sichtbar. Beim Männchen sind sie etwas länger, beim Weibchen gut halb so lang wie das Halsschild. Die Fühler erreichen auch hier etwa die vierfache Körperlänge. Die Cerci des Männchens ähneln in ihrer Form denen der Plumpschrecke: sie sind im Basalteil fast gerade und im Spitzendrittel bogenförmig nach innen gekrümmt. Die flache, sichelförmige Legeröhre des Weibchens ist mehr als doppelt so lang wie das Halsschild und im Spitzendrittel ganz fein gezähnelt. Die Reifezeit reicht von Juli/August bis September oder Oktober.

Vorkommen: *Leptophyes punctatissima* ist ein Kulturfolger, der sich gern in Gärten und Parkanlagen ansiedelt. Daneben lebt die Art vor allem an sonnigen Waldrändern. Sie hält sich vorzugsweise im Gebüsch auf und ist dadurch nicht ganz leicht zu finden. Die Punktierte Zartschrecke ist eine ursprünglich westeuropäische Art. Das heutige Verbreitungsbild ist jedoch sehr verworren, da sie häufig mit Gartenpflanzen verschleppt wurde. Auffallend ist, dass viele der weit vorgeschobenen Verbreitungsinseln in Großstädten wie Berlin und München liegen. Ihre größte Häufigkeit besitzt sie aber nach wie vor im Südwesten Deutschlands.

Gesang: Der abends und nachts vorgetragene Gesang ist geringfügig lauter als bei *L. albovittata*; man kann ihn etwa 50 cm weit wahrnehmen. Auch hier besteht er aus einer Folge aneinander gereihter, zarter „sb"-Laute. Die Abstände zwischen den Einzeltönen sind aber etwas kürzer (bei Zimmertemperatur etwa 3–6 s).

Wissenswertes: Die Art ernährt sich praktisch nur von Pflanzen: Rosen- und Himbeerblätter werden genauso verzehrt wie Kleearten oder Löwenzahn. Auch bei ihr ist die Paarung verhälnismäßig leicht zu beobachten. Sie dauert etwas länger (ca. 5 Minuten) und wird von beiden Geschlechtern bis zu achtmal wiederholt. Die Eiablage erfolgt in Baumrinde.

Familie Tettigoniidae *Laubheuschrecken*

Leptophyes boscii *Boscis Zartschrecke*

Merkmale: *Leptophyes boscii* erreicht als Männchen 13–18 mm, als Weibchen 16–20 mm Körperlänge und wird damit etwas größer als die sehr ähnliche Gestreifte Zartschrecke. Wie bei dieser sind die Flügel des Männchens etwa zur Hälfte, die des Weibchens größtenteils vom Halsschild verdeckt. Die hellen Längsbinden an den Halsschild- und Abdomenseiten sind weniger deutlich als bei der anderen Art; beim Weibchen können sie fehlen. Die vorwiegend hellbraunen Flügel tragen jeweils zwei schwarze Streifen. Die Reifezeit reicht von Juli bis September.

Vorkommen: Die Art ist vorwiegend osteuropäisch (z. B. in Ungarn und Rumänien) verbreitet und kommt von dort bis nach Istrien, in den östlichen und südlichen Teilen Österreichs und bis nach Südtirol vor. Ganz vereinzelt wurde sie noch weiter westlich (z. B. im Piemont und in den französischen Meeralpen) gefunden. Sie hält sich vorwiegend im niedrigen Gebüsch und auf krautigen Pflanzen auf.

Fehlt in Deutschland

Leptophyes laticauda *Südliche Zartschrecke*

Merkmale: Diese Zartschrecke ist mit 16–20 mm (Männchen) bzw. 16–22 mm Körperlänge (Weibchen) die größte *Leptophyes*-Art. Sie ähnelt der Punktierten Zartschrecke, vor allem in der Ausbildung der Flügel (diese liegen weitgehend frei). Über den Hinterleibsrücken läuft eine dunkelbraune bis violette Längsbinde, die sich aus nach hinten verschmälerten, oft dreieckigen, dunklen Flecken zusammensetzt. Das Weibchen ist durch seinen ausgesprochen langen (bis 12 mm) und breiten, sichelförmig gebogenen Legebohrer ausgezeichnet. Adulte Tiere erscheinen von Juli bis September.

Vorkommen: Das Verbreitungsgebiet der Art erstreckt sich vom Norden der Balkanhalbinsel (Kroatien) über die Randgebiete der italienischen Alpen und die südlichsten Teile der Schweiz (im südlichen Graubünden und Tessin ziemlich häufig) bis in die Provence (selten). Sie bewohnt vor allem schattige, etwas feuchte Wald- und Wegränder und hält sich gern auf Brombeerblättern und Brennnesselbeständen auf.

Fehlt in Deutschland

Leptophyes boscii ♂, Ucka Is 16.7.88
Lephtophyes laticauda ♂, Monticello Gr 13.8.84

Famîlie Tettigoniidae *Laubheuschrecken*

Isophya kraussii *Gemeine Plumpschrecke*

Merkmale: Die Vorderflügel der Plumpschrecke sind zu winzigen Lappen reduziert; Hinterflügel fehlen ganz. Die Grundfärbung ist grün mit dunkler Punktierung. Vom Auge zieht ein gelblicher Längsstreifen über die Hals-schildseiten, der sich am Flügelrand fortsetzt und oben rotbraun gesäumt ist. Die Fühler sind etwa um die Hälfte länger als der Körper. Die Legeröhre ist beiderseits am Ende deutlich gesägt und oben und unten gleichmäßig gebogen (Unterschied zum ähnlichen Weibchen von *Barbitistes*!). Die Cerci des Männchens sind an der Basis wenig, zur Spitze hin deutlich gebogen, so dass die Enden zueinander weisen. Die Körperlänge schankt zwischen 16 und 26 mm; die Weibchen sind etwas größer, vor allem aber deutlich dickleibiger als die Männchen. Die Art ist als eine der frühesten Laubheu-schrecken etwa ab Mitte Juni adult. Die meisten ausgewachsenen Tiere findet man in der ersten Julihälfte; einzelne Weibchen leben bis Mitte September.

Vorkommen: *Isophya kraussii* lebt auf gebüschreichen Trockenrasen, an sonnigen Waldrändern und auf üppigen, etwas feuchten Wiesen. Die Ver-breitung reicht im Norden bis zur Rhön. Am regelmäßigsten tritt sie im Bereich der Schwäbischen und der Fränkischen Alb auf.

Gesang: Der leise Gesang (etwa 1 m weit hörbar) ertönt nur abends und nachts. Er besteht aus Lautpaaren – jeweils einem längeren weichen und einem kürzeren harten – die sich etwa als „ss-z" umschreiben lassen. Diese können minutenlang ohne Unterbrechung vorgetragen werden.

Wissenswertes: Die Plumpschrecke ernährt sich vorzugsweise von wei-chen, saftigen Pflanzen. Das Männchen bildet während der etwa 1–2 Minu-ten dauernden Kopula eine besonders große Spermatophore (S. 14 oben), mit deren Verzehren das Weibchen viele Stunden beschäftigt ist. Die Eier werden in kleinen Gruppen im Erdboden abgelegt (S. 18 oben).

Die Art wurde bisher mit der offenbar westeuropäisch verbreiteten *Isophya pyrenaea* zusammengefasst. Diese singt deutlich anders, ist aber anson-sten nur schwer von *I. kraussii* zu unterscheiden (Heller 1988). Sie kommt, soweit man bisher weiß, vor allem in Südfrankreich vor und scheint in Mitteleuropa zu fehlen.

Isophya kraussii ♂, Zimmern FrA, 5.7.80
Isophya kraussii ♀, (Schlatt SA) 17.6.84

Familie Tettigoniidae *Laubheuschrecken*

Isophya brevicauda *Kurzschwänzige Plumpschrecke*

Merkmale: Diese Art ist nur schwer von der Gewöhnlichen Plumpschrecke zu unterscheiden. Sie bleibt etwas kleiner (19–23 mm). Beim Männchen ist das Halsschild deutlich sattelförmig eingesenkt und im hinteren Abschnitt winklig erweitert. Das Weibchen ist vor allem durch seinen auffallend kurzen Legebohrer (7–8 mm gegenüber 9–11 mm bei *I. kraussi*) zu erkennen. Zur sicheren Unterscheidung sei auf die Bearbeitung durch Ingrisch (1991) verwiesen.

Vorkommen: *Isophya brevicauda* kommt nach bisheriger Kenntnis in Kroatien, Slowenien und im südlichen Österreich vor, wo sie auf Bergwiesen lebt.

Ähnlich: Ebenfalls in den Ostalpen kommen noch als weitere seltene Arten dieser Gattung *Isophya costata* und *I. modestior* vor. Beide werden größer als die hier vorgestellten Arten (Hinterschenkel länger als 20 mm, bei *I. kraussi* und *I. brevicauda* kürzer als 18 mm).

Fehlt in Deutschland

Poecilimon gracilis *Zierliche Buntschrecke*

Merkmale: Die Zierliche Buntschrecke (Beschreibung der Gattung *Poecilimon* auf der folgenden Seite) erreicht als Männchen 16–20 mm, als Weibchen 17–23 mm Körperlänge. Das Halsschild ist beim Männchen deutlich sattelförmig eingesenkt, nach hinten erweitert und in der Mitte am Hinterrand bogenförmig ausgerandet. Die Grundfärbung ist hellgrün. Vom Auge läuft eine weißliche Längsbinde über die Halsschildseiten und setzt sich von dort oft bis zur Abdomenspitze fort. Im hinteren Teil des Halsschilds tritt an ihre Stelle meist ein roter Streifen, der sich am Hinterrand bis zur Mitte fortsetzt. Adulte Tiere erscheinen im Juli und August.

Vorkommen: Das Verbreitungsgebiet erstreckt sich von Albanien und Mazedonien an der Adriaküste entlang bis nach Kärnten. Die Art bewohnt vorzugsweise etwas feuchte, üppig bewachsene Bergwiesen und Waldlichtungen.

Fehlt in Deutschland

Isophya brevicauda ♀, Foto S. Ingrisch
Poecilimon gracilis ♂, Foto S. Ingrisch

Familie Tettigoniidae *Laubheuschrecken*

Poecilimon elegans *Kleine Buntschrecke*

Merkmale: Die Gattung *Poecilimon* ist mit etwa 50 z. T. schwer bestimmbaren Arten fast ausschließlich über die Balkanhalbinsel verbreitet. Nur zwei Arten (*P. ornatus* und *P. gracilis*) gehen bis ins südliche Österreich und nach Norditalien; bereits in der Schweiz und in Frankreich fehlt die Gattung völlig. Die Männchen einiger Arten sind nicht sofort als Vertreter dieser Gattung zu erkennen, da sie viel Ähnlichkeit mit *Leptophyes*- oder *Isophya*-Arten besitzen können. Das Halsschild ist meist (aber nicht immer) deutlich sattelförmig eingesenkt und bedeckt die Flügel etwa zur Hälfte; die Cerci sind nur schwach gekrümmt. Die Weibchen ähneln dagegen durch ihren im Basalteil geraden, an der Spitze hochgebogenen und hier beiderseits grob gezähnten Legebohrer den *Barbitistes*-Arten; ihr Halsschild bedeckt aber die Flügel völlig oder fast vollständig (bei *Barbitistes*-Weibchen sind die Flügel immer gut sichtbar).

Poecilimon elegans gehört mit 14–16 mm (Männchen) bzw. 17–20 mm Körperlänge (Weibchen) zu den kleinsten Arten der Gattung. Das Halsschild ist kaum eingesenkt, die Färbung weniger bunt als bei den anderen Buntschrecken. Die Grundfärbung ist hellgrün. Die Halsschild-Seitenlappen sind unten schmal hell gesäumt; ein weiterer heller Streifen zieht vom Auge über die Halsschildseiten bis zur Mitte (Weibchen) oder ans Ende des Hinterleibs (Männchen). Adulte Tiere erscheinen im Juni und Juli; Weibchen findet man vereinzelt noch im August.

Vorkommen: Das Verbreitungsgebiet dieser Buntschrecke reicht im Norden von Istrien (wo sie gebietsweise ziemlich häufig vorkommt) an der Adriaküste entlang bis Mazedonien und im Hinterland bis Bulgarien. Man trifft die Art vor allem auf üppigen Wiesen, wo sie sich dicht über dem Boden auf Gräsern und Kräutern aufhält.

Gesang: Der Gesang besteht aus sehr kurzen, scharfen Tönen, die in größeren Abständen vorgetragen werden.

Fehlt in Deutschland

Poecilimon elegans ♂, Mandici Is 18.6.88
Poecilimon elegans ♀, Mandici Is 21.6.88

Familie Tettigoniidae *Laubheuschrecken*

Peocilimon ornatus *Große Buntschrecke*

Merkmale: Diese stattliche Buntschrecke gehört mit einer Körperlänge von 21–25 mm (Männchen) bzw. 23–30 mm (Weibchen) zu den größten Arten der Gattung. Das Halsschild ist, vor allem beim Männchen, deutlich sattelförmig eingesenkt und hinten erweitert, so dass ein typischer Schalltrichter entsteht. Die Färbung der Männchen ist ausgesprochen variabel, während die Weibchen meist einheitlich grün, höchstens mit dunklen Binden gezeichnet sind. Die Männchen tragen oft ausgedehnte, gelbe und schwarze Längsbinden, wobei die besonders bunten Individuen vorzugsweise an niedrig gelegenen Fundorten auftreten; in den Höhenlagen der Gebirge tragen sie meist nur paarige, dunkle Flecke und undeutliche, helle Längsbinden auf dem Hinterleibsrücken. Adulte Tiere erscheinen gebietsweise schon ab Mai und können an hoch gelegenen Fundorten noch im September zu finden sein.

Vorkommen: Diese am weitesten verbreitete Buntschrecke findet sich im Norden bis Kärnten und ins Gardaseegebiet (Monte Baldo), im Süden bis Mazedonien und Albanien. Sie kommt von wenig über Meereshöhe bis in ca. 1800 m Höhe vor. Ihr Lebensraum sind vorzugsweise etwas feuchte, hochwüchsige Wiesen, doch kann man sie auch auf Alpenmatten und trockenem Ödland finden.

Gesang: Der Gesang besteht aus kurzen, ziemlich schrillen Tönen.

Fehlt in Deutschland

Poecilimon ampliatus *Gehöckerte Buntschrecke*

Merkmale: *Poecilimon ampliatus* ähnelt der Zierlichen Buntschrecke, bleibt aber etwas kleiner. Die Färbung ist hellgrün mit feinen, rötlichen Punkten. Im hinteren Teil des Halsschilds sind meist drei kurze, rötliche Streifen oder Flecke entwickelt. Die Flügel des Männchens sind überwiegend blass gelblich gefärbt. Unmittelbar hinter ihren Spitzen liegt oben in der Mitte des Hinterleibsrückens ein kleiner, dunkel gefärbter, knopfförmiger Höcker, an dem die Art stets sicher zu erkennen ist (allerdings nur das Männchen). Adulte Tiere erscheinen im Juni und Juli.

Vorkommen: Die Art ist von Istrien bis nach Albanien und Rumänien verbreitet. Sie lebt auf üppigen Bergwiesen und tritt hier oft gemeinsam mit anderen *Poecilimon*-Arten, vor allem *P. ornatus*, auf.

Fehlt in Deutschland

Poecilimon ornatus ♂, Baderna Is 7.7.84
Poecilimon ampliatus ♂, Ucka Is 6.7.84

Familie Tettigoniidae *Laubheuschrecken*

Polysarcus denticauda *Wanstschrecke* (= Orphania denticauda)

Merkmale: Mit 24–44 mm Körperlänge ist die Wanstschrecke die größte heimische Sichelschrecke. Die Grundfärbung des dickleibigen Tieres ist grün, selten dunkelbraun. Das Halsschild ist beim Männchen sattelförmig; es bildet einen weiten Schalltrichter. Die stummelförmigen Flügel des Männchens sind gelb, meist grün gefleckt und ragen deutlich unter dem Halsschild hervor; beim Weibchen sind sie fast vollständig darunter verborgen. Auffallend beim Männchen ist die lange, zweizipflige Subgenitalplatte, die zwischen den Cerci weit nach oben ragt. Die Legeröhre ist lang und am Ende deutlich gezähnt. Polysarcus ist schon ab Anfang Juni ausgewachsen und verschwindet bereits Mitte Juli.

Vorkommen: In Deutschland kommt die Wanstschrecke nur an wenigen Stellen vor. Seit langem sind Fundorte am Rand der Schwäbischen Alb und im Albvorland bekannt, erst vor wenigen Jahren wurden weitere Funde aus dem Allgäu (Grünten) und dem ehemaligen innerdeutschen Grenzraum (Rhön) gemeldet. Ihr typischer Lebensraum sind langgrasige Wiesen mit üppiger Vegetation. Da solche Wiesen immer seltener werden, ist die Art inzwischen stark gefährdet.

Gesang: Er ist etwa 30–50 m weit hörbar und lässt sich in fünf Phasen gliedern. Phase 1 besteht aus einer längeren, gleichförmigen Folge von Schwirrlauten, wobei die Heuschrecke z. T. umherwandert. In Phase 2 wird die Frequenz deutlich angehoben, das Tier bleibt stehen. Phase 3 ist ein gleichmäßiges, sehr schrilles Schwirren von meist ca. 10 s Dauer. Phase 4 ist gekennzeichnet durch eine Reihe von fünf bis neun ganz spitzen „zick"-Lauten, die in immer kürzeren Abständen aufeinander folgen. In Phase 5 schließlich folgen „stotternd" aneinander gereihte Tonstöße, die wieder zu Phase 1 überleiten.

Wissenswertes: Die träge Art lebt vegetarisch. Sie bleibt bei Gefahr reglos sitzen, verrät sich aber durch ihren lauten Gesang. Manchmal kommt es bei der sonst so seltenen Heuschrecke zur Massenvermehrung. Dann bilden die Tiere, wie die Wanderheuschrecken, eine spezielle Wanderphase, die sich durch dunklere Färbung, geringere Größe und stärker sattelförmiges Halsschild deutlich von der Stammform unterscheidet. 1948 kam es im Raum Donaueschingen zu einer derartigen Erscheinung.

Rote Liste 2

Polysarcus denticauda ♂, Schlatt SA 2.7.83
Polysarcus denticauda ♀, Schlatt SA 2.7.83

Familie Tettigoniidae *Laubheuschrecken*

Unterfamilie Meconeminae *Eichenschrecken*

Die Eichenschrecken sind kleine, baumbewohnende Heuschrecken mit ovalem Trommelfell, aber ohne Stridulationsorgane. In Deutschland kommen nur zwei Arten vor.

Meconema thalassinum *Gemeine Eichenschrecke* (=M. varium)

Merkmale: Die hellgrüne Art erreicht 12–15 mm Körperlänge. Hinten auf dem Halsschild liegen zwei braune Flecken in einem gelben Längsstreifen. Die Flügel überragen den Hinterleib. Die Fühler erreichen etwa vierfache Körperlänge. Beim Männchen sind die Cerci dünn und lang (3 mm) und pinzettenartig leicht nach innen gebogen. Die 9 mm lange Legeröhre des Weibchens ist säbelförmig. Die Art ist ab Ende Juli adult. Die Weibchen leben z. T. noch im November.

Vorkommen: Die Gemeine Eichenschrecke lebt nur auf Bäumen, besonders Eichen, und ist dadurch schwer zu finden. Sie kommt aber im gesamten Gebiet vor, auch in Gärten und Parkanlagen.

Gesang: Obwohl die Männchen keine Stridulationsorgane besitzen, erzeugen sie einen ganz charakteristischen Gesang: Sie trommeln mit einem Hinterbein auf die Unterlage (z. B. ein Blatt), so dass ein schnurrender, etwa 1 m weit hörbarer Ton entsteht. Meist werden mehrere solcher Trommelserien aneinander gereiht, wobei auf einige kurze Serien eine bis drei längere folgen, z. B.: „tr-tr-tr-trrr-trrr".

Wissenswertes: Die Heuschrecke ist nachtaktiv und ruht tagsüber auf der Blattunterseite. Im Dunkeln jagt sie kleine Insekten, z. B. Raupen und Blattläuse. Sie ernährt sich rein räuberisch und ist somit sehr nützlich. Das Weibchen legt seine Eier in Risse und Spalten der Baumrinde.

Meconema thalassinum ♂, Göttingen SN 9.75
Meconema thalassinum ♀, (Ulm SA) 10.9.80

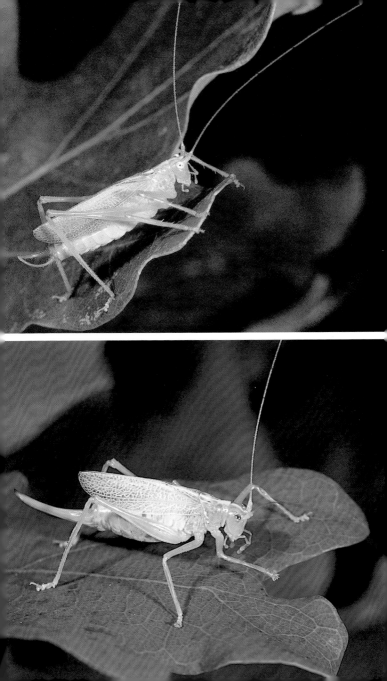

Familie Tettigoniidae *Laubheuschrecken*

Meconema meridionale *Südliche Eichenschrecke*

Merkmale: Die Südliche Eichenschrecke entspricht in der Größe der Gemeinen Eichenschrecke, unterscheidet sich von dieser aber deutlich durch die stark verkürzten, stummelförmigen Flügel. Man könnte sie daher leicht mit einer Larve von *M. thalassinum* verwechseln. Die Cerci des Männchens sind länger als bei der anderen Art (4 mm), während der Legebohrer des Weibchens etwas kürzer ist (7,5 mm). Imagines treten von August bis Oktober auf.

Vorkommen: Diese typische Art des Mittelmeergebietes (sie ist hier von Frankreich bis nach Kroatien verbreitet) wurde erst in neuerer Zeit in Deutschland entdeckt (Helversen 1965), ebenso in der nördlichen Schweiz. Alle Fundorte liegen in der Nähe oder im Innern größerer Städte (vor allem Freiburg), so dass zu vermuten ist, dass diese Heuschrecke durch Gartenpflanzen o. Ä. nach Mitteleuropa eingeschleppt wurde. Auffallend viele Funde wurden an Windschutzscheiben von Kraftfahrzeugen gemacht. Es wäre aber auch denkbar, dass sie aufgrund ihrer Larvenähnlichkeit zuvor nur übersehen wurde.

Gesang: Die Art trommelt in ähnlicher Weise wie die Gemeine Eichenschrecke, erzeugt dabei aber kurze Reihen von Einzel- oder Doppelschlägen, also keine Trommelserien.

Cyrtaspis scutata *Schildförmige Eichenschrecke*

Merkmale: Diese kaum verwechselbare Vertreterin der Eichenschrecken entspricht den beiden anderen Arten in der Größe, ist aber durch ihr stark vergrößertes, schildförmiges Halsschild gut gekennzeichnet. Dieses erreicht etwa die halbe Körperlänge. Die winzigen Flügel bleiben darunter völlig verborgen. Die Färbung ist hellgrün oder gelbbraun mit zahlreichen, gelblichen Punkten. Die Reifezeit liegt auffallend spät; sie reicht von Ende August bis in den Januar, z. T. bis April.

Vorkommen: *Cyrtaspis scutata* ist von Spanien über Südfrankreich bis zur Balkanhalbinsel verbreitet und hier meist nicht selten. Sie bewohnt ähnliche Habitate wie die beiden anderen Eichenschrecken und kann in manchen Gegenden (z. B. in Istrien) mit diesen gemeinsam auf den gleichen Büschen angetroffen werden. Man findet sie am leichtesten (wie auch die beiden *Meconema*-Arten), wenn man randständige Eichen abklopft.

Fehlt in Deutschland

Meconema meridionale ♂, Divaca SI 14.9.83
Cyrtaspis scutata ♂, (Vranja Is) 11.9.89

Familie Tettigoniidae *Laubheuschrecken*

Unterfamilie Conocephalinae *Schwertschrecken*

Bei den Schwertschrecken ist das Trommelfell bis auf einen schmalen Spalt geschlossen. Der Kopf läuft nach vorn und oben auffallend spitz zu („Schiefkopfschrecken"). In Deutschland kommen drei hygrophile Arten vor, von denen eine sehr selten ist.

Conocephalus discolor *Langflüglige Schwertschrecke* (= C. fuscus, Xiphidium fuscum)

Merkmale: Die Langflüglige Schwertschrecke erreicht 12–17 mm Körperlänge. Die Färbung ist hellgrün mit einer braunen, hell eingefassten Längsbinde auf dem Rücken. Die Fühler haben etwa dreifache Körperlänge. Die auffallend schmalen Flügel überragen etwas die Hinterknie. Die fast gerade Legeröhre wird annähernd körperlang. Beim Männchen besitzen die Cerci kurz vor der Spitze einen nach innen gerichteten Zahn. Ab Ende Juli ist die Art erwachsen. Sie lebt bis Oktober, ist aber regelmäßig im September auch noch als Larve anzutreffen.

Vorkommen: *Conocephalus discolor* kommt nur im südlichen Deutschland bis etwa zur Mainlinie vor. Die Art lebt auf Sumpfwiesen, in Schilfbeständen und an Gewässerufern. Gelegentlich geht sie auch auf ruderal beeinflusste Flächen. In ihrem süddeutschen Verbreitungsgebiet ist sie stellenweise recht häufig, so in der Oberrheinischen Tiefebene und im Alpenvorland.

Gesang: Der Gesang ist etwa 2 m weit hörbar. Er setzt sich aus gleichmäßigen, dichten Lautketten zusammen, die sich etwa mit „zlizlizli..." umschreiben lassen. Diese Lautketten bestehen aus etwa 10 Silben in der Sekunde und werden oft lange Zeit ununterbrochen vorgetragen.

Wissenswertes: Die Nahrung besteht aus Gräsern und anderen Pflanzen, daneben auch aus kleinen Insekten, etwa Blattläusen und Raupen. Das Weibchen legt die schmalen, weißlichen Eier einzeln in Blattscheiden von Sauergräsern ab (S. 18 unten). Manchmal beißt es zuvor ein Loch, durch das der Legebohrer in die Pflanze eingeführt wird. Die Larven dieser und der folgenden Art besitzen außer dem für die Familie typischen, spitzen Kopf auf dem Rücken einen scharf abgesetzten, schwarzen Längsstreifen (S. 23 oben rechts).

Familie Tettigoniidae *Laubheuschrecken*

Conocephalus dorsalis *Kurzflüglige Schwertschrecke*
(= Xiphidium dorsale)

Merkmale: Die Kurzflüglige Schwertschrecke ähnelt in Größe (11–18 mm) und Färbung *C. discolor*. Die Flügel sind aber stark verkürzt und erreichen nicht die Abdomenspitze. Sehr selten tritt eine langflüglige Variante auf. Diese ist als Weibchen durch die kürzere, deutlich gebogene Legeröhre, als Männchen durch die längeren, fast einander berührenden Seitenzähne der Cerci von *C. discolor* zu unterscheiden. Sie ist von Juli bis Oktober adult.

Vorkommen: Die Kurzflüglige Schwertschrecke kommt vor allem in Norddeutschland vor. Im Süden ist sie selten, tritt aber bisweilen gemeinsam mit *C. discolor* auf. Sie lebt ebenfalls in Feuchtgebieten, ist aber anspruchsvoller hinsichtlich der Qualität ihrer Lebensräume. Ihre Bestände sind daher überall deutlich rückläufig, so dass die Art als gefährdet einzustufen ist.

Gesang: Der Gesang ist leiser als bei der langflügligen Art und setzt sich aus zwei ganz verschiedenen, regelmäßig wechselnden Lautreihen zusammen. Ein gleichmäßiger Schwirrlaut alterniert jeweils mit einem deutlich tieferen, etwas stotternden Gesang: „rrrrr-ttttt-rrrrr-ttttt…".

Rote Liste 3

Ruspolia nitidula *Große Schiefkopfschrecke*
(= Homorocoryphus nitidulus, Conocephalus mandibularis)

Merkmale: Mit 20–29 mm Körperlänge ist *Ruspolia nitidula* deutlich größer, als die anderen Schwertschrecken. Sie ist fast einfarbig hellgrün, seltener bräunlich oder rötlich gefärbt. Die Fühler sind wenig länger als der Körper. Die gerade Legeröhre ist fast körperlang. Die Cerci des Männchens haben an der Spitze zwei nach innen gebogene Zähnchen. Imagines findet man von August bis Oktober.

Vorkommen: Die Art wurde vor vielen Jahren zweimal in Deutschland gefunden: bei Gohren am Bodenseeufer und bei Stuttgart (hier wohl verschleppt). Nachdem sie über Jahrzehnte verschollen war, wurde sie 1995 am Bodensee wiederentdeckt (Treiber & Albrecht 1996). Sie lebt hier auf Feuchtwiesen in einem größeren Niedermoorgebiet. In Südeuropa, wo sie häufig vorkommt, bewohnt sie auch langgrasige Trockenrasen. Sie gilt bei uns als stark gefährdet und steht unter Naturschutz.

Gesang: Der Gesang ist eine sehr hohes, lautes Schwirren, in das in unregelmäßigen Abständen ganz spitze, „quietschende" Tonstöße eingegliedert sind, die nahe an der Schwelle zum Ultraschall liegen.

Rote Liste 2

Conocephalus dorsalis ♀, Neuenkirchen LH 26.8.81
Ruspolia nitidula ♀, Limski Kanal Is 10.9.83

Familie Tettigoniidae *Laubheuschrecken*

Unterfamilie Tettigoniinae *Heupferde*

Die Heupferde besitzen spaltförmige Hörorgane. Es sind große, kräftige Tiere mit grüner Grundfärbung. Die Flügel sind einfarbig grün oder am Rücken braun gefärbt, niemals aber mit dunklen Würfelflecken gezeichnet. Die Fühler erreichen bei allen drei Arten etwa die eineinhalbfache Körperlänge.

Tettigonia viridissima *(Grünes Heupferd)*

Merkmale: Mit 28–36 mm (Männchen) bzw. 32–42 mm Körperlänge (Weibchen) ist das Grüne Heupferd eine unserer größten Heuschrecken. Das ansonsten grüne Tier ist am Rücken meist braun gefärbt. Gelegentlich sind, wie in der Abbildung, die Beine gelb. Sehr selten treten einfarbig gelbe Tiere auf. Die Legeröhre reicht etwa bis zur Spitze der sehr langen Flügel (die Art ist recht flugtüchtig). Beim Männchen sind die nahe der Basis gezähnten Cerci deutlich länger als die Styli. *Tettigonia viridissima* ist ab Mitte Juli adult und lebt vereinzelt noch bis Ende Oktober.

Vorkommen: Das Grüne Heupferd ist eine der anpassungsfähigsten Heuschrecken. Es lebt gern auf Kulturflächen, etwa in Gärten und Getreidefeldern, auch an sonnigen Wegrändern und auf Trockenrasen. Die Art ist meist häufig, meidet aber höhere Berglagen, wo sie durch die folgende Art (*T. cantans*) ersetzt wird.

Gesang: Der Gesang ist laut schwirrend und etwa 50 m weit hörbar. Da jeweils zwei Tonstöße zu einem Doppelton zusammengefasst werden, erscheint der Gesang – im Gegensatz zu *T. cantans* – immer deutlich zerhackt.

Wissenswertes: Die Nahrung besteht überwiegend aus Insekten: Fliegen, Raupen, sogar Kartoffelkäferlarven werden sehr gern verzehrt. Pflanzennahrung dient anscheinend nur als Beikost. Das Grüne Heupferd ist damit ein sehr nützlicher Gartenbewohner, was leider kaum bekannt ist! Die Art ist tag- und nachtaktiv und singt etwa ab Mittag bis nach Mittarnacht. Nach der Paarung legt das Weibchen die dunkelbraunen, schlanken Eier einzeln oder in kleinen Gruppen im Erdreich ab. Die Embryonalentwicklung erstreckt sich über mindestens eineinhalb, manchmal sogar über mehr als fünf Jahre.

Tettigonia viridissima ♂, Baustetten OS 7.9.80

Familie Tettigoniidae *Laubheuschrecken*

Tettigonia cantans *Zwitscherschrecke*

Merkmale: Die Zwitscherschrecke ist mit 20–30 mm (Männchen) bzw. 25–33 m Körperlänge (Weibchen) durchschnittlich kleiner als das Grüne Heupferd. Da die Flügel deutlich verkürzt sind (sie reichen etwa bis zu den Hinterknien) erscheint die flugunfähige Art ohnehin kleiner. Die Legeröhre überragt die Flügel um etwa 15 mm. Die Reifezeit reicht von Ende Juli bis Oktober.

Vorkommen: Die Zwitscherschrecke lebt mehr in feuchtem Gelände und bewohnt vor allem Wiesen. Gelegentlich kommt sie zusammen mit *T. viridissima* vor. Meist aber schließen sich die Vorkommen beider Arten gegenseitig aus. Am häufigsten ist sie im höheren Bergland, wo *T. viridissima* meist fehlt. Das Verbreitungsgebiet schließt aber auch die Niederungen Norddeutschlands mit ein.

Gesang: Der Gesang ist ein einheitliches, sehr lauten Schwirren, das keine einzelnen Tonstöße mehr erkennen lässt. Die Schlagfrequenz gleicht weitgehend der von *T. viridissima*, aber die einzelnen Tonstöße haben zueinander gleiche Abstände, so dass der Gesang gleichmäßig schwirrend erscheint. Nur bei sehr kühler Witterung ist die Schlagfrequenz so weit herabgesetzt, dass die einzelnen Tonstöße deutlich hörbar werden.

Wissenswertes: *Tettigonia cantans* scheint pflanzliche Kost gegenüber tierischer zu bevorzugen.

Tettigonia caudata *Östliches Heupferd*

Merkmale: *Tettigonia caudata* steht in Körpergröße und Flügellänge zwischen *T. viridissima* und *T. cantans*. Die Legeröhre überragt die Flügelspitze um etwa 10 mm. Beim Männchen sind Cerci und Styli etwa gleich lang. Ein sicheres Erkennungsmerkmal sind auffallende, schwarz umrandete Dornen an der Unterseite der Hinterschenkel.

Vorkommen: Das Östliche Heupferd kommt in Deutschland vor allem in Berlin und Brandenburg, sonst nur an vereinzelten Punkten in den östlichen Bundesländern vor. Außerdem ist es in Südosteuropa (nach Westen bin ins Engadin) verbreitet. Es lebt vor allem in Getreidefeldern und auf Ödlandstreifen am Straßenrand. Die seltene Art wird in der Roten Liste als Art mit geographischer Restriktion geführt.

Gesang: Der Gesang besteht aus anschwellenden, kurzen Schwirrversen. Er klingt deutlich gedämpfter als bei *T. cantans* und ist nur etwa 10–20 m weit hörbar.

Rote Liste R

Tettigonia cantans ♀, Wurzach OS 4.8.84
Tettigonia caudata ♀, Baderna Is 7.7.84

Familie Tettigoniidae *Laubheuschrecken*

Unterfamilie Decticinae *Beißschrecken*

Die Beißschrecken besitzen spaltförmige Hörorgane und als besonderes Merkmal bewegliche, paarige Sohlenlappen am 1. Glied der Hintertarsen. Die Flügel sind oft mit Würfelflecken gezeichnet; bei vielen Arten sind sie stark verkürzt.

Decticus verrucivorus *Warzenbeißer*

Merkmale: Der Warzenbeißer erreicht 24–38 mm (Männchen) bzw. 26–44 mm Körperlänge (Weibchen) und hat damit etwa die Größe des Grünen Heupferds. Durch seine kürzeren Flügel, die meist nicht die Hinterknie erreichen, erscheint er allerdings kleiner. Die Fühler werden etwa körperlang. Die Färbung ist recht variabel; sie kann zwischen grün, gelbbraun und schwarzbraun schwanken, meist ist die Art verschiedenfarbig gescheckt. Die Flügel sind in den meisten Fällen mit dunkelbraunen Würfelflecken gezeichnet. Die lange Legeröhre ist schwach gebogen. Die Cerci des Männchens sind kurz hinter der Mitte gezähnt.

Vorkommen: Der Warzenbeißer ist ein typischer Bodenbewohner, der am häufigsten auf kurzgrasigen Bergwiesen vorkommt. Daneben lebt er auch auf Feuchtwiesen und Trockenrasen. Er wird nach Norden immer seltener, kommt aber bis ins südliche Schleswig-Holstein vor. Er reagiert empfindlich auf Veränderungen der Umwelt und ist gebietsweise schon verschwunden. In Hessen z. B. hat die einst häufige Art bereits weit mehr als die Hälfte ihrer Fundorte eingebüßt; sie ist daher als gefährdet einzustufen.

Gesang: Der Gesang ist eine Kette sehr scharfer „zick"-Laute. Diese werden zunächst stockend, dann immer dichter aneinander gereiht, aber immer sind die Einzeltöne deutlich herauszuhören.

Wissenswertes: Der Warzenbeißer ernährt sich vorwiegend von Insekten, daneben auch von Pflanzen. Er ist ausgesprochen tagaktiv und singt nur bei Sonnenschein. Bei der Paarung steht das Männchen auf dem Kopf und klammert sich mit den Vorderbeinen an der Legeröhre des aufrecht stehenden Weibchens fest. Dieses legt später seine hellen Eier einzeln im Erdboden ab. Die Embryonalentwicklung dauert mindestens eineinhalb Jahre. Der Name Warzenbeißer beruht auf einem alten Volksglauben: Man ließ früher vom Warzenbeißer Warzen abbeißen und durch den dabei abgegebenen Darmsaft verätzen. Dieses Mittel soll gut geholfen haben.

Rote Liste 3

Decticus verrucivorus ♂, Pfullingen SA 29.8.82
Decticus verrucivorus ♀, Pfullingen SA 2.8.84

Familie Tettigoniidae *Laubheuschrecken*

Decticus albifrons *Südlicher Warzenbeißer*

Merkmale: Der Südliche Warzenbeißer sieht aus wie ein sehr großer *D. verrucivorus*, ist aber niemals grün gefärbt. Seine Körperlänge beträgt mit etwa 30–40 mm bei den beiden Geschlechtern durchschnittlich nur wenig mehr als bei der anderen Art, durch seine ausgesprochen langen Flügel (sie überragen die Hinterknie deutlich) erscheint er aber viel größer. Allerdings kommen bei *D. verrucivorus* auch gelegentlich lang geflügelte Tiere vor, die dann, wenn sie nicht grün gefärbt sind, nicht ganz leicht von *D. albifrons* zu trennen sind. In solchen Fällen erweisen sich die Cerci des Männchens als sicherstes Unterscheidungsmerkmal: Diese sind bei *D. albifrons* an der Basis, bei *D. verrucivorus* dagegen in der Mitte gezähnt. Außerdem ist beim Südlichen Warzenbeißer der Halsschildseitenlappen deutlich hell gerandet (bei *D. verrucivorus* nicht). Die Grundfärbung schwankt zwischen hell- und dunkelbraun mit meist sehr kontrastreichen, helleren und dunkleren Zeichnungen, besonders auf den Flügeln. Die Stirn ist meist gelblich weiß gefärbt. Adulte Tiere treten von Juli bis Oktober auf.

Vorkommen: *Decticus albifrons* ist nahezu im gesamten Mittelmeergebiet von Spanien über Frankreich, Italien und Griechenland bis nach Kleinasien verbreitet, bleibt aber fast überall ziemlich in der Nähe der Mittelmeerküste. Dort ist er auf trockenem bis mäßig feuchtem Ödland und am Rand von Gebüschen meist ausgesprochen häufig. Nur einmal (1924) wurde von Nadig ein Exemplar in der südlichsten Schweiz bei Roveredo gefunden, seither nie wieder. Die derzeit nördlichsten Fundorte dürften in der Provence liegen, wo die Art z. B. im Tal der Durance noch im Raum Manosque recht häufig vorkommt.

Gesang: Der Gesang des Südlichen Warzenbeißers ähnelt in seiner zu Beginn beschleunigten Lautfolge dem von *D. verrucivorus*, ist aber aus wesentlich schärferen und sehr lauten, klickenden Tönen zusammengesetzt. Die Tiere sind daher schon aus größerer Entfernung wahrzunehmen.

Wissenswertes: Der Südliche Warzenbeißer sitzt im Gegensatz zur anderen Art mehr im Gebüsch, gelegentlich sogar in den Kronen von Pinien.

Fehlt in Deutschland

Decticus albifrons ♂, Villedieu Pr 20.7.86

Familie Tettigoniidae *Laubheuschrecken*

Gampsocleis glabra *Heideschrecke*

Merkmale: Die Heideschrecke ähnelt etwas dem Warzenbeißer, ist aber kleiner und zierlicher. Sie erreicht in beiden Geschlechtern 20–26 mm Körperlänge. Die Färbung ist meistens grün mit braun gefleckten Flügeln. Die Legeröhre ist etwas nach unten gebogen und oben an der Spitze schräg abgestutzt. Die Cerci des Männchens sind abgeflacht dreieckig, mit einem Zahn nahe der Basis. Die Art ist von Anfang Juli bis September adult.

Vorkommen: Die Heideschrecke lebt in steppenartigen Trockengebieten mit hohen Gräsern (z. B. *Stipa*-Arten) oder Heidekraut. Sie reagiert äußerst empfindlich auf Veränderungen ihres Lebensraumes. Im 20. Jahrhundert war sie bei uns von vier Fundorten bekannt: Lüneburger Heide (u. a. Wilseder Berg, Totengrund), Griesheimer Sand bei Darmstadt, Königsbrunner Heide bei Augsburg und Garchinger Heide. Nachdem sie an allen diesen Orten seit Jahrzehnten nicht mehr bestätigt war, schien sie in Deutschland ausgestorben zu sein. Ende der 1980er Jahre wurde sie dann aber an zwei Stellen in der Umgebung von Munster (Lüneburger Heide) entdeckt. Beide Fundorte liegen in militärischem Sicherheitsgelände und sind daher nicht ohne weiteres erreichbar. Dies sowie die seit vielen Jahrzehnten unveränderte Nutzung des Geländes für militärischen Zwecke hat sicher ganz entscheidend zum Erhalt der anspruchsvollen Heuschreckenart beigetragen. Ein Schutz vor direkter Nachstellung durch Sammler, wie er seit einigen Jahren durch die Bundesartenschutzverordnung besteht, wäre sicher weit weniger wirksam gewesen. Die Art ist bei uns vom Aussterben bedroht.

Gesang: Der Gesang ist laut schwirrend und wird – je nach Autor – mit dem von *Tettigonia viridissima* oder *Metrioptera roeselii*, auch mit dem des Feldschwirls verglichen.

Wissenswertes: *Gampsocleis glabra* ist sehr wärmebedürftig und nur im Sonnenschein aktiv.

Rote Liste 1

Gampsocleis glabra ♂, Unterlüß LH 10.8.92

Familie Tettigoniidae *Laubheuschrecken*

Platycleis albopunctata *Westliche Beißschrecke*
(= P. denticulata, Metrioptera grisea part.)

Merkmale: Die Westliche Beißschrecke wird 18–22 mm lang und ist fast immer braun gefärbt, mit dunkelbraun und weißlich gefleckten Flügeln. Kopfoberseite und Pronotumrücken sind meist heller (z. B. oft rotbraun). Sehr selten kommen Tiere mit teilweiser Grünfärbung vor (in Deutschland noch nicht gefunden). Die Legeröhre ist etwa 10 mm lang und deutlich gebogen. Die Cerci des Männchens sind nahe der Spitze gezähnt. Adulte Tiere kommen von Ende Juni bis September vor.

Vorkommen: *Platycleis albopunctata* ist sehr wärmeliebend. Sie bewohnt trockene, vegetationsarme Gebiete, vor allem südexponierte, steinige Hänge. Die derzeit nördlichsten Vorkommen liegen im Wendland. In Norddeutschland sind die Bestände stark rückläufig, im Süden aber ist die Art gebietsweise recht häufig, besonders in wärmeren Gegenden. In der Roten Liste wird sie als gefährdet eingestuft.

Gesang: Der Gesang besteht aus feinen Zirptönen, die meist zu vieren zusammengefasst werden und bei wärmeren Temperaturen zu einem Kurzvers von ca. 0,2 s Dauer verschmelzen. Die Kurzverse folgen sich in sehr kurzen Abständen und klingen etwa wie „sisi-sisib".

Wissenswertes: Die Westliche Beißschrecke ist tagaktiv und bei Wärme sehr flugtüchtig.

Rote Liste 3

Platycleis albopunctata ♂, Hirschau b. Tübingen 12.9.81
Platycleis albopunctata ♀, Hirschau b. Tübingen 12.9.81

Familie Tettigoniidae *Laubheuschrecken*

Platycleis grisea *Graue Beißschrecke*

Merkmale: Die Graue Beißschrecke ähnelt außerordentlich der vorangegangenen *Platycleis albopunctata*. Sie gleicht dieser in der Größe wie in der Färbung. Zur sicheren Unterscheidung ist es notwendig, die männlichen Genitalorgane zu vergleichen (was aber nur an präparierten Tieren möglich ist). Im Allgemeinen lassen sich die beiden Arten aber auch nach der Form der weiblichen Subgenitalplatte unterscheiden. Bei *P. grisea* ist diese etwa parallelseitig, bei *P. albopunctata* dagegen herzförmig (nach hinten verschmälert). Die Reifezeit reicht von Juli bis September.

Vorkommen: *Platycleis grisea* vertritt die Westliche Beißschrecke weitgehend in Ost- und Südosteuropa (Österreich, Norditalien, Südschweiz); sie fehlt in Deutschland. Am Südrand der Alpen treten gebietsweise Hybridpopulationen zwischen beiden Arten auf. Da sich auch die Gesänge kaum unterscheiden (Verse aus fünf bis sechs Einzeltönen bei *P. grisea*, aus vier bis fünf bei *P. albopunctata*), werden die beiden Arten inzwischen wieder z. T. als Unterarten von *Platycleis albopunctata* betrachtet (Heller 1988).

Fehlt in Deutschland

Platycleis affinis *Südliche Beißschrecke*

Merkmale: Diese Art ähnelt ebenfalls der Westlichen Beißschrecke, wird aber mit einer Körperlänge von 20–28 mm etwas größer. Auch hier lässt sich das Männchen nur nach dem Bau der Genitalorgane sicher erkennen. Das Weibchen besitzt aber auf der 7. Bauchplatte (vor der Subgenitalplatte) einen deutlichen Höcker (der den anderen Arten fehlt), und seine Legeröhre ist deutlich schmäler und schwächer gebogen als bei *P. albopunctata* und *P. grisea*. Die Färbung ist im Allgemeinen mehr gelbbraun. Adulte Tiere erscheinen von Juli bis September.

Vorkommen: Die Südliche Beißschrecke kommt in Mitteleuropa nur in Niederösterreich und am Neusiedler See vor (oft zusammen mit *P. grisea*); sie fehlt in Deutschland und in der Schweiz, ist aber ansonsten im Mittelmeergebiet (z. B. in Südfrankreich) weit verbreitet.

Ähnlich: In Südfrankreich, Italien und auf der Balkanhalbinsel kommen daneben noch weitere langflüglige *Platycleis*-Arten vor, die ebenfalls sehr schwer von *P. albopunctata* zu unterscheiden sind.

Fehlt in Deutschland

Platycleis grisea ♂, Foto S. Plüss
Platycleis affinis ♀, Foto S. Plüss

Familie Tettigoniidae *Laubheuschrecken*

Platycleis montana *Steppen-Beißschrecke*

Merkmale: Die Steppen-Beißschrecke ähnelt etwas der Westlichen Beißschrecke, bleibt aber deutlich kleiner (14–18 mm). Außer braunen Tieren kommen solche vor, bei denen die Kopfoberseite, das Halsschild und die Hinterschenkel grün gefärbt sind. Die Flügel erreichen bei weitem nicht die Hinterknie. Die Legeröhre ist etwas länger als bei *P. albopunctata* (10–12 mm). Die Cerci des Männchens haben nahe der Basis einen zurückgebogenen Seitenzahn. Imagines kommen von Juli bis Oktober vor.

Vorkommen: Die Art bewohnt dürre, trockenen Lebensräume (Brachflächen, Steppenlandschaften). Aus Deutschland gab es nur alte Funde aus Berlin und Brandenburg, bis die Art 1994 bei Schwedt (Brandenburg) wiederentdeckt wurde (Haupt 1995). Sie wird in der Roten Liste als vom Aussterben bedroht geführt. Sie kommt außerdem z. B. im östlichen Österreich und in Ungarn vor.

Gesang: Der Gesang besteht aus Versen, die etwa wie „trrrrt" klingen und gut 1 s dauern. Sie werden durch etwa gleich lange Pausen getrennt.

Rote Liste 1

Platycleis tesselata *Braunfleckige Beißschrecke*

Merkmale: Mit nur 14–16 mm Körperlänge ist die Braunfleckige Beißschrecke die kleinste in Deutschland vorkommende Beißschrecke. Die Grundfarbe ist gelbbraun bis braun. Über die Mitte der fast sichelförmigen Flügel läuft ein dunkelbraunes Längsband, das durch schmale, helle Schrägstreifen zerteilt wird (auf der Abb. z. T. durch den Hinterschenkel verdeckt). Die Legeröhre ist sehr kurz (ca. 5 mm) und sichelförmig gebogen. Die Imagines leben von Juli bis September.

Vorkommen: Die südliche Art ist äußerst wärmebedürftig. Ihr Lebensraum sind dürre, fast vegetationsfreie Ödlandgebiete. Alle bei uns bekannt gewordenen Fundorte liegen in der Umgebung des Kaiserstuhls. Nachdem sie seit Jahrzehnten nicht mehr nachgewiesen war, wurde sie 1992 an drei Fundorten wiederentdeckt (Heitz & Hermann 1993). Sie ist hier aber vom Aussterben bedroht und geschützt.

Gesang: Der Gesang besteht aus kratzenden Kurzversen von ca. 0,2 s Dauer, die etwa wie „rebb" klingen und mit ca. 1 s Abstand vorgetragen werden.

Rote Liste 1

Platycleis montana ♂, Podersdorf Bu 21.7.84
Platycleis tesselata ♂, Pula Is 5.9.83

Familie Tettigoniidae *Laubheuschrecken*

Platycleis veyseli *Kleine Beißschrecke* (= P. vittata)

Merkmale: *Platycleis veyseli* gehört mit einer Körperlänge von 13–16 mm zu den kleinsten Arten der Gattung. Sie ähnelt sehr der Braunfleckigen Beißschrecke, besitzt aber deutlich kürzere Flügel: Diese enden bereits ein gutes Stück vor der Abdomenspitze und sind am Ende schmal zugespitzt. Die sehr selten auftretenden voll geflügelten Individuen lassen sich als Männchen an den kurz hinter der Mitte (bei *P. tesselata* im hinteren Drittel) gezähnten Cerci, als Weibchen an einem zahnartigen Vorsprung der 7. Bauchplatte, der deren Hinterrand überragt, von der anderen Art unterscheiden. Adulte Tiere erscheinen von Juli bis September.

Vorkommen: *Platycleis veyseli* ist südosteuropäisch (z. B. in Ungarn, Rumänien und Jugoslawien) verbreitet und erreicht im östlichen Österreich (Burgenland und Niederösterreich) den mitteleuropäischen Raum. Die Art bewohnt Magerwiesen und trockenes Ödland). 1997 wurde ein vermutlich verschlepptes Exemplar dieser Art auf einem ehemaligen Truppenübungsplatz in Brandenburg gefunden.

Fehlt in Deutschland

Platycleis stricta *Südöstliche Beißschrecke*

Merkmale: *Platycleis stricta* erinnert sehr an die Steppen-Beißschrecke, der sie in der Körperlänge weitgehend gleicht. Die Cerci des Männchens sind aber kurz vor der Mitte (bei *P. montana* an der Basis) gezähnt, und die Subgenitalplatte des Weibchens ist hinten deutlich ausgerandet (bei *P. montana* nur ganz leicht, meist kaum sichtbar, eingeschnitten). Die Färbung ist normalerweise braun, die Halsschildseitenlappen sind deutlich hell gesäumt. Adulte Tiere erscheinen zwischen Juli und September.

Vorkommen: Die Art ist auf der Balkanhalbinsel und in Italien weit verbreitet; sie fehlt in Mitteleuropa, erreicht aber das behandelte Gebiet in Istrien, wo sie recht häufig vorkommt. Sie bewohnt (wie die meisten Arten der Gattung) steiniges, dürres Gelände und hält sich fast stets am Boden auf.

Fehlt in Deutschland

Platycleis veyseli ♀, Pomaz Un 8.7.86
Platycleis stricta ♂, Vodnjan Is 14.7.88

Familie Tettigoniidae *Laubheuschrecken*

Platycleis modesta *Veränderte Beißschrecke*

Merkmale: Diese Beißschrecke könnte leicht für eine Art der Gattung *Metrioptera* gehalten werden, da die Färbung meist grün ist (aber auch braun sein kann) und die Flügel stark verkürzt sind. Letztere weisen aber, wie für *Platycleis* üblich, eine dunklere Fleckung auf. Die Körperlänge beträgt 16–21 mm. Die Cerci des Männchens sind im Spitzendrittel gezähnt. Der Legebohrer des Weibchens ist nur schwach gebogen, die Subgenital-platte hinten spitzwinklig ausgeschnitten. Die Halsschildseitenlappen sind unten und hinten deutlich gelbweiß gesäumt. Adulte Tiere erscheinen von Juli bis Anfang September.

Vorkommen: Die Art kommt nur entlang der Adriaküste von Istrien bis in die Herzegowina vor. In Istrien ist sie relativ weit verbreitet und bewohnt hier vorzugsweise etwas verbuschtes Wiesengelände.

> **Fehlt in Deutschland**

Sepiana sepium *Zaunschrecke*

Merkmale: *Sepiana sepium* erreicht 20–27 mm Körperlänge und erinnert auf den ersten Blick sehr an *Metrioptera roeseli*. Die Flügel der auffallend langbeinigen Art reichen knapp bis zur Abdomenmitte, sind nicht dunkel gefleckt und die Halsschildseitenlappen sind ringsum deutlich hell geran-det. Die Grundfärbung ist aber stets braun bis rötlich, niemals grün. Die Kopf- und Halsschildoberseite ist hell gefärbt und seitlich scharf gegen angrenzende, schwarze Körperpartien abgesetzt. Die Cerci des Männchens sind kurz hinter der Mitte gezähnt. Die 6. und 7. Bauchplatte des Weibchens trägt jeweils ein kleines Höckerpaar. Adulte Tiere treten von Juli bis Septem-ber auf.

Vorkommen: Das Verbreitungsgebiet dieser Beißschrecke erstreckt sich vom Osten der Iberischen Halbinsel über Südfrankreich, nahezu ganz Ita-lien und den Balkan bis nach Russland. In diesem Gebiet ist sie fast überall recht häufig. Sie bewohnt Waldränder, Gebüsche und langgrasige Wiesen.

> **Fehlt in Deutschland**

Platycleis modesta ♀, Ucka Is 10.9.88
Sepiana sepium ♂, Rovinj Is 6.9.89

Familie Tettigoniidae Laubheuschrecken

Metrioptera roeselii *Roesels Beißschrecke*

Merkmale: Roesels Beißschrecke ist benannt nach Roesel von Rosenhof, der vor etwa 200 Jahren mit seinen berühmten „Insectenblustigungen" zu einem der Wegbereiter wissenschaftlicher Naturbeobachtung wurde. Aus jener Zeit stammt z. B. Roesels detailliert beschriebene, ausgezeichnet illustrierte Beobachtung vom Paarungsverhalten des Warzenbeißers. Die nach ihm benannte Beißschrecke erreicht 14–18 mm Körperlänge. Die Grundfarbe ist grün oder hellbraun. Die dunklen Seitenlappen des Halsschilds sind breit gelbweiß oder hellgrün gerandet. Die bräunlichen, manchmal grün gestreiften Flügel bedecken etwa das halbe Abdomen; gelegentlich treten auch voll geflügelte Tiere auf. In der Länge der Legeröhre (7–8 mm) steht *M. roeselii* zwischen den beiden anderen heimischen *Metrioptera*-Arten. Die Cerci des Männchens sind im Spitzendrittel gezähnt. Die Art ist von Anfang Juli bis Oktober adult.

Vorkommen: *Metrioptera roeselii* ist eine unserer häufigsten Laubheuschrecken. Auf feuchtem wie trockenem Grasland fehlt sie fast nirgendwo zwischen den Alpen (wo sie bis in 1500 m Höhe vorkommt) und Schleswig-Holstein. Sie kommt auch auf gedüngten Wiesen vor. *Metrioptera roeselii* ernährt sich vorzugsweise von Gräsern; vereinzelt verzehrt sie daneben auch kleine Insekten.

Gesang: Der Gesang ist ein weiches, hohes und vollkommen gleichmäßiges Sirren, das meist nur kurzfristig in größeren Abständen unterbrochen wird. Im Vergleich zum harten Schwirren von *Tettigonia cantans* ist der Roeselii-Gesang deutlich weicher und leiser, nur etwa 10 m weit hörbar. Dennoch kann eine ganze Wiese von ihrem Gesang erfüllt sein. Sie ist überwiegend tagaktiv, nur in warmen Nächten ist ihr Gesang auch bei Dunkelheit zu hören.

Wissenswertes: Zur Eiablage beißt das Weibchen meist ein Loch in einen Pflanzenstängel (z. B. der Kohldistel) und führt durch dieses den Legebohrer ein. Die Eier werden einzeln oder in kleinen Gruppen abgelegt.

Metrioptera roeselii ♂, Allmendingen SA 23.8.82
Metrioptera roeselii ♀, Gerhausen SA 30.7.84

Familie Tettigoniidae *Laubheuschrecken*

Metrioptera brachyptera   *Kurzflüglige Beißschrecke*

Merkmale: Die Kurzflüglige Beißschrecke entspricht mit 12–18 mm Körperlänge etwa der vorangegangenen Art, *M. reoselii*. Ihre Grundfarbe ist dunkelbraun, oft fast schwarz, mit meist oben grünem Halsschild und teilweise grünen Flügeln. Nur selten findet man unter den normalerweise kurzflügligen Tieren solche mit langen Flügeln. Die Halsschildseiten sind nur hinten ganz schmal hell gesäumt. Die Legeröhre ist mit 8–10 mm länger als bei *M. roeselii*; die Cerci des Männchens sind kurz vor der Mitte gezähnt. Die Art ist von Juli bis Oktober adult.

Vorkommen: *Metrioptera brachyptera* ist mehr als *M. roeselii* an feuchte Wiesen gebunden; sie kommt aber auch bisweilen auf trockenen, langgrasigen Wiesen vor. Insgesamt ist sie etwas seltener als *M. reoselii*, fehlt aber nirgendwo über weite Strecken.

Gesang: Der Gesang ähnelt sehr dem von *Platycleis albopunctata*. Meist fließen drei Einzeltöne zu einem kurzen Laut („zrit") zusammen. Zahlreiche derartige Laute werden in langen, monotonen Reihen vorgetragen. Der Gesang ist etwa 2 m weit hörbar.

Metrioptera bicolor   *Zweifarbige Beißschrecke*

Merkmale: Die Zweifarbige Beißschrecke wird etwa gleich groß wie die anderen Arten der Gattung (15–18 mm). Sie ist meist hellgrün mit braunem Halsschildrücken, seltener einheitlich gelbbraun gefärbt. Neben normalen, kurzflügligen Exemplaren findet man gelegentlich eine langflüglige Form. Die Legeröhre ist mit 5–6 mm kürzer als bei den anderen *Metrioptera*-Arten. Die Cerci des Männchens sind nahe der Spitze gezähnt. Adulte Tiere findet man von Juli bis September.

Vorkommen: Die Zweifarbige Beißschrecke ist wärmeliebend und kommt nur auf Trockenwiesen vor. Sie ist in Süddeutschland weit verbreitet und kam früher bis ins südliche Schleswig-Holstein vor. In neuerer Zeit wurde sie nur noch bis zum Moseltal und Vogelsberg gefunden.

Gesang: Der Gesang lässt bei kühlen Temperaturen die einzelnen Töne deutlich erkennen; sie verschwimmen bei zunehmender Wärme zu einem einheitlichen „zrirrt", das bei noch weiter steigender Temperatur von zunächst Sekunden- auf Minutendauer gedehnt und nur noch kurzfristig unterbrochen wird.

Metrioptera brachyptera ♂, Baustetten OS 25.8.82
Metrioptera bicolor ♂, Allmendingen SA 23.8.82

Familie Tettigoniidae *Laubheuschrecken*

Metrioptera saussuriana *Gebirgs-Beißschrecke*

Merkmale: Die Gebirgs-Beißschrecke ist nahe mit der Kurzflügligen Beißschrecke verwandt. Sie entspricht dieser im insgesamt dunklen Erscheinungsbild und in den hinten schmal hell gerandeten Halsschildseitenlappen. Sie wird aber etwas größer (16–23 mm) und zeigt niemals grüne Zeichnungen. Die Färbung ist dunkelbraun mit schwarzen Zeichnungen über und hinter dem Auge; die Flügel und Hinterschenkel sind heller braun (Letzter ohne deutliche, dunkle Zeichnungen). Die Cerci des Männchens sind in der Mitte gezähnt. Der Legebohrer des Weibchens ist stärker gebogen und etwas kürzer als bei *M. brachyptera*. Adulte Tiere erscheinen von Juli bis September.

Vorkommen: *Metrioptera saussureana* ist eine vorwiegend westeuropäisch verbreitete Gebirgsart. Ihr Verbreitungsgebiet reicht von den Pyrenäen über die Vogesen und den französischen und Schweizer Jura bis in die West- und Südalpen. Ein isoliertes Vorkommen findet sich bei Salzburg (ob noch?). Die Art fehlt in Deutschland; es gibt aber mehrere Fundorte nahe der deutschen Grenze (z. B. in den Vogesen und im Pfändergebiet). Die Gebirgs-Beißschrecke bewohnt etwas feuchte Bergwiesen.

Fehlt in Deutschland

Metrioptera kuntzeni *Istrische Beißschrecke*

Merkmale: *Metrioptera kuntzeni* ähnelt sehr der Zweifarbigen Beißschrecke. Sie entspricht dieser etwa in der Größe und ist wie diese hellgrün oder gelbbraun bzw. grün und braun gefärbt. Über dem Auge ist oft (immer?) ein dunkler Fleck entwickelt. Die Flügel können (was bei *Metrioptera* sonst nicht der Fall ist) leicht dunkel gefleckt sein. Das Männchen ist an seinen sehr langen, spitzen Fortsätzen an den Hinterecken der 10. (=letzten) Rückenplatte zu erkennen: Diese erreichen mindestens die Hälfte der Gesamtlänge dieses Tergits, bei *M. bicolor* höchstens ein Drittel hiervon. Beim Weibchen trägt die Subgenitalplatte eine mittlere Längsfurche, die der anderen Art fehlt. Adulte Tiere findet man von Juli bis September.

Vorkommen: Diese Art besitzt ein sehr kleines Verbreitungsgebiet. Sie kommt, soweit bisher bekannt, nur im kroatisch-slowenischen Grenzgebiet von Istrien sowie im angrenzenden Italien vor und bewohnt hier vor allem langgrasige Wiesen.

Fehlt in Deutschland

Metrioptera saussuriana ♂, Canigou PO 4.9.87
Metrioptera kuntzeni ♂, Ucka Is 10.9.89

Familie Tettigoniidae   Laubheuschrecken

Pholidoptera aptera   *Alpen-Strauchschrecke*   (= Thamnotrizon apterus)

Merkmale: Die Alpen-Strauchschrecke wird 19–22 mm (Männchen) bzw. 22–25 mm groß (Weibchen). Die Grundfarbe ist rotbraun bis graubraun. Beim recht bunten Männchen sind die Halsschildseiten schwarz, die 6–8 mm langen Flügel gelbbraun. Der Bauch ist leuchtend hellgelb. Die Weibchen sind mehr einfarbig; ihre höchstens 2 mm langen Flügel ragen nur wenig unter dem Halsschild hervor. Beide Geschlechter besitzen eine scharf abgesetzte, gelbweiße Randbinde am Hinterrand der Halsschild-seiten. Die Legeröhre ist fast körperlang und schwach gebogen. Die langen, fast geraden Cerci des Männchens sind nahe der Basis gezähnt. Die Art ist von Anfang Juli bis Oktober adult.

Vorkommen: Die Verbreitung der Alpen-Strauchschrecke ist in unserem Gebiet auf die Alpen und ihr Vorland beschränkt. Sie geht bis in Höhen von etwa 1700 m, vereinzelt auch 2000 m. Als Nordgrenze ihrer Verbreitung ermittelte Fischer (1950) im westlichen Bayern eine ganz gerade Linie vom Bodensee bis südlich München. Interessant ist in diesem Zusammenhang der Fundort Passau (1984 von mir entdeckt) der – bislang völlig isoliert von weiteren bekannten Vorkommen – genau in der Fortsetzung dieser Linie liegt. Die Heuschrecke bewohnt vor allem Waldlichtungen im montanen Bereich. Speziell auf Kahlschlägen mit dichtem Bewuchs aus Adlerfarn und Beerensträuchern bildet sie oft individuenreiche Populationen. Es ist aber sehr schwierig, eines der ungewöhnlich flinken Tiere zu fangen. In der Roten Liste wird sie als Art mit geographischer Restriktion geführt.

Gesang: Der Gesang ist sehr laut und auffallend, etwa 50 m weit hörbar. Er besteht aus einer kurzen Folge von scharfen, rasch gereihten Einzellauten und klingt etwa wie „schischischischischi". Oft kommt es zum regelmäßi-gen Wechselgesang von zwei Männchen, wobei die „schi"-Laute des einen immer genau in die Pause zwischen zwei Lauten des anderen fallen.

Rote Liste R

Pholidoptera aptera ♂, Laax Gr 9.8.84
Pholidoptera aptera ♀, Laax Gr 15.8.84

Familie Tettigoniidae *Laubheuschrecken*

Pholidoptera griseoaptera *Gewöhnliche Strauchschrecke*
(= Thamnotrizon cinereus)

Merkmale: Die Gewöhnliche Strauchschrecke erreicht eine Körpergröße von 13–15 mm (Männchen) bzw. 15–18 mm (Weibchen) und ist damit deutlich kleiner als ihre alpine Schwesterart. Auch bei ihr variiert die Grundfarbe zwischen graubraun und rotbraun, auch gelbbraune Tiere kommen vor. Der Bauch ist scharf abgesetzt leuchtend gelb. Die Halsschildseiten sind hinten ganz schmal hell gerandet. Die Flügel werden beim Männchen bis 5 mm lang und sind hellbraun, beim Weibchen erreichen sie nur etwa 1 mm. Die stark gebogene Legeröhre wird 9–10 mm lang. Beim Männchen sind die langen, geraden Cerci – wie bei *Ph. aptera* – an der Basis gezähnt. Adulte Tiere treten von Mitte oder Ende Juli bis Oktober/ November auf.

Vorkommen: *Pholidoptera griseoaptera* lebt vor allem auf Waldlichtungen und an Waldrändern, daneben auch auf gebüschreichen Trockenrasen und Ödland. Sie ist meist häufig, wird aber in Norddeutschland nach Norden zu etwas seltener. In den Alpen kommt sie oft zusammen mit der Schwesterart vor, geht aber nur bis etwa 1400 m.

Gesang: Die Männchen lassen tagsüber bis in die Nacht hinein ihren markanten, schrillen Ruf ertönen. Er besteht aus meist drei Einzeltönen („zizizi"), die bei höheren Temperaturen ganz zu einem scharfen, etwa 10 m weit hörbaren Laut verschmelzen: „zrit". Als Reaktion auf eine Störung durch ein anderes Männchen werden mehrere derartige Laute zu einer in der Lautstärke gesteigerten Gruppe aneinander gereiht. Man kann den Gesang selbst bei neblig-trübem Wetter, sogar noch nach den ersten Nachtfrösten, überall an Waldwegen hören. Meist ist es jedoch nicht einfach, den Sänger zu entdecken.

Wissenswertes: Die Gewöhnliche Strauchschrecke verzehrt Insekten (Raupen, Fliegen, Blattläuse usw.) ebenso wie Pflanzen, z. B. Löwenzahn und Brennnesseln. Die im Mai/Juni an Waldrändern häufigen, leicht kenntlichen Larven (sie haben bei brauner Grundfärbung einen hellen, schwarzbraun begrenzten Rückenstreifen) kann man auch mit rein pflanzlicher Nahrung bis zur Imago heranziehen.

Pholidoptera griseoaptera ♂, Wiblingen OS 18.8.84
Pholidoptera griseoaptera ♀, Wiblingen OS 26.8.84

Familie Tettigoniidae *Laubheuschrecken*

Pholidoptera fallax *Südliche Strauchschrecke*

Merkmale: Diese etwas untersetzt wirkende Strauchschrecke erreicht als Männchen 15–18 mm, als Weibchen 17–23 mm Körperlänge. Die Grundfärbung ist dunkelbraun, oft etwas violett getönt. Die schwarzen Halsschildseitenlappen sind unten und hinten sehr breit und scharf abgesetzt weißlich gerandet. Das Halsschild ist nach hinten etwas verlängert und bedeckt etwa das Basaldrittel der Flügel. Die Cerci des Männchens sind im ersten Drittel gezähnt. Die Legeröhre des Weibchens ist leicht, aber deutlich gebogen und erreicht 11–13 mm Länge. Adulte Tiere dieser Art erscheinen von Juli bis Oktober.

Vorkommen: Die Art ist von Südfrankreich über fast ganz Italien bis zur Balkanhalbinsel verbreitet. Ihre nördlichsten Vorkommen liegen im östlichen und südlichen Österreich und in der Südschweiz (Tessin). Sie lebt vorwiegend auf Waldwiesen und in Gebüschen.

Fehlt in Deutschland

Pholidoptera littoralis *Küsten-Strauchschrecke*

Merkmale: Diese Strauchschrecke erinnert sehr an *Pholidoptera fallax*, erscheint aber insgesamt schlanker und langbeiniger. Sie wird außerdem größer (20–28 mm). Wie bei der anderen Art sind die dunklen Halsschildseitenlappen unten und hinten breit hell gerandet. Die Färbung erscheint an den Körperseiten und unterseits oft grünlich. Die sehr langen Cerci des Männchens sind bereits im ersten Viertel (oder kurz dahinter) gezähnt. Der nur ganz leicht gebogene Legebohrer des Weibchens erreicht etwa Körperlänge und ist damit deutlich länger als bei der anderen Art. Adulte Tiere findet man von Juni bis Oktober.

Vorkommen: Das Verbreitungsgebiet dieser Strauchschrecke reicht von Griechenland über weite Teile der Balkanhalbinsel bis in die Südschweiz (Tessin) und das italienische Alpenvorland; sie fehlt aber in Österreich. Sie bewohnt ähnliche Lebensräume wie *Ph. fallax* und tritt oft mit dieser vergesellschaftet auf. Sie ist außerordentlich flink und daher im Gebüsch, in dem sie sich normalerweise aufhält, kaum zu fangen.

Ähnlich: In Südfrankreich und im Adriaküstengebiet kommen noch einige weitere *Pholidoptera*-Arten vor, die hier nicht berücksichtigt werden konnten.

Fehlt in Deutschland

Pholidoptera fallax ♂, Ucka Is 10.9.89
Pholidoptera littoralis ♂, Foto S. Plüss

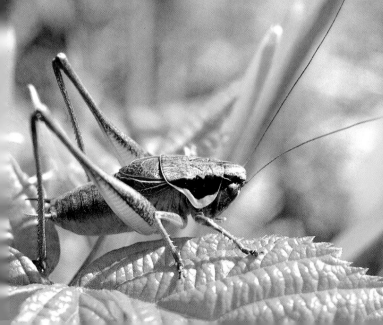

Familie Tettigoniidae *Laubheuschrecken*

Eupholidoptera chabrieri *Grüne Strauchschrecke*

Merkmale: Diese schön gefärbte Strauchschrecke erreicht 20–30 mm Körperlänge. Das Halsschild ist nach hinten deutlich verlängert und bedeckt den größten Teil der Stummelflügel. Die Grundfärbung ist glänzend hellgrün, manchmal mehr gelbgrün, an der Unterseite des Hinterleibs fleischfarben. Von der Fühlerbasis zieht eine breite, schwarze (z. T. in Flecken aufgelöste) Binde zum Hinterrand des Halsschilds; am unteren Rand der Halsschildseitenlappen entsteht hierdurch eine breite, hellgrüne Binde. Die Schenkel aller Beine sind mit schwarzen Querstrichen und Punkten gezeichnet. Die schwach gebogene Legeröhre des Weibchens ist etwas kürzer als der Körper. Adulte Tiere erscheinen von Juli bis September.

Vorkommen: Die auffallende Art ist von der Balkanhalbinsel bis Südfrankreich verbreitet. Ihre nördlichsten Vorkommensgebiete liegen in Südtirol und im Tessin (sie fehlt in Österreich). Sie besiedelt, ähnlich wie die meisten übrigen Strauchschrecken, Waldränder und Gebüsche und hält sich hier meist auf ausgesprochen stachligen oder dornigen Pflanzen auf. Hier ist sie kaum zu fangen, da sie sich blitzschnell im Dorngestrüpp verbirgt.

Gesang: Der Gesang besteht aus sehr scharfen und hochfrequenten Einzellauten, die mit jeweils einigen Sekunden Abstand meist in längeren Serien vorgetragen werden.

Ähnlich: Auf dem südlichen Balkan und in Süditalien kommen weitere, sehr ähnliche Arten dieser Gattung vor.

Fehlt in Deutschland

Thyreonotus corsicus *Korsische Schildschrecke*

Merkmale: Diese kräftige Beißschrecke erreicht eine Körperlänge von 20–32 mm. Das Halsschild ist nach hinten noch etwas stärker verlängert als bei *Eupholidoptera*. Die Flügel des Männchens ragen darunter kaum hervor, die des Weibchens sind von oben nicht sichtbar. Die Färbung ist gelbgrau oder bräunlich mit einer undeutlichen, dunkelgrauen Marmorierung. Die Legeröhre des Weibchens ist weitgehend gerade. Adulte Tiere treten von August bis Oktober auf.

Vorkommen: Die Art ist westmediterran verbreitet und kommt nur auf der Iberischen Halbinsel sowie in Südfrankreich (einschließlich Korsika) vor. Ihr Verbreitungsgebiet reicht östlich bis in die Randbereiche der Südwestalpen. Sie lebt vorzugsweise in niedrigem, sehr dichtem Gebüsch.

Fehlt in Deutschland

Eupholidoptera chabrieri ♂, Banjole Is 5.9.83
Thyreonotus corsicus ♂, Collioure PO 6.9.87

Familie Tettigoniidae Laubheuschrecken

Pachytrachis striolatus *Gestreifte Südschrecke*

Merkmale: *Pachytrachis striolatus* erreicht 17–26 mm Körperlänge. Die Cerci des Männchens sind lang und schmal, etwas nach innen gebogen und an der Innenseite nicht gezähnt. Der etwa körperlange Legebohrer des Weibchens ist weitgehend gerade, an der Spitze aber oberseits leicht abwärts gebogen. Die Färbung ist hellbraun oder leicht rötlich. Auf den Halsschildseitenlappen liegt ein großer, dunkler Fleck; in seiner Mitte befinden sich helle Striche. Unter diesem dunklen Fleck säumt eine breite, helle Binde den Rand des Halsschilds. Die Hinterschenkel sind außen mit schwarzen Querstrichen gezeichnet. Adulte Tiere treten von Juli bis Oktober auf.

Vorkommen: Das Verbreitungsgebiet dieser Art reicht vom Tessin und Südtirol bis nach Albanien. Sie fehlt in Österreich, ist aber z. B. in Istrien ziemlich häufig. Ihr Lebensraum sind langgrasige Wiesen und Waldränder. Sie lebt oft zusammen mit der folgenden Art.

Fehlt in Deutschland

Pachytrachis gracilis *Zierliche Südschrecke*

Merkmale: Die Zierliche Südschrecke ist mit 14–19 mm Körperlänge deutlich kleiner als die andere Art dieser Gattung. Die langen Cerci des Männchens sind gerade und ungezähnt. Der fast körperlange Legebohrer des Weibchens ist ganz leicht nach oben gebogen. Die Färbung ist im Allgemeinen weniger kontrastreich als bei der anderen Art; es kann aber an den Körperseiten eine dunkle Längsbinde bis zur Abdomenspitze reichen. Adulte Tiere findet man von Juli bis Oktober.

Vorkommen: *Pachytrachis gracilis* ist von Südtirol über das südliche Österreich und Jugoslawien bis nach Albanien verbreitet. Sie bewohnt hier ähnliche Gebiete wie die verwandte Art.

Ähnlich: Von Istrien nach Süden kommt mit *Pachytrachis frater* noch eine dritte Art dieser Gattung vor. Sie ähnelt mehr *P. striolatus*, besitzt aber als Männchen noch stärker gebogene Cerci und als Weibchen einen kürzeren Legebohrer als diese Art.

Fehlt in Deutschland

Pachytrachis striolatus ♂, Ucka Is 10.9.89
Pachytrachis gracilis ♀, Mandici Is 23.7.88

Familie Tettigoniidae *Laubheuschrecken*

Pterolepis germanica *Zierliche Strauchschrecke*
(= Rhacocleis germanica)

Merkmale: Die Art erreicht eine Körperlänge von 14–25 mm. Die Cerci des Männchens tragen an der Basis einen sehr langen, dünnen Innenzahn (der meist erst sichtbar wird, wenn man den Cercus etwas nach außen biegt). Die Legeröhre des Weibchens ist fast gerade und etwas kürzer als der Körper. Die Flügel ragen beim Männchen 1–2 mm, beim Weibchen praktisch gar nicht unter dem Halsschild hervor. Die Färbung ist heller oder dunkler braun mit einer breiten, dunklen Binde, die jederseits von der Fühlerbasis über die Halsschildseitenlappen bis zur Abdomenspitze reicht, am Hinterleib aber undeutlicher wird. Adulte Tiere erscheinen von Juli bis Oktober.

Vorkommen: Diese Beißschrecke ist von Südfrankreich bis nach Jugoslawien und Griechenland, im Norden bis in die Steiermark verbreitet, fehlt aber (anders als der Artname vermuten lässt) in Deutschland und in der Schweiz. Sie bewohnt vorzugsweise Waldränder und dornige Gebüsche.

Fehlt in Deutschland

Yersinella raymondi *Kleine Strauchschrecke*

Merkmale: Diese Art ähnelt sehr der vorangegangenen, bleibt aber mit einer Körperlänge von nur 12–16 mm deutlich kleiner. Die Cerci des Männchens sind etwas abgeflacht und innen nicht gezähnt. Der Legebohrer des Weibchens ist deutlich gebogen. Die Färbung ist sehr ähnlich wie bei *Rhacocleis,* aber in der Regel kontrastreicher. So ist die dunkle Seitenbinde meist sehr scharf vom hellen Rückenlängsband abgesetzt und auch noch an den Abdomenseiten deutlich zu erkennen. Adulte Tiere treten von Juli bis September auf.

Vorkommen: *Yersinella raymondi* ist von Südfrankreich über Italien und die dalmatinische Adriaküste bis nach Griechenland verbreitet. Ihre nördlichsten Vorkommen liegen im Tessin und in Südtirol (in Österreich kommt sie nicht vor). Sie bewohnt Waldränder und Gebüsche, auch offenes Gelände, und ist in ihrem Verbreitungsgebiet recht häufig.

Wissenswertes: Wegen ihrer geringen Größe und der kaum sichtbaren Flügel wird die kleine Art oft für eine Heuschreckenlarve gehalten.

Fehlt in Deutschland

Pterolepis germanica ♂, (Svetvincenat Is) 7.9.89
Yersinella raymondi ♂, (Banjole Is) 7.9.89

Familie Tettigoniidae *Laubheuschrecken*

Antaxius pedestris *Atlantische Bergschrecke*

Merkmale: *Antaxius pedestris* erreicht 15–23 mm Körperlänge. Die stark verkürzten Flügel ragen beim Männchen 3–4 mm, beim Weibchen kaum unter dem Halsschild hervor. Sehr eigenartig erscheinen die männlichen Cerci: Diese sind weiß gefärbt und tragen innen eine horizontale, zweispitzige Platte. Der Legebohrer des Weibchens ist fast gerade und etwas kürzer als der Körper. Die Grundfärbung variiert zwischen hell und dunkelbraun mit weißlichen oder gelblichen Zeichnungen (meist sind die Männchen deutlich dunkler als die Weibchen). Das Halsschild ist seitlich unten breit hell gerandet, oberseits im hinteren Teil hellbraun. Die Flügel des Männchens sind schwarz mit einem weißen Fleck. Adulte Tiere erscheinen von August bis Oktober.

Vorkommen: Die Art ist von den Pyrenäen über Südfrankreich bis in die Südtäler der Alpen verbreitet. Ausläufer ihres Verbreitungsgebietes reichen bis ins Rhonetal, ins nördliche Graubünden (Calanda) und – am weitesten nach Nordosten vorgeschoben – nach Nordtirol (Landeck). Sie lebt vorwiegend im Brombeergestrüpp über Geröllhalden, wo sich die flinken Tiere blitzschnell verbergen können.

Fehlt in Deutschland

Antaxius difformis *Alpine Bergschrecke*

Merkmale: Diese Bergschrecke bleibt mit einer Körperlänge von 14–20 mm etwas kleiner als *Antaxius pedestris*. Die Flügel sind etwas länger (beim Männchen etwa so lang wie das Halsschild, beim Weibchen ragen sie gut 1 mm vor). Die Cerci des Männchens tragen innen eine leicht nach vorn gerichtete Erweiterung. Der Legebohrer des Weibchens ist deutlich gebogen. Die Färbung ist meist dunkelbraun, an der Unterseite des Abdomens rosa. Einen interessanten Farbkontrast hierzu bilden die gelbbraunen Flügel und die weißen, hinten hellgrünen Seitenränder am Halsschild. Adulte Tiere findet man im August und September.

Vorkommen: *Antaxius difformis* kommt nur in den Alpen, vorwiegend in Höhen von 1600–2200 m vor. Die Art bewohnt fast ausschließlich Geröllfelder und Lesesteinwälle und ist nur von wenigen, weit auseinander liegenden Fundorten bekannt. Das Verbreitungsgebiet reicht von Südkärnten über Slowenien, Südtirol und das südliche Graubünden bis ins Gran-Paradiso-Gebiet.

Fehlt in Deutschland

Antaxius pedestris ♂, Mesocco Gr 13.8.84
Antaxius difformis ♂, Pozza Rionda Tr 10.9.88

Familie Tettigoniidae *Laubheuschrecken*

Anonconotus alpinus *Alpenschrecke*

Merkmale: Die Alpenschrecke erreicht als Männchen 16–21 mm, als Weibchen 18–23 mm Körperlänge. Die Fühler sind für eine Langfühlerschrecke ungewöhnlich kurz; sie reichen, nach hinten gelegt, nur etwa bis zur Abdomenspitze. Auch die Beine sind auffallend kurz und kräftig. Das Halsschild ist nach hinten deutlich verlängert. Die Flügel ragen beim Männchen 1,5–3 mm, beim Weibchen 0,5–1 mm unter ihm hervor. Die Färbung ist ausgesprochen variabel. Die Grundfärbung schwankt zwischen leuchtend grün, oliv und dunkelbraun; auch rotbraune Töne können vorherrschen. Meist zieht von der Fühlerbasis jederseits eine breite, schwarze Längsbinde über die Halsschildseitenlappen nach hinten, die sich an den Abdomenseiten in der Regel in einzelne Flecke auflöst, hier aber auch (wie überhaupt) fehlen kann. Der untere Rand der Halsschildseitenlappen ist breit gelblich gesäumt; die gleiche Färbung zeigen die Flügel. Die Beine sind leicht rosa getönt. Adulte Tiere erscheinen meist erst im August (an tief gelegenen Fundorten auch schon im Juli) und sind dann bis in den September zu finden.

Vorkommen: Das Verbreitungsgebiet der Alpenschrecke ist auf die Alpen beschränkt. Sie lebt vorwiegend auf Alpweiden und Zwergstrauchheiden der subalpinen und alpinen Zone zwischen 1800 und 2300 m, tritt aber gebietsweise (vor allem in den Südwestalpen) bereits ab etwa 1200 m auf. Es sind zwei Verbreitungsschwerpunkte bekannt. Der eine reicht in den Ostalpen vom Schlernplateau über das Pustertal bis nach Osttirol, der andere in den Westalpen etwa von den Berner Alpen bis zum Mont Ventoux in der Provence. Zwischen diesen beiden Arealen liegt, völlig isoliert, ein kleines Vorkommen am Arlberg bei St. Anton, das bereits seit über 100 Jahren bekannt ist. Ein weiteres, ebenfalls isoliertes Vorkommen am Monte Baldo im Gardaseegebiet dürfte inzwischen erloschen sein.

Gesang: Der Gesang besteht aus kurzen Versen, die in sehr unregelmäßigen Abständen vorgetragen werden (Heller 1988). Seine Frequenz liegt ausschließlich im Ultraschallbereich, ist also für uns nicht hörbar.

Fehlt in Deutschland

Anonconotus alpinus ♂, St. Anton Ti 13.8.88
Anonconotus alpinus ♀, St. Anton Ti 13.8.88

Familie Tettigoniidae *Laubheuschrecken*

Anonconotus apenninigenus *Südliche Alpenschrecke*

Merkmale: Die Art erinnert sehr an *A. alpinus*, besitzt aber deutlich kürzere Flügel. Sie ragen beim Männchen weniger als 1 mm, beim Weibchen gar nicht unter dem Halsschild hervor. Die Körperlänge ist ebenfalls etwas geringer (13–18 mm). Die Färbung variiert in noch stärkerem Maße als bei der anderen Art und wirkt im Allgemeinen kontrastreicher und bunter. Adulte Tiere erscheinen im August und September.

Vorkommen: Die Art wurde zunächst aus dem Apennin beschrieben, dort ist sie aber offenbar selten. Viel häufiger findet man sie in den französischen und italienischen Südwestalpen, etwa von den Meeralpen bis in die östlichen Ausläufer des Gran-Paradiso-Massivs. Ihre Fundorte liegen meist über 2000 m bis maximal in 2900 m Höhe. Wo beide Arten gemeinsam vorkommen, besiedelt *A. apenninigenus* stets die höher gelegenen Bereiche.

Ähnlich: In der Umgebung des Mont Viso lebt mit *Anonconotus baracunensis* eine weitere Art dieser Gattung, die sich aber nur genitalmorphologisch (und auch nur als Männchen) von *A. apenninigenus* trennen lässt (Nadig 1987b).

Fehlt in Deutschland

Psorodonotus illyricus *Balkan-Bergschrecke*

Merkmale: Die sehr kräftige, untersetzt gebaute Art erreicht 26–35 mm Körperlänge. Das Halsschild ist nach hinten stark verlängert. Die Flügel des Männchens ragen 5–9 mm darunter hervor, die des Weibchens bleiben von ihm bedeckt. Die ziemlich langen Cerci des Männchens tragen kurz hinter der Basis einen kräftigen Innenzahn. Der leicht gebogene Legebohrer des Weibchens erreicht fast Körperlänge. Die Färbung schwankt zwischen olivgrün und dunkelbraun. Die Unterseite des Hinterleibs ist gelb gefärbt; die Flügel sind hellbraun. Adulte Tiere erscheinen im Juli und August, Weibchen vereinzelt noch im September.

Vorkommen: Das Verbreitungsgebiet der Art reicht von Montenegro bis nach Istrien (Ucka). Die plumpe, bodenbewohnende Art besiedelt vorwiegend Bergwiesen in Höhen zwischen 1500 und 2500 m.

Gesang: Der Gesang besteht aus kurzen, schrillen Tönen, die mit wenigen Sekunden Abstand vorgetragen werden.

Fehlt in Deutschland

Familie Tettigoniidae *Laubheuschrecken*

Unterfamilie Ephippigerinae *Sattelschrecken*

Die Sattelschrecken sind durch die Form ihres Halsschilds gekennzeichnet: dieses ist im vorderen Teil (Prozona) horizontal, im hinteren (Metazona) dann plötzlich trichterartig hochgewölbt, so dass zwischen Pro- und Metazona meist ein deutlicher Knick erkennbar ist. Die Flügel sind stark zurückgebildet und liegen als runde Schuppen teilweise unter dem Halsschild verborgen. Die Hörorgane sind spaltförmig. In anderen Unterfamilien gibt es z. T. ähnliche Halsschildformen kurzflügliger Arten.

Ephippiger ephippiger *Steppen-Sattelschrecke* (= E. vitium)

Merkmale: Die Steppen-Sattelschrecke ist die einzige heimische Ephippigerine. Die Größe schwankt zwischen 22 und 25 mm (Männchen) bzw. 24 und 30 mm (Weibchen). Die Grundfarbe ist recht variabel, meist hellgrün bis olivgrün, bisweilen auch gelblich oder blaugrün. Sehr markant ist die scharf abgesetzte, schwarze Färbung des Hinterhauptes, die vor allem bei gesenktem Kopf sichtbar wird. Die schwach gebogene Legeröhre ist fast körperlang. Das Männchen besitzt ganz kurze, kegelförmige Cerci mit einem kleinen Innenzahn. Die Art ist manchmal ab Juli, meist aber erst im August adult und lebt bis Oktober.

Vorkommen: Diese interessante Heuschrecke besitzt bei uns ein sehr kleines Verbreitungsgebiet; es reicht etwa vom Nahetal im Süden bis zum Moseltal im Norden. Sie besiedelt nur die wärmsten und niederschlagsärmsten Gebiete und lebt daher in ständigem Konflikt mit dem Weinbau. Da Weinberge heute zu den am stärksten mit Giften belasteten Nutzflächen gehören, ist die Art bei uns akut vom Aussterben bedroht. Sie steht daher unter Naturschutz.

Gesang: Der kräftige, schrille Ruf ist tagsüber und nachts zu hören. Er setzt sich aus zwei Tönen zusammen, einem scharfen, ganz kurzen und einem unmittelbar anschließenden, gedehnteren Ton. Ein solcher Doppelton lässt sich etwa mit „tsi-schipp" umschreiben. Auch das Weibchen kann den gleichen Ruf erzeugen und respondiert auf diese Weise dem Männchen.

Wissenswertes: Die Steppen-Sattelschrecke verzehrt pflanzliche Kost, wie Brombeerblätter und Löwenzahn, ebenso gern wie Fliegen und Raupen. Die taxonomische Auseinandersetzung mit dieser Art und ihren nächsten Verwandten ist außerordentlich schwierig. Nach Heller (1988) sind mehrere, bisher nach Genitalmerkmalen abgegrenzte Arten nur als Unterarten zu werten (z. B. *E. perforatus*).

Rote Liste 1

Ephippiger ephippiger ♂, Schlossböckelheim Pf 24.8.80
Ephippiger ephippiger ♀, Castaneda Gr 14.8.84

Familie Tettigoniidae *Laubheuschrecken*

Ephippiger discoidalis *Balkan-Sattelschrecke*

Merkmale: Diese leicht kenntliche Sattelschrecke erreicht eine Körperlänge von 20–34 mm. Die kurzen Flügelstummel sind, anders als bei allen übrigen *Ephippiger*-Arten, schwarz gefärbt, mit einem länglichen, gelbweißen Fleck kurz vor der Spitze. Außerdem fällt am Hinterkopf eine rote, manchmal mehr gelbliche Färbung ins Auge. Ansonsten ist die Färbung recht variabel, hellgrün, oliv oder gelblich mit mehr oder weniger deutlichen, schwarzen und gelben Zeichnungen, insbesondere auf dem Hinterleib. Adulte Tiere treten von Juli bis September auf.

Vorkommen: Als einzige Art der Gattung kommt *Ephippiger discoidalis* nur auf der Balkanhalbinsel vor, ist dort aber etwa von Istrien bis Albanien entlang der dalmatinischen Küste fast überall recht häufig. Sie bewohnt vorwiegend trockenes, mit Gebüschen und höheren Kräutern bewachsenes Ödland. Oft findet man die Tiere auf Einzelpflanzen, die deutlich über die umgebende Vegetation hinausragen (z. B. Disteln).

Fehlt in Deutschland

Ephippiger terrestris *Alpen-Sattelschrecke*

Merkmale: Die Südalpen-Sattelschrecke ähnelt sehr *E. ephippiger*. Sie erreicht eine Körperlänge von 21–32 mm. Das Männchen unterscheidet sich von der anderen Art vor allem durch die kurz vor der Spitze (bei *E. ephippiger* etwa in der Mitte) gezähnten Cerci. Beim Weibchen ist der Legebohrer drei- bis viermal so lang wie das Halsschild (bei *E. ephippiger* maximal dreimal). Die Färbung schwankt zwischen grün, grau und braun; meist sind auf dem Hinterleib deutliche, dunkle Flecke zu erkennen. Adulte Tiere erscheinen von Juli bis Oktober.

Vorkommen: Die Art ist von der südlichsten Schweiz (Tessin) bis zu den südlichen Ausläufern der Alpen (in Italien und Frankreich) verbreitet. Sie bewohnt hier Bergwiesen und Gebüsche, vorwiegend in Höhen zwischen 1000 und 2000 m.

Fehlt in Deutschland

Ephippiger discoidalis ♂, Vodnjan Is 14.7.88
Ephippiger terrestris ♂, Foto S. Plüss

Familie Tettigoniidae *Laubheuschrecken*

Ephippiger provincialis *Provence-Sattelschrecke*

Merkmale: Die Provence-Sattelschrecke ist mit einer Körperlänge von 28–41 mm die größte Sattelschreckenart. Beim Männchen ist der Innenzahn der sehr kurzen, breiten Cerci gleich lang und dick wie der Endzahn (bei allen anderen Arten immer deutlich schwächer). Beim Weibchen ist die Subgenitalplatte hinten rundlich ausgeschnitten und trägt vorn jederseits einen wulstigen Höcker. Der fast gerade Legebohrer ist fast immer länger als 25 mm. Die Färbung ist meist hellbraun oder rötlich, seltener grün. Adulte Tiere erscheinen von Juni bis August.

Vorkommen: Diese recht imposante Sattelschrecke kommt endemisch in einem recht kleinen Areal in den südlichsten Ausläufern der Meeralpen vor, etwa im Gebiet zwischen St. Tropez und Marseille. Die Tiere halten sich am Boden oder auf niedrigen Pflanzen auf.

Wissenswertes: In manchen Jahren kommt es zu ausgesprochenen Massenvermehrungen, so dass man die Tiere in großer Zahl überfahren auf den Straßen findet.

Fehlt in Deutschland

Uromenus rugosicollis *Kantige Sattelschrecke*

Merkmale: *Uromenus rugosicollis* unterscheidet sich von den übrigen hier vorgestellten Sattelschrecken recht deutlich durch das an den Seiten kantige und wulstig gekielte Halsschild. Die Körperlänge beträgt 25–31 mm. Die Cerci des Männchens tragen einen langen, spitzen Innenzahn, während der Endzahn kegelig stumpf ist. Die Legeröhre des Weibchens ist stark aufwärts gebogen und viel kürzer als bei den *Ephippiger*-Arten (knapp halb so lang wie der Körper). Die Färbung ist ziemlich einheitlich grün (seltener grau), mit einem gelblichen Band an der Seite des Hinterleibs. Die Flügel sind gelbbraun mit kleinen, schwarzen Flecken am Außenrand. Adulte Tiere findet man von Juli bis Oktober.

Vorkommen: Die Art ist von Spanien bis Südfrankreich verbreitet und lebt vor allem an etwas feuchten Orten, aber auch auf trockenem Ödland. Sie hält sich meist in höheren Pflanzen (z. B. im Riesenschilf) verborgen und ist daher recht schwer zu finden.

Wissenswertes: Gelegentlich kommt es auch bei dieser Art gebietsweise zu einer ausgesprochen starken Vermehrung, so dass sie dann allgegenwärtig erscheint.

Fehlt in Deutschland

Ephippiger provincialis ♂, Foto S. Plüss
Uromenus rugosicollis ♂, (Collioure PO) 3.9.87

Familie Tettigoniidae Laubheuschrecken

Unterfamilie Saginae Sägeschrecken

Die artenarme Unterfamilie der Sägeschrecken stellt die größten europäischen Vertreter unter den Langfühlerschrecken. Die Gestalt ist auffallend lang gestreckt, die Hinterschenkel sind praktisch nicht verdickt (die Tiere besitzen daher kein Sprungvermögen). Besonders markant sind der kegelförmig vorgeschobene Kopf mit den kaum körperlangen Fühlern und die innen stark bedornten vorderen beiden Beinpaare.

Saga pedo *Große Sägeschrecke*

Merkmale: Diese imposante Heuschrecke erreicht 53–75 mm Körperlänge und ist damit die größte mitteleuropäische Heuschreckenart. Eigenartigerweise kommen offensichtlich nur Weibchen vor (alle bisher gefundenen Männchen erwiesen sich bei kritischer Überprüfung als Angehörige anderer *Saga*-Arten). Die Art ist fast völlig flügellos (lediglich winzige Hautlappen sind noch als Reste vorhanden). Die Legeröhre ist gut halb so lang wie der Körper, mäßig gebogen und im Spitzenteil gezähnt. Die Färbung schwankt zwischen hellgrün und graugrün, dunklere Flecken auf dem Hinterleib können vorkommen. Adulte Tiere sind ab August (manchmal schon Ende Juli) bis in den Oktober zu finden.

Vorkommen: *Saga pedo* ist im Mittelmeergebiet weit verbreitet, kommt aber überall nur sehr vereinzelt vor. Ihr Verbreitungsgebiet reicht von der Balkanhalbinsel (sie fehlt aber in Griechenland) über Italien und Südfrankreich bis nach Spanien. Die nördlichsten Fundorte befinden sich in Österreich (Neusiedler See, Umgebung von Wien) und in der Schweiz (Wallis und Umgebung von Chur). Die Art besiedelt sehr warmes, mit Gräsern und niedrigen Büschen bewachsenes Gelände. Sie hält sich meist ruhig in der Vegetation auf und ist daher äußerst schwer zu entdecken.

Wissenswertes: Mit ihren stark bedornten Beinen ergreift sie vorbeikommende Insekten, vor allem Heuschrecken. Dabei überwältigt sie mühelos so wehrhafte Tiere wie Warzenbeißer und Gottesanbeterinnen. Wenn sie ergriffen wird, setzt sie sich mit recht schmerzhaften Bissen zur Wehr.

Ähnlich: In Südosteuropa kommen noch einige weitere, z. T. noch größere *Saga*-Arten vor. Bei ihnen treten stets auch Männchen auf. Diese unterscheiden sich von den flügellosen Weibchen außer durch das Fehlen eines Legebohrers durch den Besitz kurzer Stummelflügel.

Fehlt in Deutschland

Saga pedo ♀, (Marcana Is) 9.8.88
Saga pedo frisst *Decticus*, (Marcana Is) 9.8.88

Familie Rhaphidophoridae Höhlenschrecken

Die Höhlenschrecken besitzen weder Flügel noch Hörorgane. Die Fühler, die Beine und auch die Maxillar- und Labialtaster sind stark verlängert. Die meisten Arten leben in Höhlen und an anderen dunklen, feuchten Orten im Mittelmeerraum sowie in den Tropen. In Deutschland kommen nur zwei eingeschleppte Arten vor.

Tachycines asynamorus *Gewächshausschrecke*

Merkmale: Die Gewächshausschrecke wird 13–19 mm groß. Die Grundfarbe ist gelbbraun oder graubraun mit dunkelbrauner Fleckenzeichnung. Die langen, graubraunen Beine sind dunkel geringelt. Der plumpe Körper erscheint in Seitenansicht hochgewölbt und dadurch bucklig. Die Fühler erreichen etwa vierfache Körperlänge. Die Legeröhre ist schwach gebogen und 11–12 mm lang. Die Cerci sind bei beiden Geschlechtern gleichartig, etwa 10 mm lang, biegsam und abstehend behaart. Ausgewachsene Tiere sind das ganze Jahr hindurch anzutreffen.

Vorkommen: Die Gewächshausschrecke stammt ursprünglich aus dem Fernen Osten, vermutlich aus China, und ist heute weltweit verschleppt. Sie kann sich bei uns nur in Gewächshäusern von Gärtnereien und Botanischen Gärten auf Dauer halten. Gegen Ende des 19. Jahrhunderts tauchte sie erstmals in Deutschland auf und verbreitete sich rasch in vielen größeren Städten. In neuerer Zeit wurde sie vielerorts intensiv bekämpft, so dass sie heute anscheinend selten geworden ist. Sie ist aber auch heute noch vor allem in Botanischen Gärten zu finden, wie sich durch gezielte Nachfragen feststellen ließ.

Wissenswertes: Sie ruht tagsüber regungslos zwischen Blumentöpfen, unter Brettern und an ähnlichen Orten und wird erst bei völliger Dunkelheit munter. Sie ist äußerst gewandt und kann über einen Meter weit springen. Ihre Nahrung besteht aus Früchten, Pflanzenkeimlingen und verschiedenen Insekten, z. B. Blattläusen. Bei zahlreichem Auftreten kann sie schädlich werden. Zur Paarungseinleitung balzt das Männchen lautlos mit Schwingbewegungen vor dem Weibchen. Die zahlreichen Eier (einige hundert) werden vom Weibchen vor allem in Blumentöpfen abgelegt, so dass eine Verschleppung der Art leicht möglich ist. Die Larven werden erst nach etwa zehn Häutungen erwachsen.

Tachycines asynamorus ♂, (Ulmer Aquarium) 4.4.84
Tachycines asynamorus ♀, (Ulmer Aquarium) 19.12.84

Familie Rhaphidophoridae *Höhlenschrecken*

Gattung Troglophilus *Höhlenschrecken*

Merkmale: Die *Troglophilus*-Arten erreichen 15–25 mm Körperlänge. Wie alle Vertreter der Familie sind sie völlig flügellos und ohne Hörorgane. Die ziemlich langbeinigen Tiere sind gelbbraun bis rotbraun, manchmal auch etwas grünlich gefärbt und zusätzlich dunkel marmoriert. Die Cerci des Männchens sind fadenförmig und lang behaart; der lange Legebohrer des Weibchens ist schwach gebogen. Erwachsene Tiere sind während des ganzen Jahres anzutreffen. Im hier behandelten Gebiet kommen nur zwei Arten vor, die aber sehr schwer zu unterscheiden sind. Bei *Troglophilus neglectus* besitzen beide Geschlechter am 10. Abdominaltergit zwei spitze Fortsätze, die bei *T. cavicola* fehlen.

Vorkommen: Die Gattung ist ostmediterran verbreitet. Die beiden erwähnten Arten sind von Griechenland bis ins südliche Österreich, *T. cavicola* darüber hinaus in Italien bis zum Comer See verbreitet. Man findet sie vorwiegend in Höhlen und Stollen, gelegentlich auch außerhalb davon unter Laub und Steinen. 1996 wurde *Troglophilus neglectus* in einer Höhle im Fichtelgebirge, kurz darauf auch in der Eifel und im Elbsandsteingebirge in alten Stollen gefunden. Wann die Tiere nach Deutschland verschleppt wurden, ist unbekannt.

Gattung Dolichopoda *Langbeinschrecken*

Merkmale: Die Vertreter dieser Gattung entsprechen den *Troglophilus*-Arten etwa in der Körperlänge, erscheinen aber durch ihre extrem verlängerten Beine viel größer. Die Färbung ist ziemlich einheitlich heller oder dunkler braun, meist mit etwas verdunkelten Hinterrändern der einzelnen Tergite, aber ohne dunkle Marmorierung. Adulte Tiere treten ganzjährig auf. Eine Unterscheidung der etwa 20 europäischen Arten ist sehr schwierig.

Vorkommen: Die Gattung *Dolichopoda* ist vorwiegend im südlichen Mittelmeergebiet verbreitet, einige Arten kommen bis nach Südfrankreich (Meeralpen, Pyrenäen, Cevennen) und in die italienischen Südalpen vor. In Mitteleuropa fehlen Vertreter dieser Gattung. Sie leben fast ausschließlich in Höhlen und Stollen, meist in ziemlich feuchten Bereichen.

Wissenswertes: Die Tiere ernähren sich hier von pflanzlichen und tierischen Abfällen und lassen sich z. B. mit Käseködern anlocken. Sie reagieren recht empfindlich auf Beleuchtung und sind nicht leicht zu fangen, zumal die langen Beine bei unvorsichtiger Berührung oft abgestoßen werden.

Fehlt in Deutschland

Troglophilus sp. ♀, Predjama SI 15.9.83
Dolichopoda sp. ♀, M. Argentario To 17.4.81

Der Körper der Grillen ist meist walzenförmig, die Färbung schwarzbraun oder gelblich – niemals grün. Die Tarsen sind dreigliedrig; das Trommelfell liegt offen (fehlt bei *Myrmecophilus*). Die Cerci sind lang, biegsam und behaart. Mit Ausnahme von *Oecanthus* sind die in Deutschland heimischen Arten Bodentiere, die meist als Larven überwintern und schon im Frühjahr oder Frühsommer ausgewachsen sind. Beim Singen streichen sie den rechten Flügel über den linken.

Gryllus campestris *Feldgrille*

Merkmale: Die Feldgrille ist durch ihre schwarze Färbung und den gedrungenen Körperbau unverkennbar. Sie erreicht 20–26 mm Körperlänge. Die Hinterschenkel sind unten rot, die Flügel bräunlich, an der Basis gelb. Beim Männchen sind sie auffallend skulpturiert. Die Schrilladern verläuft zickzackförmig über den Flügel und zerteilt ihn in einen basalen, dreieckigen Bereich, die Harfe, und einen spitzenwärts liegenden, runden, den Spiegel (Abb. 6 A auf S. 21). Harfe und Spiegel bilden den Resonanzboden zur Verstärkung des Gesangs. Beim Weibchen dagegen sind die Flügel regelmäßig geädert. Die fast gerade Legeröhre ist am Ende lanzettförmig erweitert. Die Reifezeit reicht etwa von Mai bis Juli, bisweilen August.

Vorkommen: Die Feldgrille bewohnt trockene, sonnige Gebiete mit niedriger Vegetation, z. B. Trockenrasen und Heiden. Das Verbreitungsgebiet reicht nach Norden bis ins südliche Holstein. In den letzten Jahren ist sie jedoch in Norddeutschland fast überall ausgestorben. Trotz gebietsweise noch großer Populationen in Süddeutschland gilt sie daher als gefährdet.

Gesang: Die Männchen stridulieren – etwa 50 m weit hörbar – bei warmem Wetter vor der Röhrenmündung, oft bis tief in die Nacht. Der Ruf klingt etwa wie „zri" und wird unermüdlich in schneller Folge vorgetragen. Oft kommt es unter den Männchen zu Kämpfen, die von besonderen "peitschenden" Rufen begleitet werden. Auch bei der Werbung vor dem Weibchen äußert das Männchen spezielle, ganz zarte Töne, die nur aus nächster Nähe hörbar sind.

Wissenswertes: Ältere Larven und die Imagines leben in selbst gegrabenen Erdröhren, die etwa 20 cm schräg hinabführen. Sie ernähren sich von Gräsern, diversen Kräutern und kleinen Insekten. Die Larven schlüpfen im Sommer und überwintern meist im vorletzten Stadium.

Rote Liste 3

Gryllus bimaculatus *Mittelmeer-Feldgrille*

Merkmale: Die Mittelmeer-Feldgrille wird mit 20–33 mm Körperlänge etwas größer als *Gryllus campestris*; durch ihren deutlich kleineren Kopf (dieser ist nicht breiter als das Halsschild) erscheint sie aber schlanker. Die Hinterflügel sind im Gegensatz zur anderen Art voll entwickelt. Sie überragen die (etwa bis zur Abdomenspitze reichenden) Vorderflügel um etwa die Hälfte ihrer Länge. In der Ruhelage sind sie zusammengerollt und ragen wie beim Heimchen weit über die Hinterleibsspitze hinaus. Die Färbung ist meist tiefschwarz mit einem gelben Fleck an der Basis jedes Vorderflügels. Adulte Tiere erscheinen von Juli bis September, also deutlich später als bei *G. campestris*.

Vorkommen: Die Art ist von der Iberischen Halbinsel bis Griechenland verbreitet, entfernt sich aber anscheinend nirgends weit von der Mittelmeerküste. Gebietsweise, etwa im Dünengelände Südfrankreichs, kommt sie recht häufig vor. Sie gräbt sich offenbar keine eigenen Gänge, sondern versteckt sich unter Steinen, Brettern und ähnlichen am Boden liegenden Gegenständen.

Fehlt in Deutschland

Acheta domesticus *Heimchen* (= Gryllulus domesticus)

Merkmale: Das Heimchen ist mit 16–20 mm Körperlänge etwas kleiner als die Feldgrille, außerdem deutlich schlanker. Die Grundfarbe ist strohgelb bis gelbbraun. Halsschild und Kopf sind schwarz gezeichnet. Die Hinterflügel sind voll entwickelt, in der Ruhelage zusammengerollt und überragen wie zwei Spieße die Abdomenspitze. Das Weibchen besitzt eine bis zu 15 mm lange, gerade Legeröhre. Adulte Tiere kann man das ganze Jahr über antreffen.

Vorkommen: In unserer Gegend kann sich das Heimchen dauerhaft nur in Gebäuden halten. Im Sommer lebt es auch im Freien, besonders auf Müllplätzen. Trotz intensiver Bekämpfungsmaßnahmen ist die Art noch vielerorts häufig, besonders in älteren Gebäuden.

Gesang: Der sehr kräftige, durchaus wohlklingende Gesang ertönt fast nur abends und nachts. Er erinnert sehr an den der Feldgrille, ist jedoch weicher und weniger regelmäßig in Tonlänge und Rufabstand.

Wissenswertes: Die Tiere sind Allesfresser, die sich vor allem von Abfällen ernähren, gelegentlich aber auch an Küchenvorräte gehen.

Gryllus bimaculatus ♂, Cyprien Plage SF 14.9.91
Acheta domesticus ♂, (Zuchtfoto) 15.6.84

Modicogryllus frontalis *Östliche Grille* (= Acheta frontalis)

Merkmale: Die Östliche Grille wird nur etwa 12–13 mm groß. Die Färbung ist schwarzbraun mit einer weißgelben Querbinde vor den Augen. Die Hinterflügel sind meist zurückgebildet. Die Reifezeit reicht von Mai bis Ende Juli.

Vorkommen: Die überall seltene Art war bei uns nur von drei Fundorten aus Weinbergen bekannt: Regensburg, Tübingen und Kaiserstuhl. Nachdem sie an allen diesen Orten seit über fünfzig Jahren nicht mehr nachgewiesen war, schien sie bereits in Deutschland ausgestorben. 1978 wurde sie dann aber in der südlichen Oberrheinischen Tiefebene in einer Kiesgrube, 1996 auch im Jagsttal in einem Weinberg wiederentdeckt (Brandt 1997, Buchweitz & Trautner 1997). Sie muss aber als akut von Aussterben bedroht gelten. Sonst ist die Art noch aus Osteuropa (bis ins Neusiedlerseegebiet) bekannt.

Gesang: Der Gesang erinnert nach Brandt (1997) etwas an den von *Chorthippus brunneus*, setzt sich aber aus weicheren und etwas längeren Einzelstrophen zusammen.

Rote Liste 1

Melanogryllus desertus *Steppengrille* (= Acheta desertus)

Merkmale: Die Steppengrille wird mit 12–18 mm Körperlänge etwas größer als die Östliche Grille. Sie ähnelt dieser sehr, ist aber bis auf einen undeutlichen, gelblichen Streifen im Vorderflügel praktisch einheitlich schwarz (es fehlt die für *Modicogryllus* typische, helle Querbinde zwischen den Augen!). Außerdem erscheint ihr Körper viel glatter und glänzender (weniger behaart). Die Flügel reichen etwa bis zur Hinterleibsmitte. Adulte Tiere treten zwischen Mai und Juli auf.

Vorkommen: Die Art ist in ganz Südeuropa verbreitet und hier meist häufig. Ihre nördlichsten Vorkommensgebiete liegen im östlichen und südlichen Österreich, in der südlichen Slowakei und der Südschweiz. Sie bewohnt vorwiegend trockene Örtlichkeiten und lebt am Boden in dichter Vegetation. Gebietsweise trat sie schon als Kulturschädling auf.

Fehlt in Deutschland

Modicogryllus frontalis ♂, (Hortobagy Un) 11.6.85
Melanogryllus desertus ♂, (Mandici Is) 21.6.88

Familie Gryllidae *Grillen*

Eumodicogryllus bordigalensis *Südliche Grille*
(=Tartarogryllus bordigalensis)

Merkmale: Die Südliche Grille entspricht in der Größe (Körperlänge 11–14 mm) etwa der Östlichen Grille, erscheint im Gesamteindruck aber deutlich heller als diese. Die Grundfärbung ist gelbbraun mit mehr oder weniger ausgedehnten, dunkelbraunen Zeichnungen. Der meist dunkel gefärbte Kopf trägt zwischen den Augen eine helle Querbinde und dahinter meist einige helle Flecke (oder ausgedehnte, helle Zeichnungen). Die Flügel reichen bis fast zur Abdomenspitze. Adulte Tiere findet man von Mai bis Juli (z. T. noch später).

Vorkommen: Die Art ist im Mittelmeergebiet weit verbreitet. Sie geht nach Norden bis in die Süd-Slowakei, nach Südtirol und in die südlichste Schweiz. Sie bewohnt vor allem Wiesen, Felder und Ödland, daneben auch Steppenheidegebiete. Meist findet man sie unter Steinen, Brettern oder anderen am Boden liegenden Gegenständen. Seit einigen Jahren ist auch ein Vorkommen auf einem Eisenbahngelände bei Basel bekannt.

Gesang: Man wird am ehesten durch den leisen, sehr hell klingenden Gesang auf die Tiere aufmerksam.

Fehlt in Deutschland

Eugryllodes pipens *Gelbe Grille*

Merkmale: Diese in der Körpergröße recht variable Grillenart (10–20 mm) erinnert durch ihre helle Färbung an das Heimchen. Der gelbliche Körper ist meist nur schwach braun gezeichnet. Der oberseits braune Kopf zeigt zwischen den Augen eine helle Querlinie, von der aus vier schmale Längslinien zum Hinterrand des Kopfes ziehen. Die Flügel des Männchens reichen fast bis zur Abdomenspitze, die des Weibchens nur bis zum Beginn des dritten Segments. Adulte Tiere erscheinen von Juli bis Oktober.

Vorkommen: Die westmediterran verbreitete Art kommt von Spanien über Südfrankreich bis in die französischen Meeralpen und Teile der Hautes Alpes vor, ist aber überall ziemlich selten. Ich fand sie an einer Straßenböschung am Südabhang des Canigou (Ostpyrenäen), wo sich die Tiere an einem sandigen, mit lockerem Geröll bedeckten Hang unter Steinen aufhielten.

Gesang: Die Tiere machen durch einen hell metallisch klingenden Gesang auf sich aufmerksam.

Fehlt in Deutschland

Eumodicogryllus bordigalensis, Foto J. Coin
Eugryllodes pipens ♂, (Col de la Descarga PO) 13.9.91

Familie Gryllidae *Grillen*

Nemobius sylvestris *Waldgrille*

Merkmale: Die Vorderflügel der Waldgrille sind verkürzt und erreichen beim Männchen etwa halbe Abdomenlänge, beim Weibchen enden sie schon vorher. Hinterflügel fehlen. Die Grundfarbe ist dunkelbraun; die Oberseite des Halsschilds und die Beine sind heller. Auf der Stirn bilden vier helle Linien ein vorn offenes Fünfeck, an dessen Basis ein Ocellus liegt. Die Körperlänge beträgt 7–10 mm. Die gerade Legeröhre wird 5–7 mm lang. Die Art ist ab Juni adult und lebt bis zum Spätherbst (November); gelegentlich scheinen neben Eiern und Larven auch Imagines zu überwintern. Die Entwicklung ist vermutlich zweijährig.

Vorkommen: Die nördliche Verbreitungsgrenze liegt etwa auf der Linie Osnabrück – Göttingen – Berlin. Südlich davon fehlt die Art fast nirgends über weite Strecken und ist im Allgemeinen häufig. Ihre Lebensräume sind sonnige Waldränder und Waldlichtungen, auch gebüschreiche Trockenrasen.

Gesang: Der bis weit in den Herbst wahrnehmbare Gesang ist ein recht wohlklingendes, schnurrendes „rürr", das etwa 0,25–2 s anhält und nach jeweils kurzer Unterbrechung minutenlang wiederholt wird. In seiner Rhythmik erinnert der Gesang sehr an Morsezeichen. Seine Richtung und Entfernung ist sehr schwer abzuschätzen. Besonders, wenn viele Tiere gleichzeitig singen, ist es fast unmöglich, einen der Sänger zu lokalisieren.

Wissenswertes: Die Waldgrille ist ein ausgesprochener Bodenbewohner, der sich besonders gern im Falllaub aufhält. Die Tiere sind außerordentlich flink und besitzen ein gut entwickelte Sprungvermögen, so dass sie sehr schwer zu fangen sind.

Pteronemobius heydenii *Sumpfgrille* (= P. concolor)

Merkmale: Die Sumpfgrille erinnert an die Waldgrille, ist aber kleiner (6–7 mm) und fast einfarbig schwarz. Nur einige Längslinien auf dem Hinterkopf und Punkte auf den Beinen sind weißgelb gefärbt. Die Flügel sind etwas länger als bei der Waldgrille, die Legeröhre ist deutlich kürzer (2,5 mm). Imagines findet man von Ende Mai bis Anfang August.

Vorkommen: Die Art lebt auf sumpfigen Wiesen zwischen Gräsern und Seggenbulten. Sie ist in Südeuropa weit verbreitet, in Deutschland aber nur von wenigen, wärmebegünstigten Orten bekannt. Sie kommt sowohl im westlichen Bodenseegebiet (z. B. am Mindelsee) als auch in der Oberrheinischen Tiefebene (Taubergießen) vor und gilt derzeit bei uns als gefährdet.

Wissenswertes: Der Gesang ist heller als bei der Waldgrille und klingt etwa wie „sirr". Die einzelnen Rufe dauern 1–2 s und werden durch etwa gleich lange Pausen getrennt. Auch bei der Sumpfgrille ist eine Lokalisierung nach dem Gesang kaum möglich.

Rote Liste 3

Pteronemobius lineolatus *Gestreifte Sumpfgrille*

Merkmale: Die Art wird mit einer Körperlänge von 7–11 mm deutlich größer als *Pteronemobius heydenii*. Sie erscheint außerdem heller und stärker gezeichnet. Der braune Kopf trägt oben vier helle Längslinien, dazwischen drei dunkle Binden. Die dunklen Flügel, die etwa zwei Drittel des Hinterleibs bedecken, sind mit einem gelblichen Fleck gezeichnet, der sich als schmaler Streifen bis in die Flügelspitze fortsetzt. Imagines treten von Juli bis September auf.

Vorkommen: Die Gestreifte Sumpfgrille ist von Spanien über Südfrankreich bis Italien verbreitet und geht nach Norden bis in die südlichste Schweiz (Tessin). Sie kommt anscheinend überall recht selten vor, ist aber wegen ihrer sehr verstreckten Lebensweise auch schwer zu finden. Sie bewohnt feuchte Uferbereiche von stehenden und fließenden Gewässern, wo sie sich vorzugsweise unter Steinen und in der dichten Bodenvegetation aufhält.

Gesang: Der Gesang ist ziemlich leise mit einem metallischen Klang.

Wissenswertes: Die Tiere sind außerordentlich flink und daher kaum zu fangen.

Fehlt in Deutschland

Pteronemobius heydenii ♂, (Taubergießen Bd) 28.6.84
Pteronemobius lineolatus ♂, (Collioure PO) 7.9.91

Mogoplistes brunneus *Dunkle Bodengrille*

Merkmale: Diese scheinbar flügellose Grillenart (die winzigen Flügelstummel liegen unter dem Halsschild verborgen) erreicht eine Körperlänge von 6–8 mm. Die Färbung ist fast einheitlich schwarzbraun. Der Körper ist nur schwach behaart, dafür aber, vor allem im hinteren Abschnitt, mit silbrigen und schwarzen Schuppen bedeckt. Der Fühlerabstand beträgt das Drei- bis Vierfache des Durchmessers der Fühlerbasis. Der Legebohrer des Weibchens (siehe Foto) ist auffallend kurz (knapp 2 mm). Adulte Tiere treten von August bis Oktober auf.

Vorkommen: *Mogoplistes brunneus* ist von Spanien über Südfrankreich und Italien an den Küsten entlang bis nach Griechenland verbreitet. Die Art lebt am Boden im Gras und unter Falllaub und ist durch ihre versteckte Lebensweise schwer zu finden.

Wissenswertes: Diese Grille kann aufgrund der fehlenden Flügel nicht stridulieren.

Ähnlich: Unmittelbar an der Meeresküste lebt unter Steinen eine zweite Art der Gattung, *Mogoplistes squamiger*. Diese unterscheidet sich von *M. brunneus* durch die enger stehenden Fühler (Abstand zweifacher Durchmesser der Fühlerbasis) und den längeren Legebohrer des Weibchens (5–6 mm). Sie kommt außer an den Mittelmeerküsten auch (sehr selten) in England vor.

Fehlt in Deutschland

Arachnocephalus vestitus *Buschgrille*

Merkmale: Diese völlig flügellose Art entspricht *M. brunneus* etwa in der Größe (6–9 mm), erscheint aber insgesamt deutlich schlanker. Die Färbung ist vorwiegend rötlich braun. Außer einer (vor allem an den Beinen) ziemlich deutlichen, hellen Behaarung ist ein silbrig glänzendes Schuppenkleid entwickelt. Der Legebohrer des Weibchens erreicht etwas mehr als halbe Körperlänge, die noch etwas längeren Cerci schmiegen sich in Ruhelage eng an ihn (siehe Foto).

Vorkommen: *Arachnocephalus vestitus* ist von der französischen Mittelmeerküste über Italien bis zum Balkan verbreitet. Die sehr unauffällige Art kommt in ihrem Verbreitungsgebiet fast überall häufig vor, ist aber aufgrund ihrer Lebensweise (sie hält sich vorwiegend im Gebüsch auf) nicht leicht zu entdecken. Man findet sie aber regelmäßig und oft in großer Zahl beim Abkeschern von Sträuchern oder in Klopfproben.

Fehlt in Deutschland

Mogoplistes brunneus ♀, (Marcana Is) 7.9.89
Arachnocephalus vestitus ♀, (Banjole Is) 6.9.83

Gryllomorpha dalmatina *Stumme Grille*

Merkmale: Die Stumme Grille gehört mit einer Körperlänge von 15–19 mm zu den größeren Grillenarten. Von den übrigen größeren Grillen unterscheidet sie sich vor allem durch ihre Flügellosigkeit. Die Färbung ist hellbraun mit einem dunklen, sehr variablen Zeichnungsmuster. Stets ist aber als besonderes Artkennzeichen auf dem Pronotum eine helle Kreuzfigur zu erkennen, die durch vier rechteckige, dunkle Flecke begrenzt wird. Der Legebohrer des Weibchens wird fast körperlang. Imagines treten nahezu ganzjährig, vor allem aber im Spätherbst auf.

Vorkommen: Die Stumme Grille ist im gesamten Mittelmeergebiet ziemlich häufig anzutreffen. Sie geht nördlich bis Südtirol und in die südlichste Schweiz. Man findet sie sowohl im Freien unter Steinen (vor allem an etwas feuchten, schattigen Orten) als auch in Höhlen und Gebäuden, selbst in Hotelzimmern.

Fehlt in Deutschland

Myrmecophilus acervorum *Ameisengrille*

Merkmale: Mit höchstens 3,5 mm Körperlänge ist die Ameisengrille unsere kleinste Heuschreckenart. Die Färbung ist dunkelbraun mit hellem Hinterrand des Pro- und Mesonotums. Flügel und Gehörorgane fehlen; auch die Augen sind deutlich zurückgebildet. Gut entwickelt sind dagegen die Cerci. Bei uns kommen nur Weibchen vor, die an ihrer kurzen Legeröhre zu erkennen sind. Erwachsene Tiere sind das ganze Jahr über anzutreffen. Die Entwicklung ist zweijährig.

Vorkommen: Die Ameisengrille lebt nur in Ameisennestern, besonders bei *Lasius*-Arten (Hölldobler 1947). Man findet sie durch das Umdrehen von Steinen, unter denen sich Wirtsnester befinden. Sie wurde in Westdeutschland bisher an ganz wenigen Stellen gefunden, so bei Ochsenfurt am Main und im Nördlinger Ries. Im östlichen Deutschland ist sie etwas häufiger. Sie gilt als gefährdet mit unsicherem Gefährdungsstatus.

Wissenswertes: Die Ameisengrille lebt anscheinend als Parasit von der Ameisenbrut. Meldungen männlicher Tiere erwiesen sich bei späterer Überprüfung immer wieder als Irrtümer, so auch eine solche vor wenigen Jahren aus Berlin (Möller & Prasse 1991, korrigiert durch Junker 1997).

Rote Liste G

Gryllomorpha dalmatina ♀, (Collioure PO) 7.9.91
Myrmecophilus acervorum ♀, (Goldburghausen NöR) 11.9.77

Oecanthus pellucens *Weinhähnchen*

Merkmale: Das Weinhähnchen weicht durch seine schlanke Gestalt sehr von den übrigen Grillen ab. Die Grundfarbe ist gelblich bis hellbraun; die Körperlänge beträgt 9–15 mm. Beim Weibchen sind die gerade nach hinten gestreckten Cerci fast so lang wie die Legeröhre.

Vorkommen: Die Art ist sehr wärmebedürftig. Sie kommt bei uns vor allem im oberen Rheintal vor, von wo aus sie sich offenbar immer weiter nach Norden ausbreitet. Inzwischen ist sie bereits unterhalb von Köln aufgetreten. Weitere Fundorte sind aus verschiedenen Stellen in Bayern bekannt. Sie lebt vor allem auf gebüschreichen Trockenrasen. Hier findet man sie oft auf höheren, blühenden Pflanzen. Sie steht unter Naturschutz.

Gesang: Der wohlklingende Gesang ist ein sehr lautes, etwa 50 m weit hörbares „zrrüü", das vor allem bei Dunkelheit ertönt.

Wissenswertes: Die Eier werden oberirdisch in Pflanzenstängel abgelegt.

Familie Gryllotalpidae *Maulwurfsgrillen*

Die Maulwurfsgrillen sind an ihren mächtigen Grabschaufeln (Vorderbeine) leicht kenntlich. Sie besitzen kein Sprungvermögen. Die Fühler sind nur halb so lang wie das Halsschild; eine Legeröhre fehlt.

Gryllotalpa gryllotalpa *Maulwurfsgrille* (= G. vulgaris)

Merkmale: Die einzige heimische Art ist durch die o.g. Merkmale unverkennbar. Die Grundfarbe ist dunkelbraun. Die Körperlänge kann bis zu 50 mm betragen. Die Geschlechter sind schwer zu unterscheiden: beim Männchen liegt etwa in der Flügelmitte eine Aderverzweigung in Form einer nach vorn offenen Stimmgabel, die dem Weibchen fehlt. Imagines findet man das ganze Jahr hindurch; die Entwicklung ist dreijährig.

Vorkommen: Die Maulwurfsgrille lebt vorzugsweise auf feuchten, lockeren Böden mit niedriger Grasvegetation, aber auch auf Lehmböden. Da sie auch in Gärten auftritt, wird sie heftig bekämpft und ist vielerorts schon ausgerottet, aber derzeit wohl noch nicht ernsthaft gefährdet. Sie steht momentan auf der Vorwarnliste (Rote Liste V).

Gesang: Bei der Stridulation liegt mal der rechte, mal der linke Flügel oben. Der Gesang ist ein lang anhaltendes Surren („rrrr"), das vor allem abends im Mai/Juni ertönt.

Wissenswertes: Die Nahrung besteht vorwiegend aus Tieren, besonders Insektenlarven. Das Weibchen bewacht und pflegt die Eier und Junglarven in einer besonderen Brutkammer.

Oecanthus pellucens ♀, Oberbergen KS 24.8.77
Gryllotalpa gryllotalpa ♂, (Mkt. Rettenbach Ag) 19.5.84

Die Dornschrecken besitzen als auffallende Besonderheit ein Halsschild, das nach hinten in einen spitzen Dorn verlängert ist, der mindestens bis zur Abdomenspitze reicht, diese aber oft deutlich überragt. Die Seitenlappen des Halsschilds haben am Hinterrand zwei Ausbuchtungen (bei Larven nur eine); in der oberen liegt der zu einer winzigen Schuppe reduzierte Vorderflügel. Die Hinterflügel können dagegen voll entwickelt sein. Stridulations- und Hörorgane fehlen. Die Überwinterung erfolgt als Larve oder Imago. Eine sichere Bestimmung der einzelnen Arten ist recht schwierig.

Tetrix subulata *Säbeldornschrecke* (= Acrydium subulatum)

Merkmale: Der Rückenkiel des Halsschilds ist bei der Säbeldornschrecke in Seitenansicht fast gerade. Der Dorn überragt meist weit die Abdomenspitze; unter ihm liegen – bis zu seiner Spitze reichend – die voll entwickelten Hinterflügel. Die Art ist sehr flugtüchtig und daher schwer zu fangen. Neben langdornigen Exemplaren treten aber – meist in geringerer Anzahl – auch kurzdornige, flugunfähige Individuen auf. Als Unterschied zur folgenden Art sind die Augen in Aufsicht voneinander um mehr als ihren Durchmesser getrennt (besonders bei den Weibchen gut erkennbar). Die Färbung variiert sehr stark; rötliche, gelbbraune und schwarze, ganz unterschiedlich gefleckte Tiere kommen nebeneinander vor. Die Körperlänge schwankt (ohne den Dorn gemessen) zwischen 7 und 12 mm. Die Weibchen sind (wie bei allen Dornschrecken) an der in Seitenansicht zweiklappigen (tatsächlich aber vierklappigen), oben und unten gesägten Legeröhre zu erkennen. Imagines treten ab August auf; sie leben bis zum Juni/Juli des folgenden Jahres.

Vorkommen: Die Säbeldornschrecke lebt fast nur in Feuchtgebieten, besonders auf ausgetrockneten Schlammflächen an Gewässerufern. Manchmal findet man sie auch in trockenen Sandgruben. Sie kommt fast im gesamten Gebiet vor, wird aber im Norden seltener.

Wissenswertes: Die Nahrung besteht aus Gräsern, Moosen und Flechten. Beim geräuschlosen Werbezeremoniell verbeugt sich das Männchen vor dem Weibchen und schwirrt mit den Flügeln. Die Eier dürften wie bei den anderen Dornschrecken dicht über oder unter der Erdoberfläche in lockeren Gruppen abgelegt werden.

Tetrix subulata ♀, Langenau SA 9.9.82
Tetrix subulata ♀, kurzdornige Form, Langenau SA 9.9.82

Familie Tetrigidae *Dornschrecken*

Tetrix ceperoi *Westliche Dornschrecke*

Merkmale: Die Westliche Dornschrecke ist sehr schwer von der Säbeldornschrecke zu unterscheiden. Sie ist etwas kleiner und zierlicher (7–10 mm ohne Dorn). In der Seitenansicht ist der Rückenkiel hinter dem Kopf etwas stärker hochgewölbt als bei *T. subulata*. Der Scheitel zwischen den Augen ist kaum breiter als ein Auge und ragt nur wenig zwischen den Augen vor. In unserem Gebiet wurden nur langdornige Exemplare gefunden. Die Reifezeit dürfte den Verhältnissen bei der Säbeldornschrecke entsprechen.

Vorkommen: *Tetrix ceperoi* ist bei uns sehr selten. Sichere Funde sind nur aus dem Rhein-Main-Gebiet, dem Bodenseegebiet und von den Ostfriesischen Inseln bekannt. Sie lebt in feuchten Sandgruben und auf Schlickflächen, oft in Gesellschaft von *T. subulata*. Nach den bislang bekannten Funden muss sie als stark gefährdet gelten. Sie wurde vielleicht aber auch vielfach nur übersehen bzw. mit *T. subulata* verwechselt. Sie wird in der Roten Liste als gefährdet mit unbekanntem Gefährdungsstatus geführt.

Ähnlich: In Südosteuropa (nach Norden bis ins Neusiedlergebiet) kommt als weitere, extrem ähnliche Art *Tetrix bolivari* vor. Diese unterscheidet sich von *T. ceperoi* vor allem durch die gewellte Unterseite ihrer Mittelschenkel (wie bei *T. tuerki*).

Rote Liste G

Tetrix tuerki *Türks Dornschrecke*

Merkmale: *Tetrix tuerki* ist die dritte *Tetrix*-Art mit fast geradem Rückenkiel. Die Art ist aber meistens kurzdornig und deutlich breiter gebaut als die beiden vorangegangenen Arten. Als markantes Merkmal sind außerdem die Mittelschenkel an der Unterseite deutlich gewellt. Die Färbung ist meist einheitlich grau oder braun; es kommen aber auch gefleckte Tiere vor. Die Körperlänge beträgt 7–10 mm. Auch bei dieser Art scheinen vornehmlich Imagines zu überwintern (diese sind das ganze Jahr hindurch zu finden).

Vorkommen: *Tetrix tuerki* hat sehr enge ökologische Ansprüche. Sie lebt nur auf verschlammten Kiesbänken der Alpenflüsse. Früher kam sie entlang von Isar und Lech bis etwa München und Augsburg vor. Sie war dann in der zweiten Hälfte des 20. Jahrhunderts Jahrzehnte lang in Deutschland verschollen. Erst in den 1990er Jahren wurden am bayerischen Alpenrand wieder mehrere Fundorte entdeckt (Janßen et.al. 1996). Die Art ist bei uns aber akut vom Aussterben bedroht.

Rote Liste 1

Tetrix ceperoi ♀, (Pula Is) 9.9.83
Tetrix tuerki ♀, (Huben Ti) 10.8.83

Tetrix undulata *Gemeine Dornschrecke* (= T. vittata)

Merkmale: Der Rückenkiel der Gemeinen Dornschrecke ist in Seiten-ansicht deutlich gewölbt. Sie ist etwas schlanker als die beiden folgenden Arten. Die Hinterschenkel sind etwa dreimal so lang wie breit. Die Hinter-flügel sind gut doppelt so lang wie die schuppenförmigen Vorderflügel (sel-ten länger). Der Dorn reicht etwa bis zu den Hinterknien. Die Färbung kann sehr verschieden sein; meist dominieren aber gelbbraune bis graubraune Tiere mit dunkler Marmorierung. Die Körperlänge beträgt 8–11 mm. Die Art überwintert als Larve oder Imago und kann das ganze Jahr über adult ange-troffen werden.

Vorkommen: *Tetrix undulata* bewohnt Orte mittlerer Feuchtigkeit. Am häufigsten lebt sie auf Waldlichtungen, kommt aber auch auf Wiesen und in nicht zu feuchten Mooren vor. In den meisten Gegenden in sie die häu-figste *Tetrix*-Art.

Tetrix tenuicornis *Langfühler-Dornschrecke* (= T. nutans)

Merkmale: *Tetrix tenuicornis* ist deutlich untersetzter gebaut als *T. undu-lata*. Ihre Hinterschenkel sind weniger als dreimal so lang wie breit. Die Fühler sind auffallend lang und schmal, die mittleren Glieder etwa viermal so lang wie breit. Die Hinterflügel sind nicht so stark verkürzt wie bei *T. undulata*; sie reichen fast bis zur Spitze des Dornes. Auch bei dieser Art ist die Färbung sehr variabel, gelbbraun, schwarzbraun oder grau mit unter-schiedlicher Zeichnung. Oft sind, wie bei der folgenden Art, zwei schwarze Flecken auf dem Pronotum zu erkennen. Die Körperlänge beträgt 8–10 mm. Die Art überwintert meist als Larve, kann aber während des ganzen Jahres als Imago angetroffen werden.

Vorkommen: *Tetrix tenuicornis* bewohnt vorwiegend trockene Orte. Am häufigsten findet man sie in Sandgruben, Steinbrüchen und auf vegeta-tionsarmen Trockenrasen. In Süddeutschland ist sie gebietsweise noch häufiger als *T. undulata*; in Norddeutschland ist sie selten.

Tetrix undulata ♂, (Ulm SA) 1.9.82
Tetrix tenuicornis ♀, (Lautern SA) IX 76

Tetrix bipunctata *Zweipunkt-Dornschrecke* (= Acrydium bipunctatum)

Merkmale: Die Zweipunkt-Dornschrecke ähnelt sehr der vorangegangenen Art, *T. tenuicornis*. Sie besitzt aber deutlich kürzere und dickere Fühler (die mittleren Glieder sind nur etwa zweimal so lang wie breit). Ein weiterer Unterschied besteht im Pronotum: Sein Vorderrand ist, von oben betrachtet, zwischen den Augen deutlich winklig vorgezogen, bei *T. tenuicornis* dagegen abgerundet. Nach der Länge der Hinterflügel lassen sich zwei Formen unterscheiden: Bei *f. kraussi* sind sie etwa doppelt, bei *f. brachyptera* etwa dreimal so lang wie die Vorderflügel. Da die beiden Formen sich auch ökologisch unterscheiden (s. u.), dürfte es sich wahrscheinlich um Unterarten handeln. Von manchen Autoren werden sie sogar für Arten gehalten Fischer 1948). Sehr selten kommen unter beiden Formen langdornige, voll geflügelte Exemplare vor. Färbung und Zeichnung sind wiederum äußerst unterschiedlich. Fast immer ist aber ein Paar schwarzer oder grauer Flecke auf dem Pronotum ausgebildet; hierauf bezieht sich der Artnahme. Oft findet man sehr kontrastreich hell und dunkel gescheckte Tiere. Die Art wird 8–11 mm groß und überwintert als Imago. Adulte Tiere treten während des ganzen Jahres auf.

Vorkommen: *Tetrix bipuncata* ist von allen Dornschrecken am stärksten an trockene Lebensräume gebunden. Während die *f. brachyptera* fast nur auf dürren Alpenmatten (bis 3000 m Höhe) und auf Sandflächen in der Lüneburger Heide (dort vermutlich ausgestorben) vorkommt, ist die *f. kraussi* ein typischer Bewohner süddeutscher Kalktrockenrasen, der etwa bis zum Nordrand der Mittelgebirge vordringt. Die Art ist in Süddeutschland nicht selten; meist kommt an ihren Fundorten auch *T. tenuicornis* vor.

Tetrix bipunctata f. kraussi ♀, Suppingen SA 9.9.82
Tetrix bipunctata f. brachyptera ♀, Längenfeld Ti 11.8.83

Familie Tetrigidae *Dornschrecken*

Uvarovitettix depressus *Eingedrückte Dornschrecke*

Merkmale: Diese auffallend breit gebaute Dornschrecke erreicht als Männchen 7–8 mm, als Weibchen 9–11 mm Körperlänge. Durch die charakteristische Form ihres Halsschildmittelkieles ist sie mit keiner anderen Art zu verwechseln: Dieser Kiel ist im vorderen Teil deutlich erhaben und fällt dann kurz vor den Spitzen der Vorderflügel plötzlich ab, um nur noch fadenförmig erhaben bis zur Dornspitze zu laufen. Auch die Seitenkiele zeigen (etwas weiter vorn) einen deutlichen Knick. Die Länge des Dornes und die Hinterflügellänge sind sehr variabel. Ähnlich wie bei *Tetrix tuerki* sind die Schenkel unterseits deutlich gewellt. Die Färbung schwankt wie bei den *Tetrix*-Arten. Adulte Tiere findet man ab September und dann wieder im Frühjahr.

Vorkommen: Die Art ist im Mittelmeergebiet weit verbreitet und geht nach Norden bis ins Wallis (dort bis ins obere Rhonetal). Die übrigen, zumeist alten Fundangaben aus Mitteleuropa beruhen offenbar auf Verwechslungen mit anderen Arten. *Uvarovitettix depressus* kommt vorzugsweise in trockenem, vegetationsarmem Gelände vor, oft aber auch in Gewässernähe.

Fehlt in Deutschland

Paratettix meridionalis *Mittelmeer-Dornschrecke*

Merkmale: Diese als Männchen 7–9 mm, als Weibchen 10–12 mm lange Dornschrecke erinnert durch ihre schlanke Körperform sehr an *Tetrix subulata*. Im Gegensatz zu allen *Tetrix*-Arten beginnt bei ihr der Halsschildmittelkiel erst kurz hinter dem Halsschildvorderrand. Der vorderste Teil des Halsschilds ist hierdurch ringförmig vom restlichen Pronotum abgesetzt. Der Halsschilddorn überragt stets deutlich die Abdomenspitze. Die Hinterflügel sind immer gut entwickelt und ragen ein gutes Stück über die Dornspitze hinaus. Die Färbung ist sehr variabel; oft sind die Tiere (wie das abgebildete Exemplar) ausgesprochen bunt gescheckt. Adulte Individuen findet man fast während des ganzen Jahres, vor allem aber im Frühjahr und Spätsommer bzw. Herbst.

Vorkommen: Die Mittelmeer-Dornschrecke ist im gesamten Südeuropa verbreitet und hier fast überall recht häufig. Sie geht aber nach Norden kaum über die Mittelmeerküste hinaus und fehlt im gesamten Mitteleuropa. Sie kommt vor allem in sandigem oder steinigem Gelände in der Nähe von Gewässern vor.

Fehlt in Deutschland

Uvarovitettix depressus ♀, (Albas SF) 19.4.92
Paratettix meridionalis ♀, Collioure PO 10.9.87

Familie Tridactylidae *Grabschrecken*

Die Einordnung dieser artenarmen Familie in das System der Heuschrecken bereitet einige Schwierigkeiten. Früher hielt man die Grabschrecken für Verwandte der Maulwurfsgrillen und damit für stark abgewandelte Langfühlerschrecken, heute stellt man sie dagegen in die Nähe der Dornschrecken. Die durchweg kleinen Arten besitzen ein fast kugeliges, vorn und hinten abgestutztes Halsschild. Die kurzen, stark chitinisierten Vorderflügel werden von den fächerförmig zusammengefalteten Hinterflügeln meist überragt. Sehr auffallend sind die extrem verdickten Hinterschenkel. Die Tiere stridulieren offenbar, indem sie ihre Hinterflügel an Schrillzäpfchen unterseits der Vorderflügel reiben.

Xya pfaendleri *Pfaendlers Grabschrecke* (= Tridactylus pfaendleri)

Merkmale: Die Art erreicht als Männchen 4–5,5 mm, als Weibchen 5–6,5 mm Körperlänge. Die Färbung ist dunkelbraun bis schwarz mit wenig entwickelten, helleren Zeichnungen. Kleine, gelblich weiße Flecke sind vor allem an den Beinen, am Abdomen und unten am Hinterrand des Halsschilds entwickelt. Die blattartig verbreiterten Mittelschienen sind hellbraun gefärbt. Adulte Tiere sind fast ganzjährig zu finden, im Hochsommer aber offenbar seltener.

Vorkommen: *Xya pfaendleri* ist in Südosteuropa weit verbreitet. Die am weitesten nach Norden vorgeschobenen Fundorte liegen am Ostufer des Neusiedler Sees und im Wallis. Ihr Lebensraum sind feuchte, sandige Ufer von Fließgewässern oder Kiesgrubentümpeln. Sie besiedelt vor allem den weitgehend vegetationsfreien Uferstreifen zwischen Wasserlinie und Ufervegetation. Hier sitzen die Tiere bei schönem Wetter oft auf größeren Kieseln, sind aber schwer zu fangen, da sie etwa einen halben Meter weit springen können.

Wissenswertes: Die Tiere leben vom Algenbewuchs der Sandkörner und bauen aus diesen lange, gewundene Galerien, in denen sie sich vor allem bei schlechtem Wetter aufhalten.

Ähnlich: Im gesamten Mittelmeergebiet lebt die sehr ähnliche *Xya variegata*, bei der die helle Zeichnung etwas ausgedehnter ist. So ist bei ihr der untere Rand des Halsschilds in ganzer Länge breit hell gesäumt. Sie lebt z. T. zusammen mit *Xya pfaendleri*, fehlt aber offenbar im Neusiedlersee-Gebiet.

Fehlt in Deutschland

Xya pfaendleri, (Illmitz Bu) 23.7.84
Galerien von *Xya pfaendleri*, Illmitz Bu 22.7.84

Mit den im südlichen Mittelmeergebiet (Sardinien, Sizilien) vorkommenden, bis fast 90 mm großen *Pamphagus*-Arten zählen zu dieser Familie die größten europäischen Kurzfühlerschrecken, durch ihren plumpen Körperbau zugleich die schwersten aller europäischen Heuschrecken. Die auffallend untersetzt gebauten Vertreter dieser Familie unterscheiden sich von den meisten übrigen Kurzfühlerschrecken besonders durch das Muster auf der Außenseite ihrer Hinterschenkel: Während z. B. bei den Catantopoiden und Acrididen hier ein typisches „Fischgrätenmuster" aus winkligen Schrägstrichen zu erkennen ist, zeigen die Pamphagiden in diesem Bereich ein „Zopfmuster" aus unregelmäßig miteinander vernetzten Schrägstrichen.

Die meisten Arten besitzen mehr oder weniger verkürzte Flügel. Über die Lebensweise ist bisher wenig bekannt; bei den *Pamphagus*-Arten stridulieren interessanterweise nur die noch unbegatteten Weibchen, indem sie ihre winzigen Flügelstummel in rotierende Bewegungen versetzen. Die Familie ist vor allem in den Steppengebieten Asiens und Afrikas verbreitet und erreicht mit einigen Arten den äußersten Südosten und Süden Europas. Nur die beiden hier vorgestellten *Prionotropis*-Arten kommen noch im nördlichen Mittelmeergebiet vor.

Prionotropis hystrix *Gesägte Steinschrecke*

Merkmale: Diese imposante Kurzfühlerschrecke erreicht als Männchen 30–35 mm, als Weibchen 40–54 mm Körperlänge. Das Halsschild trägt einen hohen, scharfen Mittelkiel, der von zwei schrägen Einschnitten unterbrochen wird. Der Hinterleib und die Hinterschenkel sind oberseits deutlich gesägt. Die Flügel erreichen beim Männchen etwa die Hinterleibsmitte, beim Weibchen bleiben sie kürzer. Die Färbung schwankt zwischen braun, grau und ockergelb; der Hinterkopf ist orange gefärbt. Adulte Tiere treten im Juni und Juli, vereinzelt auch später auf.

Vorkommen: Die Art bewohnt sehr dürre, steinige Trockengebiete. Sie kommt mit der Unterart *P. hystrix hystrix* an der östlichen Adriaküste (im Norden bis Istrien) und mit der Unterart *P. hystrix azami* in Südfrankreich (Meeralpen) vor. Fast überall tritt sie in geringer Individuenzahl auf. Da sie sich träge bewegt und durch ihre Färbung gut getarnt ist, wird sie trotz ihrer Größe leicht übersehen.

Fehlt in Deutschland

Prionotropis hystrix ♂, Vodnjan Is 13.7.88
Prionotropis hystrix ♀, (Svetvincenat Is) 7.9.89

Familie Pamphagidae *Steinschrecken*

Prionotropis rhodanica *Crau-Steinschrecke*

Merkmale: Die Art ähnelt sehr der anderen Art dieser Gattung, bleibt aber durchschnittlich etwas kleiner und besitzt einen niedrigeren, stumpfen Halsschildkiel. Außerdem ist die Tympanalöffnung mehr oder weniger von den Flügeln bedeckt, bei *P. hystrix* dagegen ziemlich oder ganz frei liegend.

Vorkommen: Diese Kurzfühlerschrecke besitzt ein sehr eng begrenztes Verbreitungsgebiet: man findet sie ausschließlich in der Crau, der südfranzösischen Steinsteppe zwischen der Rhonemündung und der Stadt Arles. Hier lebt sie in ausgesprochen dürrem, fast unbewachsenem Gelände auf einer Fläche von wenigen Quadratkilometern. Durch Veränderungen ihres Lebensraumes, vor allem durch Bewässerung und Kultivierung des Geländes, ist sie in starkem Maße gefährdet.

Fehlt in Deutschland

Familie Pyrgomorphidae *Kegelkopfschrecken*

Die Vertreter dieser ausgesprochen artenarmen Familie erinnern sehr an die bekannten Nasenschrecken (S. 248), bleiben aber deutlich kleiner. Wie bei diesen ist der Stirnteil des Kopfes stark nach vorn verlängert, so dass der lang gestreckte Scheitel fast in der geraden Verlängerung des Halsschilds liegt. Die nach vorn unten weisende Stirn ist unter den Augen deutlich eingebogen. Die Fühler sind an der Basis etwas verbreitert, im Spitzenteil dagegen fadenförmig.

Pyrgomorpha conica *Kegelkopfschrecke*

Merkmale: Diese schlank gebaute Kurzfühlerschrecke erreicht als Männchen 15–25 mm, als Weibchen 17–30 mm Körperlänge. Sie ist durch ihre charakteristische Kopfform (s.o.) leicht zu erkennen und könnte höchstens mit einer Nasenschreckenlarve verwechselt werden. Die Färbung ist ausgesprochen variabel: Neben grauen sowie heller oder dunkler braunen Tieren treten regelmäßig auch grün gefärbte Individuen auf. Die Hinterflügel sind an der Basis rosa getönt, im Spitzenteil glasklar durchsichtig. Die Art überwintert als Larve; adulte Tiere findet man von April bis Juli.

Vorkommen: *Porgomorpha conica* ist im Mittelmeergebiet weit verbreitet und gebietsweise (z. B. in Südfrankreich) ziemlich häufig, wird aber wegen ihrer frühen Reifezeit leicht übersehen. Sie lebt vorzugsweise in trockenem, mit Gräsern bewachsenem Gelände.

Fehlt in Deutschland

Prionotropis rhodanica, Paarung, Crau Pr 23.6.85
Pyrgomorpha conica ♀, Festos/Kreta 11.4.93

Familie Catantopidae *Knarrschrecken*

Die Knarrschrecken unterscheiden sich von den Feldheuschrecken (Familie Acrididae) durch einen langen, walzenförmigen Zapfen zwischen den Coxen der Vorderbeine. Dieser ist auch mit bloßem Auge gut erkennbar (man muss allerdings die Heuschrecke in die Hand nehmen). Die Hörorgane liegen als ovale bis halbkreisförmige Öffnungen an den Seiten des ersten Abdominalsegments. Stridulationsorgane fehlen. Die Tiere erzeugen aber Töne, indem sie die Mandibeln aneinander reiben und so gewissermaßen „mit den Zähnen knirschen". Die Hauptverbreitung der Familie liegt in wärmeren Ländern; in Deutschland kommen nur drei Arten vor.

Podisma pedestris *Gewöhnliche Gebirgsschrecke*

Merkmale: *Podisma pedestris* ist in der Grundfarbe rotbraun, mit gelben und schwarzen Zeichnungen bunt gescheckt. Die Hinterschenkel sind auf der Unterseite hellrot, die Hinterschienen blau. Die Flügel sind zu winzigen Lappen von nicht einmal Halsschildlänge reduziert. Gelegentlich treten aber auch Exemplare mit voll entwickelten Flugorganen auf. Die Männchen werden 17–19 mm, die Weibchen 24–30 mm groß. Die Art ist manchmal schon im Juni adult und lebt bis Oktober.

Vorkommen: Die Gewöhnliche Gebirgsschrecke lebt auf trockenen, mit Heidekraut bewachsenen Waldlichtungen, auf dürren Bergwiesen und Alpenmatten (bis 2600 m Höhe), gelegentlich auch in Mooren. Das Verbreitungsgebiet umfasst nördlich der Donau den Raum östlich der Linie Schweinfurt – Ingolstadt und weiter südlich die bayerischen Alpen von Garmisch ostwärts. Die Vorkommen in Norddeutschland (u. a. Südost-Holstein, Harz) sind seit langem erloschen. Auch im übrigen Gebiet geht die Art sehr stark zurück. Sie fehlt bereits an den meisten der früheren Fundorte und gilt mittlerweile als vom Aussterben bedroht. Sehr erfreulich ist daher der Neunachweis von *P. pedestris* auf der Schwäbischen Alb (s. Foto), wo die Heuschrecke sehr lokalisiert auf Felssteppen im Donautal lebt. Recht häufig kommt sie noch in manchen Gegenden der Österreicher und Schweizer Alpen vor, sogar in Gebieten, die durch den Ski-Tourismus stark geschädigt wurden.

Gesang: Beide Geschlechter können mit den Mandibeln leise, knisternde Töne hervorbringen, z. B. wenn man sie in die Hand nimmt. Die Werbung um das Weibchen erfolgt durch Schaukelbewegungen des Körpers und langsames Anschleichen.

Rote Liste 1

Podisma pedestris ♂, Thiergarten SA 18.7.91
Podisma pedestris ♀, Thiergarten SA 18.7.91

Miramella alpina   *Alpine Gebirgsschrecke*   (= Podisma alpina)

Merkmale: *Miramella alpina* ist glänzend grün gefärbt. Über die Halsschildseiten läuft jeweils ein schwarzer Längsstreifen, der (besonders beim Männchen) nach unten ausgebuchtet ist. Die Hinterschenkel sind unten rot, die Hinterschienen beim Weibchen gelblich, beim Männchen schwarzblau, zur Spitze hin rosa. Der ganze Körper ist abstehend hell behaart. Die hellbraunen Stummelflügel sind etwa so lang wie das Halsschild oder länger (bis mehr als halbe Abdomenlänge). Die Art ist sehr variabel hinsichtlich Färbung, Zeichnung und Flügellänge. Die Männchen sind deutlich bunter als die Weibchen. Die Körpergröße schwankt zwischen 16 und 23 mm (Männchen) bzw. 22 und 31 mm (Weibchen). Die Tiere sind manchmal schon im Juni, meist ab Mitte Juli adult und leben bis September.

Vorkommen: *Miramella alpina* ist eine ausgesprochene Gebirgsheuschrecke. Sie kommt bei uns nur in den Alpen (mit Vorland) und im Schwarzwald vor. Die meisten Fundorte liegen über 1000 m, die höchsten bei 2800 m (in der Schweiz). Im Gegensatz zu *Podisma pedestris* bevorzugt die Alpine Gebirgsschrecke feuchte Orte, vor allem üppige Wiesen und Quellfluren mit Pestwurzbeständen. Auf Pestwurzblättern findet man sie oft in großen Scharen. Die Blätter können dann sehr stark von den Heuschrecken zerfressen sein.

Gesang: Beide Geschlechter und auch die Larven bringen Mandibellaute hervor.

Wissenswertes: Manchmal, vor allem in sehr hohen Lagen, kommen die Alpine und die Gewöhnliche Gebirgsschrecke nebeneinander vor. Das Männchen lässt sich nach der Paarung oft noch lange vom Weibchen umhertragen.

Ähnlich: In Deutschland bereitet die Bestimmung dieser Art keine Schwierigkeiten, da hier keine weiteren *Miramella*-Arten vorkommen. In den südlichen und östlichen Alpen kommen aber mit *M. carinthiaca*, *M. irena* und *M. formosanta* drei weitere, äußerst ähnliche Arten dieser Gattung hinzu, die sich nur nach Genitalmerkmalen sicher von *M. alpina* trennen lassen (Nadig 1989 b).

Miramella alpina ♂, (Oberstdorf Ag) 19.7.83
Miramella alpina ♀, (Oberstdorf Ag) 19.7.83

Melanoplus frigidus *Nordische Gebirgsschrecke* (= Bohemanella frigida)

Merkmale: Diese ansprechend gefärbte Gebirgsschrecke erreicht als Männchen 17–20 mm, als Weibchen 24–26 mm Körperlänge. Die am Ende zugespitzten Flügel sind im Allgemeinen etwa so lang wie Kopf und Halsschild zusammen genommen. Die Grundfärbung des deutlich behaarten Körpers schwankt außerordentlich: Neben gelblichen, graugrünen und violett- bis rötlichbraunen Farbtönen gibt es verschiedene Kombinationen aus diesen Farben. Meist sind die Tiere am Rücken mehr braun bis grau, an den Seiten dagegen gelblich bis grünlich gefärbt. Hinzu kommt eine kontrastreiche, glänzend schwarze und weißgelbe Scheckung der Körperflanken. Besonders auffallend ist diese Scheckung auf den Halsschildseitenlappen, wo sie aus einer großen, schwarzen Makel und in deren oberem Abschnitt eingeschlossenen, gelben Flecken besteht. Die Hinterschienen und die Unterseiten der Hinterschenkel sind leuchtend rot. Adulte Tiere erscheinen je nach Höhenlage ab Juli oder August und sind dann bis September oder Oktober anzutreffen.

Vorkommen: Die Nordische Gebirgsschrecke gehört zu den klassischen boreo-alpinen Insektenarten. Außer im Norden Skandinaviens und in Sibirien kommt sie nur in den Hochlagen der Alpen (sowie in Gebirgen Bulgariens) vor. Sie wurde in den Alpen fast ausschließlich in Höhen von über 2000 m gefunden. Die höchsten Fundorte liegen bei etwa 2700 m. Ihr alpines Verbreitungsgebiet reicht, mit einigen Unterbrechungen, etwa vom Großglocknergebiet im Osten bis zu den französischen Hochalpen im Westen. In einigen Gebieten, vor allem in den Schweizer Hochalpen, kommt sie recht häufig vor, im deutschen Alpengebiet wurde sie dagegen noch nicht gefunden.

Wissenswertes: Die Art ist sehr kälteresistent; so kann man sie auch nach strengem Frost und Schneefall immer noch am Rand der Schneefelder beobachten. In manchen Jahren kommt es zu einer starken Massenvermehrung dieser Art. Dann sind an bestimmten Fundorten mehrere Individuen pro Quadratmeter zu finden. Unter den hierbei herrschenden Stressbedingungen kommt es gelegentlich zur Ausbildung voll geflügelter Exemplare (siehe untere Abbildung). Dieses Phänomen scheint aber bei *M. frigidus* ziemlich selten aufzutreten. Immerhin fand ich im August 1991 am Muottas Muragl (Graubünden) in kürzester Zeit etwa 30 macroptere Individuen (das sind voll geflügelte Exemplare von Arten, die normalerweise nur Stummelflügel besitzen).

Fehlt in Deutschland

Melanoplus frigidus, Paarung, Muottas Muragl Gr 11.8.91
Melanoplus frigidus, macropteres ♀, Muottas Muragl Gr 11.8.91

Familie Catantopidae *Knarrschrecken*

Gattung Odontopodisma *Grünschrecken*

Merkmale: Die Gattung *Odontopodisma* ist in Mitteleuropa und im angrenzenden nördlichen Mittelmeergebiet mit vier Arten vertreten, die äußerlich nur sehr schwer zu unterscheiden sind. Als Unterscheidungsmerkmale dienen fast ausschließlich Genitalmerkmale, die nur am präparierten Tier zu erkennen sind. Daher soll hier auf eine Trennung der Arten verzichtet werden.

Die Gattung ist leicht an ihrer charakteristischen Färbung zu erkennen: Die Grundfärbung ist leuchtend hellgrün; vom Hinterrand des Auges läuft ein schwarzes Längsband zum Flügelansatz; die auffallend schmalen Flügelstummel sind meist lebhaft rosa gefärbt, ebenso Teile der ansonsten schwarz gefleckten Hinterknie und die Hinterleibsanhänge. Die Weibchen sind an ihrem langen, zugespitzten (und rosa gefärbten) Legebohrer zu erkennen. Das Trommelfell ist gut entwickelt und wird teilweise von den Flügelstummeln bedeckt. Die Körperlänge schwankt, bei den einzelnen Arten etwas verschieden, zwischen ca. 13 und 18 mm bei den Männchen sowie 15 und 26 mm bei den Weibchen. Die Reifezeit liegt zwischen Juni und September. In den südlichen Teilen des Verbreitungsgebiets sind ab August kaum noch Tiere oder nur noch Weibchen zu finden.

Vorkommen: Die Gesamtverbreitung der Gattung liegt mehr im Osten und Südosten Europas. *Odontopodisma decipiens* reicht in ihrer Verbreitung am weitesten nach Westen: Sie kommt von Niederösterreich bis nach Oberitalien und in die Südschweiz vor. *Odontopodisma schmidtii* ist vom Burgenland bis nach Jugoslawien und Norditalien verbreitet. Die beiden anderen Arten, *Odontopodisma rammei* und *O. fallax*, sind nur von der nördlichen Adriaküste (vor allem Istrien) bekannt.

Wissenswertes: Die *Odontopodisma*-Arten sind typische Gebüschbewohner, die man besonders in lichten Laubwäldern antrifft. Hier sitzen sie meist auf Blättern niedriger Zweige oder auf Farnwedeln. Durch ihre hellgrüne Färbung sind sie in der Vegetation aber nicht leicht zu entdecken.

Fehlt in Deutschland

Odontopodisma sp. ♂, Marcana Is 15.7.88
Odontopodisma sp. ♀, Ucka Is 23.7.88

Familie Catantopidae *Knarrschrecken*

Micropodisma salamandra *Flügellose Knarrschrecke*

Merkmale: Die schlank gebaute Art erreicht als Männchen 14–18 mm, als Weibchen 20–24 mm Körperlänge. Die Flügel sind vollständig zurückgebildet. Dadurch ist das gut entwickelte Hörorgan deutlich zu erkennen. Die Grundfärbung ist ein leuchtendes Gelbgrün. Vom Hinterrand der Augen läuft eine dunkle Längsbinde zum Tympanum und beim Männchen weiter bis zur Abdomenspitze. Die Beine sind mehr gelblich oliv gefärbt. Recht markant ist ein unscharf begrenzter, rötlicher Ring auf den Hinterschenkeln kurz vor dem Kniegelenk. Adulte Tiere treten zwischen Juni und August auf.

Vorkommen: Die wärmeliebende Art kommt ziemlich selten im südlichen und östlichen Österreich, häufiger dagegen in Slowenien und Kroatien vor. Man findet sie vor allem auf niedrigen Sträuchern an Wald- und Wegrändern.

Fehlt in Deutschland

Epipodisma pedemontana *Südwestalpen-Gebirgsschrecke*

Merkmale: Diese Knarrschrecke ist etwas kleiner und deutlich untersetzter gebaut als *Micropodisma*. Wie dieser fehlen auch ihr Flügel völlig. Zugleich ist aber auch das Hörorgan bis auf winzige Reste zurückgebildet. Die Grundfärbung ist olivgrün bis gelbgrün. Vom Auge zieht eine breite, schwarze Längsbinde nach hinten. Meist reicht sie bis zur Abdomenspitze, kann aber unterbrochen sein. Die Hinterschenkel sind unten leuchtend rot, oben trüb weinrot gefärbt. Adulte Tiere erscheinen meist erst im August und leben dann noch bis in den September.

Vorkommen: *Epipodisma pedemontana* ist ein Endemit der Südwestalpen Italiens und Frankreichs. Hier bewohnt sie ausschließlich die Hochlagen zwischen 1800 m und 2900 m. Ihr fast geschlossenes Verbreitungsgebiet reicht etwa vom Aostatal im Norden bis zur Stura di Demonte (bei Cuneo) im Süden, vor allem auf der italienischen, aber in einem etwa 20 km breiten Streifen auch auf der französischen Seite der Cottischen Alpen. Innerhalb ihres Vorkommensgebietes ist die Art in Zwergstrauchheiden der entsprechenden Höhe fast überall ziemlich häufig.

Wissenswertes: *Epipodisma waltheri*, die von Harz nach Tieren aus den französischen Alpen beschrieben wurde, ist nach Nadig nur als Unterart von *E. pedemontana* zu werten, da die zur Trennung herangezogenen Unterschiede der Genitalanhänge bei hoher Variationsbreite nur recht gering sind und sich zudem auch Übergangsformen finden lassen (Nadig 1987a).

Fehlt in Deutschland

Micropodisma salamandra, Paarung, Limski Kanal Is 17.7.88
Epipodisma pedemontana ♀, Colle di Sampeyre CA 26.8.90

Familie Catantopidae Knarrschrecken

Pseudoprumna baldensis *Monte-Baldo-Gebirgsschrecke*

Merkmale: Diese untersetzt gebaute Gebirgsschrecke erreicht als Männchen 14–17 mm, als Weibchen 19–22 mm Körperlänge. Wie bei den beiden zuvor behandelten Arten fehlen Flügel völlig. Das Hörorgan ist aber gut entwickelt. Die Färbung ist hellgrün mit einer dunklen, häufig in einzelne Flecke aufgelösten Längsbinde vom Auge zum Tympanum und von dort oft weiter bis zur Abdomenspitze. Das Hörorgan und die Beine sind vorwiegend trüb rötlich grau gefärbt. Adulte Tiere treten im August und September auf.

Vorkommen: Diese in den italienischen Alpen endemische Art war bisher nur vom Ostabhang des Monte Baldo zwischen 1650 m und 1800 m Höhe bekannt. Im Sommer 1992 wurde sie von A. Nadig nach gezielter Suche aber noch an drei weiteren, während der Eiszeit unvergletschert gebliebenen Bergstöcken westlich des Gardasees gefunden. Sie lebt in der Almwiesenregion im Gras und auf Zwergsträuchern und tritt oft in hoher Dichte auf.

Fehlt in Deutschland

Chorthopodisma cobellii *Monte-Pasubio-Gebirgsschrecke*

Merkmale: Diese Gebirgsschrecke entspricht in Größe der offenbar nahe mit ihr verwandten *Pseudoprumna*, unterscheidet sich von dieser aber in mehreren wesentlichen Merkmalen. Sie ist ebenfalls ungeflügelt, doch ist bei ihr auch das Hörgan bis auf winzige Spuren reduziert (wie bei *Epipodisma*). Die Grundfärbung ist hellgrün wie bei den übrigen flügellosen Gebirgsschrecken, aber das dunkle Längsband an den Körperflanken ist deutlich verkürzt; es endet meist am Hinterrand der Halsschildseitenlappen, kann aber beim Männchen, in einzelne Flecke aufgelöst, auch weiter nach hinten reichen. Die Hinterschenkel sind unterseits orange, die Hinterschienen gelb gefärbt. Adulte Tiere treten von August bis Oktober auf.

Vorkommen: Das Verbreitungsgebiet dieser ebenfalls in Norditalien endemischen Gebirgsschrecke schließt sich unmittelbar östlich an das Areal von *Pseudoprumna baldensis* an; zwischen beiden liegt als tiefer Einschnitt das in Nord-Süd-Richtung verlaufende Etschtal. Auch *Ch. cobellii* kommt hier nur in einem sehr eng begrenzten Gebiet um den Monte Pasubio in Höhen zwischen 1600 m und 2200 m vor. Sie bewohnt ebenfalls Landschaften, die während der Eiszeit unvergletschert geblieben sind.

Fehlt in Deutschland

Pseudoprumna baldensis ♀, M. Baldo ST 10.9.88
Chorthopodisma cobellii ♀, Pozza Rionda ST 10.9.88

Familie Catantopidae *Knarrschrecken*

Cophopodisma pyrenaea *Pyrenäen-Gebirgsschrecke*

Merkmale: Diese äußerst bunt gefärbte Knarrschrecke ist sicher die schönste aller Gebirgsschrecken. Sie erreicht eine Körperlänge von 15–17 mm als Männchen und 18–21 mm als Weibchen. Wie bei den auf den beiden vorangegangenen Doppelseiten behandelten Arten fehlen Flügel völlig, und wie bei *Epipodisma* und *Chorthopodisma* ist das Hörorgan fast vollständig zurückgebildet. Die Grundfärbung schwankt zwischen hell- und dunkelgrün am Rücken und geht an den Körperseiten in gelbliche Töne über. Ebenfalls gelblich sind die Hinterränder der Abdominalsegmente gefärbt. Hinzu kommt eine mehr oder weniger in Flecke aufgelöste, breite schwarze Längsbinde an den Körperflanken. Die Vorderränder der Hinterleibssegmente sind durchgehend schwarz. Der Kopf und die Beine sind vorwiegend rötlichgrau gefärbt. Die Hinterschenkel sind unterseits leuchtend rot, die Knie schwarz und die Hinterschienen hellblau (mit einem weißlichen Ring nahe am Kniegelenk). Adulte Tiere treten von Juli bis September auf.

Vorkommen: Diese schöne Heuschrecke ist endemisch in den Pyrenäen verbreitet. Sie tritt vorwiegend in Höhen von über 2000 m auf, selten schon ab 1500 m (dann meist an Nordhängen). Sie kommt vor allem in den Zentral- und Ostpyrenäen vor, sowohl auf französischer wie auch auf spanischer Seite. An ihren Fundorten tritt sie oft in hoher Dichte auf und wird in vielen Fällen begleitet von der ebenfalls in den Pyrenäen endemischen Keulenschrecke *Gomphoceridius brevipennis* (S. 304). Bei ihren Vorkommengebieten handelt es sich meist um beweidete Almwiesen.

Wissenswertes: 1951 wurde von Ramme mit *Cophopodisma ibera* eine zweite Art dieser Gattung aus dem spanischen Teil der Pyrenäen beschrieben. Die nach nur einem Männchen beschriebene Spezies unterscheidet sich von der anderen vor allem durch ihre schwarzen Hinterschienen. Möglicherweise handelt es sich hier nur um ein abweichend gefärbtes Exemplar von *Cophopodisma pyrenaea*.

Fehlt in Deutschland

Cophopodisma pyrenaea ♂, Canigou PO 8.9.91
Cophopodisma pyrenaea ♀, Canigou PO 8.9.91

Familie Catantopidae *Knarrschrecken*

Anacridium aegypticum *Ägyptische Wanderheuschrecke*

Merkmale: Mit einer Körperlänge von 30–56 mm als Männchen und 46–70 mm als Weibchen ist die Ägyptische Wanderheuschrecke die größte europäische Vertreterin der Knarrschrecken. Die Länge der ausgesprochen gut entwickelten Flügel entspricht etwa der Körperlänge. Das Halsschild trägt oben einen deutlichen Mittelkiel mit drei Querfurchen. Sehr auffallend sind die vertikal hell-dunkel gestreiften Augen. Die Färbung ist ansonsten gelbbraun bis graubraun mit dunklen, gesprenkelten Flügeln und einem gelblichen bis orangefarbigen Längsstreifen auf dem Halsschildkiel. Die Hintertibien sind bläulich, die Hinterschenkel unterseits orange gefärbt. Im Flug ist eine bogenförmige, dunkelbraune Binde im Hinterflügel zu erkennen. Adulte Tiere erscheinen ab September und sind dann den ganzen Winter hindurch bis in den Mai, oft auch noch später zu beobachten.

Vorkommen: Die auffallende Art ist im gesamten Mittelmeergebiet recht häufig und dort vor allem im zeitigen Frühjahr oft zu beobachten. Im Sommer sieht man dagegen fast ausschließlich ihre leuchtend grün gefärbten Larven, die leicht an ihren gestreiften Augen zu erkennen sind. Sie bewohnt hauptsächlich mit lockerem Gebüsch und einzelnen Bäumen bewachsene Flächen. *A. aegypticum* kommt in Mitteleuropa nicht vor, wird aber gelegentlich mit Gemüse dorthin verschleppt.

Wissenswertes: Die Art ist außerordentlich flugtüchtig und daher sehr schwer zu fangen. Die auffliegenden Tiere werden nicht selten für kleine Vögel gehalten.

> **Fehlt in Deutschland**

Pezotettix giornae *Kleine Knarrschrecke*

Merkmale: Diese Knarrschrecke gehört mit einer Körperlänge von nur 11–14 mm als Männchen und 13–17 mm als Weibchen zu den kleinsten Arten ihrer Familie. Da sie nur kurze, stummelförmige Flügel besitzt, kann sie leicht mit einer Larve verwechselt werden. Die Färbung variiert zwischen grau- und rotbraun; auch deutlich gescheckte Tiere kommen vor. Die Halsschildseitenlappen tragen jederseits eine dunkle Längsbinde. Adulte Tiere treten ab August/September auf, überwintern und leben bis in den März.

Vorkommen: Die Art ist im gesamten Mittelmeergebiet verbreitet und lebt vor allem an Wegrändern, wo sie sich vorzugsweise im niederen Gebüsch aufhält. Im Norden reicht ihr Verbreitungsgebiet bis ins Wallis, ins Tessin und nach Südtirol.

> **Fehlt in Deutschland**

Anacridium aegypticum ♀, Castiglione d. Pescaia To 15.4.81
Pezotettix giornae, Paarung, Funtana Is 11.9.83

Calliptamus italicus *Italienische Schönschrecke*

Merkmale: Die Italienische Schönschrecke ist graubraun bis rotbraun gefärbt. Oft läuft über die Halsschildseiten und die Flügel ein gelblicher Längsstreifen. Die Vorderflügel sind außerdem dunkel gefleckt; sie reichen etwa bis zu den Hinterknien. Die Hinterflügel sind in der basalen Hälfte sehr schön rosarot getönt, ansonsten durchsichtig. Die Hinterschienen sind leuchtend hellrot. Das Männchen besitzt einen sehr auffälligen Kopulationsapparat mit langen und kräftigen, gebogenen Cerci. Die Körpergröße schwankt zwischen 15 und 23 mm (Männchen) bzw. 23 und 34 mm (Weibchen). Die größeren Maße gelten für südliche Tiere; in unseren Breiten bleibt die Art kleiner. Sie ist ab Juli/August adult und lebt bis Oktober.

Vorkommen: Die Italienische Schönschrecke ist sehr auf Wärme und Trockenheit angewiesen. Sie lebt nur an ganz dürren, vegetationsarmen Stellen, etwa auf felsigen, kaum bewachsenen Trockenrasen und sandigen Steppenböden. Früher hatte sie bei uns eine Vielzahl von Fundorten, vor allem im Rhein-Main-Gebiet und weiter südlich. Sie trat in manchen trockenen Jahren so zahlreich auf, dass man Bekämpfungsmaßnahmen für notwendig hielt (z. B. 1930 bei Darmstadt). Heute ist sie von fast allen ehemaligen Fundorten verschwunden und mittlerweile vom Aussterben bedroht. Sie steht daher unter Naturschutz. In Südeuropa ist sie dagegen nach wie vor eine der häufigsten Heuschrecken.

Gesang: Die Männchen stridulieren eifrig mit den Mandibeln, sobald sie auf Artgenossen treffen. Die Laute sind etwa 50 cm weit hörbar. Sie werden von heftig zuckenden Bewegungen der Fühler, Taster und Hinterschenkel begleitet.

Wissenswertes: *Calliptamus italicus* ist bei Wärme recht lebhaft und trotz des etwas plump wirkenden Körperbaus sehr flugtüchtig. Während die sitzende Heuschrecke gut getarnt ist, fällt sie im Flug durch die roten Hinterflügel und Hinterschienen sehr auf. Zur Paarung nähert sich das Männchen ruckweise, aber schleichend dem Weibchen und äußert immer leiser werdende Mandibellaute. Schließlich ergreift es blitzschnell mit den langen Cerci die weibliche Abdomensspitze und vollzieht die Paarung.

Ähnlich: Während in Deutschland nur *C. italicus* vorkommt, treten bereits in Österreich und in der Schweiz weitere Arten dieser Gattung auf, die nur sehr schwer von *C. italicus* zu trennen sind.

Rote Liste 1

Calliptamus italicus ♂, Premantura Is 8.9.83
Calliptamus italicus, ♀ im Flug, (Rothenbrunnen Gr) 23.8.84

Familie Catantopidae *Knarrschrecken*

Paracaloptenus bolivari *Kurzflüglige Schönschrecke*

Merkmale: *Paracaloptenus bolivari* erreicht als Männchen 15–20 mm, als Weibchen 25–32 mm Körperlänge. Das Männchen besitzt sehr ähnliche zangenförmige Cerci wie das der Italienischen Schönschrecke. Im deutlichen Unterschied zu den Vertretern der Gattung *Calliptamus* sind die Vorderflügel aber zu winzigen Lappen reduziert, die in der Länge das Halsschild nicht übertreffen. Sie sind am Ende deutlich zugespitzt. Hinterflügel fehlen völlig. Die Grundfärbung ist heller oder dunkler braun, oft mit etwas violetter Tönung. Die dunklen Flügelstummel sind meist mit einem scharf abgesetzten, weißlichen Längsstreifen gezeichnet, die Hinterschienen leuchtend rot oder orange gefärbt. Adulte Tiere treten zwischen Juni und September auf.

Vorkommen: Die Art besitzt ein ziemlich kleines Verbreitungsgebiet im Nordosten Spaniens und im angrenzenden Teil der französischen Pyrenäen. Sie besiedelt vorzugsweise trockene, sandige oder steinige Hänge mit schwach entwickelter Vegetation, meist in Höhen zwischen 1000 m und 1500 m.

Wissenswertes: *P. bolivari* gilt allgemein als selten, kann aber in manchen Jahren gebietsweise massiert auftreten, wie dies z. B. 1945 und 1946 im Canigou-Massiv in den französischen Ostpyrenäen der Fall war.

Ähnlich: Die Gattung ist mit zwei weiteren, sehr ähnlichen Arten, *Paracaloptenus caloptenoides* und *P. cristatus*, auch im Osten des hier behandelten Gebietes verbreitet. Beide unterscheiden sich von *P. bolivari* durch die stumpf verrundeten Spitzen ihrer Flügelstummel. Diese zwei Arten sind aber voneinander nur durch eine Untersuchung der Genitalorgane der Männchen sicher zu unterscheiden. *P. caloptenoides* kommt vom östlichen Österreich (hier sehr selten und vielleicht bereits ausgestorben) über Ungarn und Kroatien nach Griechenland vor. Das Verbreitungsgebiet der anderen Art reicht von der Balkanhalbinsel nach Norden nur bis Istrien.

Fehlt in Deutschland

Paracaloptenus bolivari ♂, Col de Jou PO 4.9.87
Paracaloptenus bolivari ♀, Col de Jou PO 4.9.87

Familie Acrididae *Feldheuschrecken*

Die Feldheuschrecken sind unsere artenreichste Heuschreckenfamilie. Ihnen fehlt der für die Knarrschrecken typische Zapfen zwischen den Vorderhüften. Bei einigen Arten ist jedoch ein kleiner, kegelförmiger Höcker entwickelt. Die meisten Arten stridulieren, indem sie die Hinterschenkel über die Flügel reiben. Die Hörorgane liegen an den Seiten des ersten Abdominalsegments.

Unterfamilie Locustinae *Ödlandschrecken*

Die Ödlandschrecken erscheinen in der Seitenansicht meist rundköpfig. Ihre Hinterflügel sind häufig bunt gefärbt. Sie streichen eine glatte Schrillkante an der Innenseite der Hinterschenkel über eine gezähnte, vorstehende Schrilllader im Medialfeld der Vorderflügel. Ausgeprägte Werbegesänge fehlen aber.

Psophus stridulus *Rotflügelige Schnarrschrecke*

Merkmale: Die Rotflügelige Schnarrschrecke besitzt auf der Oberseite des Halsschilds einen durchgehenden, hohen Rückenkiel und seitlich davon jeweils ein Grübchen. Die Weibchen sind meistens gelbbraun oder grau, die Männchen fast schwarz gefärbt. Während die großen, plumpen Weibchen verkürzte Flügel haben, sind die Männchen voll geflügelt. Die Hinterflügel sind bei beiden Geschlechtern leuchtend rot mit schwarzbrauner Spitze. Die Weibchen werden 26–40 mm, die Männchen nur 23–25 mm groß. Ausgewachsene Tiere findet man von Juli/ August bis Oktober.

Vorkommen: Die Art bewohnt dürre, meist steinige Gebiete. Sie kommt auf warmen Trockenrasen vor, aber auch im Gebirge bis etwa 2000 m. In vielen Gebieten ist sie inzwischen ausgestorben, so in Hessen, Niedersachsen und Schleswig-Holstein. Individuenreiche Bestände finden sich nur noch in Bayern und Baden-Württemberg, aber auch dort mit deutlichen Rückgangstendenzen. Die Art ist stark gefährdet und steht unter Naturschutz.

Wissenswertes: Die Männchen von *Psophus stridulus* fliegen mit einem laut klappernden Schnarrton, der mit den Hinterflügeln erzeugt wird. Zusammen mit den überraschend aufleuchtenden roten Flügeln könnte er dem Erschrecken möglicher Feinde dienen. Er hat aber wohl auch eine Bedeutung bei der Werbung. Bei kühler Witterung und nach häufigem Aufscheuchen fliegen die Tiere geräuschlos. Die Weibchen können im Sitzen und im Sprung schnarren.

Rote Liste 2

Psophus stridulus, ♂ im Flug, (Lautern SA) 28.8.84
Psophus stridulus ♀, Lautern SA 18.8.83

Familie Acrididae   Feldheuschrecken

Locusta migratoria   *Europäische Wanderheuschrecke*
(= L. danica, Pachytilus migratorius)

Merkmale: *Locusta migratoria* ist mit 32–54 mm Körperlänge eine der größten Heuschrecken Europas. Sie tritt in zwei deutlich verschiedenen Erscheinungsformen auf, die man früher für unterschiedliche Arten hielt. Normalerweise entwickelt sie sich in der sesshaften Phase (phasis solitaria = *Locusta danica*). Bei dieser besitzt das Halsschild einen hohen, in der Mitte gekerbten Rückenkiel. Die Flügel sind meist weniger als doppelt so lang wie die Hinterschenkel. Die Grundfarbe ist meist grün; die Hinterschienen sind rot. Die Wanderphase (phasis gergaria) dagegen besitzt einen wenig erhabenen, in der Mitte eingesenkten Rückenkiel und Flügel von meist mehr als doppelter Hinterschenkellänge. Die Grundfarbe ist braun mit zwei schwarzen Längsstreifen auf dem Halsschild und blassgelben Hinterschienen. Zwischen beiden Phasen gibt es Übergangsformen. Imagines treten von Juni bis Oktober auf; im Mittelmeergebiet überwintern sie und sind dort bis April zu finden.

Vorkommen: Die eigentliche Heimat der Europäischen Wanderheuschrecke ist der Mittelmeerraum. Dort kommt die sesshafte Phase regelmäßig vor. Unter sehr günstigen Bedingungen vermehren sich die Tiere außerordentlich stark; dann bildet sich unter dem Einfluss von „Stressbedingungen" die Wanderphase. Die Tiere der Wanderphase, die sehr viel lebhafter als die der sesshaften Phase sind, formieren sich zu Schwärmen und erobern neue Siedlungsgebiete. Aus den in der „Fremde" abgelegten Eiern entwickeln sich normalerweise – d. h. bei nicht zu hohem Populationsdruck – wieder sesshafte Wanderheuschrecken, die jeweils für einige Jahre eine Population bilden können, in ungünstigen Jahren aber wieder aussterben. Auf diese Weise kam es in der Vergangenheit auch in unserem Gebiet immer wieder zum Auftreten von Wanderheuschrecken – teilweise als verheerende Heuschreckenschwärme, teilweise in Form unauffälliger, sesshafter Populationen (zuletzt 1932). *Locusta migratoria* entwickelt sich vorwiegend in sandigen Feuchtgebieten. Die Schwärme entstanden meist in den ausgedehnten Auengebieten der unteren Donau. Da diese Brutstätten heute durch Kultivierung weitgehend vernichtet sind, ist mit dem Auftreten von Wanderheuschrecken bei uns nicht mehr zu rechnen.

Locusta migratoria ♀, sesshafte Phase, Talamone To 22.4.84
Locusta migratoria ♀, Wanderphase, (Tier aus einer Zucht) 15.12.84

Familie Acrididae Feldheuschrecken

Oedipoda caerulescens *Blauflügelige Ödlandschrecke*

Merkmale: Die Blauflügelige Ödlandschrecke ist äußerst variabel gefärbt: rotbraun, grau, gelblich, auch fast schwarz oder fast weiß – je nach dem Untergrund, auf dem sie sich entwickelt hat. Die Vorderflügel sind mit zwei oder drei dunklen Querbinden gezeichnet. Die Hinterflügel sind leuchtend hellblau mit gebogener, schwarzbrauner Querbinde und durchsichtigem Spitzenteil. Der Oberrand der Hinterschenkel trägt ein oder zwei dunkle Flecke und wird etwa in der Mitte deutlich gestuft niedriger. Die Hinterschienen sind graublau, an der Basis schwarz und weiß geringelt. Der Rückenkiel des Halsschilds ist kurz vor der Mitte gekerbt. Die Körperlänge beträgt 15–21 mm (Männchen) bzw. 22–28 mm (Weibchen). Imagines findet man von Juli bis Oktober.

Vorkommen: Die Art ist sehr trockenheitsliebend. Sie lebt z. B. auf steinigen, vegetationsarmen Trockenrasen, in Steinbrüchen und Sandgruben. Mancherorts, besonders in warmen Gegenden, tritt sie recht häufig auf. In vielen Gebieten, so in Norddeutschland und auf der Schwäbischen Alb, ist sie aber in den letzten Jahren sehr stark zurückgegangen, vielfach (so z. B. in der gesamten Lüneburger Heide) schon ausgestorben. Sie ist gefährdet und steht unter Naturschutz.

Gesang: Die Lautäußerungen sind bei dieser Art von untergeordneter Bedeutung. Das Männchen erzeugt ganz kurze, leise Töne unmittelbar vor der Paarung.

Wissenswertes: *Oedipoda caerulescens* ist durch ihre Färbung meistens sehr gut dem Untergrund angepasst. So sind Tiere auf Kalkfelsen im Allgemeinen hellgrau, auf Lehmboden dagegen gelbbraun gefärbt. Die Farbanpassung geschieht durch Bildung entsprechender Pigmente im Laufe der Jugendentwicklung. Die blauen Flügel leuchten beim Auffliegen der getarnten Heuschrecke immer völlig überraschend auf. Da sie zudem mit einer Hakenlandung niedergeht, ist sie sogleich wieder verschwunden. Die Nahrung besteht zum größten Teil aus Gräsern.

Rote Liste 3

Oedipoda caerulescens ♂, Heroldingen NÖR 3.9.87
Oedipoda caerulescens, ♀ im Flug, (Jockgrim Pf) 15.9.84

Familie Acrididae *Feldheuschrecken*

Oedipoda germanica *Rotflügelige Ödlandschrecke*

Merkmale: Die Rotflügelige Ödlandschrecke ähnelt sehr ihrer blauflügeligen Schwesterart. Auch bei ihr variiert die Färbung je nach Untergrund von hellgrau bis dunkelbraun oder schwärzlich. Ein deutlicher Unterschied besteht in den leuchtend roten Hinterflügeln, die in seltenen Fällen auch gelblich sein können. Die schwarzbraune Binde im Hinterflügel ist im Allgemeinen ausgedehnter als bei *Oe. caerulescens.* Sie läuft fast am gesamten Hinterrand entlang, biegt kurz vor der Flügelspitze nach vorn um und läuft schließlich parallel zum Vorderrand in eine lang gezogene Spitze aus. Manchmal reicht die Binde ganz bis zur Flügelspitze, so dass also der durchscheinende Flügelteil fehlt. Ein weiteres Trennungsmerkmal ist die Stufe im Oberrand des Hinterschenkels: sie ist bei *Oe. germanica* weniger scharf ausgeprägt als bei *Oe. caerulescens.* Ein letztes, schwer erkennbares Merkmal ist schließlich die Stirnrippe zwischen den Fühlern. Diese besitzt bei der blauflügeligen Art in der Mitte einen Längskiel, der der rotflügeligen fehlt. Die Erscheinungszeit der Imagines (Juli bis Oktober) ist bei beiden Arten gleich.

Vorkommen: *Oedipoda germanica* ist ebenfalls wärme- und trockenheitsliebend, aber wesentlich anspruchsvoller als *Oe. caerulescens.* Sie lebt nur an ganz vegetationsarmen, steinigen oder felsigen Stellen, meist auf steilen Südhängen in der Nähe von Weinbergen. Sie fehlt weitgehend auf Sandböden. In ihrer Gesellschaft lebt oft die Blauflügelige Ödlandschrecke und manchmal die Italienische Schönschrecke. Ebenso wie bei Letzterer sind ihre Bestände extrem rückläufig. Weit über die Hälfte, wahrscheinlich sogar etwa 90 % der früheren Fundorte sind heute erloschen. Die Gründe hierfür dürften in erster Linie in der Ausweitung landwirtschaftlicher Nutzflächen und in der verstärkten Ausbringung von Pflanzenschutzmitteln liegen. Die Art ist mittlerweile vom Aussterben bedroht. Sie steht unter Naturschutz.

Wissenswertes: Im Verhalten zeigt die Rotflügelige Ödlandschrecke kaum Unterschiede gegenüber der Blauflügeligen. Ihre Männchen folgen oft den Weibchen der anderen Art, aber Falschpaarungen werden anscheinend vermieden. Beim Fotografieren von Ödlandschrecken ist unbedingt auf die Flügelfarbe zu achten, da ein Ansprechen der Art allein nach dem Foto eines sitzenden Tieres sehr zweifelhaft ist.

Rote Liste 1

Oedipoda germanica ♂, Schlossböckelheim Pf 16.8.80
Oedipoda germanica, ♀ im Flug, (Chur Gr) 21.8.84

Familie Acrididae *Feldheuschrecken*

Celes variabilis *Pferdeschrecke*

Merkmale: Die Pferdeschrecke erinnert etwas an die Rotflügelige Schnarrschrecke (S. 220), besonders das Männchen, bleibt aber mit 17–25 mm Körperlänge als Männchen bzw. 22–34 mm als Weibchen durchschnittlich kleiner als diese. Die Färbung des Männchens ist sehr dunkel, fast schwarz, mit nur schwach entwickelten, dunkelbraunen Zeichnungen, die des Weibchens dagegen graubraun oder rotbraun mit zahlreichen, dunkleren Flecken. Diese bilden auf den Vorderflügeln, wie bei vielen Ödlandschrecken, meist zwei oder drei dunkle Querbinden. Oben auf dem Halsschild sind (beim Weibchen) oft helle, winklige Flecke entwickelt. Die Hinterflügel sind intensiv rosa oder rot (sehr selten hellblau) gefärbt, mit dunkelbraun getönten Spitzen. Die Flügel reichen bei beiden Geschlechtern etwa bis zu den Hinterknien. Der Mittelkiel des Halsschilds ist (wie bei *Oedipoda*) kurz vor der Mitte eingekerbt; der obere Rand des Hinterschenkels zeigt aber nicht den für diese Gattung typischen Knick. Adulte Tiere treten von Juli bis September auf.

Vorkommen: *Celes variabilis* zählt zu den anspruchsvollsten mitteleuropäischen Heuschrecken. Sie kommt nur in ausgesprochen trockenheißen, steppenartigen Gegenden vor. Der Schwerpunkt ihrer Verbreitung liegt in den Steppen Ost- und Südosteuropas. Aus den meisten ihrer weiter nach Westen vorgeschobenen, früheren Vorkommensgebiete ist sie heute längst verschwunden. Sichere Vorkommen sind aber derzeit noch aus Südfrankreich, etwa aus der Crau und von den Cevennen, bekannt. Weitere in neuerer Zeit bestätigte Vorkommen gibt es in Ungarn, in Niederösterreich sowie im Südteil der Balkanhalbinsel. Die meisten der sonstigen Meldungen (etwa aus den östlichen Teilen Österreichs) liegen größtenteils lange zurück, und es ist fraglich, ob die Art dort noch vorkommt. Alte Angaben aus dem östlichen Deutschland (Mecklenburg) sind unglaubwürdig. Die Pferdeschrecke besiedelt an ihren Fundorten meist recht kleinflächige Areale mit nur sehr lückig entwickelter Vegetation. Oft hat es den Anschein, als seien die von ihr besiedelten Lebensräume wie von einem unsichtbaren Zaun umgeben.

Fehlt in Deutschland

Celes variabilis ♂, Causse Mejean Ce 24.8.92
Celes variabilis ♀, Causse Mejean Ce 24.8.92

Familie Acrididae *Feldheuschrecken*

Bryodemella tuberculata *Gefleckte Schnarrschrecke*
(= Bryodema tuberculata)

Merkmale: Die Gefleckte Schnarrschrecke gehört zu unseren größten und schönsten Feldheuschrecken. Die Männchen erreichen 26–31 mm, die Weibchen 29–39 mm Körperlänge. Wie die meisten Vertreter der Locustinae ist auch diese Art im Sitzen sehr unauffällig. Die Färbung ist grau, braun, auch schwärzlich oder etwas grünlich. Die Vorderflügel sind meist deutlich gefleckt, manchmal mit angedeuteten Querbinden. Die Hinterflügel sind, besonders beim Männchen, auffallend breit, fast schmetterlingsartig. Im basalen Bereich sind sie rosa, ansonsten braun gefärbt, zur Spitze etwas aufgehellt und hier oft dunkler braun gefleckt. Von den Längsadern ist jede zweite deutlich verdickt und kräftig rosa gefärbt. Das Halsschild ist runzlig gekörnt, sein schwacher Rückenkiel durch zwei Querfurchen unterbrochen. Die Hinterschienen sind gelb. Imagines treten von Juli oder August bis September auf.

Vorkommen: Die Gefleckte Schnarrschrecke kommt bzw. kam in zwei ganz verschiedenen Lebensräumen vor, zum einen auf vegetationsarmen, sandigen Heiden in Norddeutschland, zum anderen auf fast sterilen Geröllflächen der Alpenflüsse und -bäche. In den norddeutschen Heiden ist sie seit etwa 50 Jahren ausgestorben. Auch aus Süddeutschland, wo sie früher massenhaft weite Strecken der Flussufer bewohnte, ist sie heute beinahe verschwunden. Die letzten naturnahen Flusslandschaften, die bisher von wasserbaulichen Maßnahmen verschont blieben, sind an Wochenenden einem so starken Druck erholungssuchender Menschen ausgesetzt, dass wir in absehbarer Zeit mit dem vollständigen Aussterben dieser kostbaren Heuschrecke rechnen müssen, obwohl sie den Schutz des Naturschutzgesetzes genießt.

Wissenswertes: *Bryodemella tuberculata* ist ein sehr guter Flieger. Aufgescheuchte Männchen fliegen mühelos 50 m weit und lassen dabei einen melodisch schnarrenden Flugton, viel weicher als bei *Psophus stridulus*, vernehmen. Auch die Weibchen fliegen mit Schnarrton, aber nur über kurze Strecken. Die Tiere können auch geräuschlos fliegen. Bei der Balz umfliegt das Männchen schnarrend das am Boden sitzende Weibchen.

Rote Liste 1

Bryodemella tuberculata, ♂ im Flug, (Lechtal Ti) 2.9.84
Bryodemella tuberculata ♀, Lechtal Ti 20.8.83

Familie Acrididae *Feldheuschrecken*

Sphingonotus caerulans *Blauflügelige Sandschrecke*

Merkmale: Die Blauflügelige Sandschrecke ähnelt den *Oedipoda*-Arten. Ihr fehlt aber die für diese Gattung typische Stufe im Oberrand der Hinterschenkel. Sie ist außerdem schlanker und besitzt längere Flügel. Bei gerade nach hinten gestreckten Hinterbeinen reicht die Flügelspitze etwa bis zum Ende der Hinterschiene (bei *Oedipoda* höchstens bis zu deren Mitte). Die Hinterflügel sind an der Basis hellblau gefärbt, im Spitzenteil durchsichtig. Eine dunkle Binde ist bei der nördlichen Unterart (*S. caerulans cyanoptera*) manchmal angedeutet. Die Färbung ist ähnlich variabel wie bei *Oedipoda*. Die Vorderflügel sind mit zwei bis drei dunklen Querbinden gezeichnet oder ganz fein und gleichmäßig gefleckt („sandfarbig"). Der Rückenkiel des Halsschilds ist vorn undeutlich und durch drei Querfurchen unterbrochen. Der Kopf überragt in Seitenansicht deutlich das Profil des Halsschilds. Die Hinterschienen sind hellblau. Die Körperlänge beträgt 14–26 mm (Männchen) bzw. 20–31 mm (Weibchen). Imagines erscheinen von August bis Oktober.

Vorkommen: *Sphingonotus caerulans* ist ein typischer Bewohner vegetationsarmer, trockener Sand- und Kiesflächen. Die Art kommt oft vergesellschaftet mit *Oedipoda caerulescens*, aber wohl nie mit *Oedipoda germanica* vor. Ihr Verbreitungsgebiet reichte früher bis ins südliche Schleswig-Holstein. Die dort heimische nördliche Unterart ist aber inzwischen fast ausgestorben. Die südliche Unterart, die bei uns nur in Süddeutschland bis zur Mainlinie vorkommt, wurde in neuerer Zeit fast nur noch in Sandgruben gefunden. Sie besiedelt als pionierfreudige Art die freien Sandflächen aufgelassener Grubenareale, verschwindet aber wieder mit dem Aufkommen dichterer Vegetation. Sie ließe sich verhältnismäßig einfach schützen, indem man die zugewachsenen Bereiche in Sandgruben von Zeit zu Zeit wieder frei räumt (damit wäre gleichzeitig einer Vielzahl weiterer bedrohter Insektenarten sinnvoll geholfen!). In jüngster Zeit wurden außerdem Funde aus dem Bereich von Rangierbahnhöfen bekannt, wohin die Tiere offenbar mit Güterzügen verschleppt wurden. Auch solche Ansiedlungen wurden meist nur wenige Jahre beobachtet. Die Art gilt als stark gefährdet und ist geschützt.

Gesang: Wenn mehrere Männchen zusammentreffen, äußern sie kurze, trillernde Töne.

Wissenswertes: Die Blauflügelige Sandschrecke ist ein hervorragender Flieger. Die Männchen werden von fliegenden Weibchen optisch angelockt.

Rote Liste 2

Sphingonotus caerulans ♂, Jockgrim Pf 14.8.83
Sphingonotus caerulans, ♀ im Flug, (Jockgrim Pf) 14.9.84

Familie Acrididae *Feldheuschrecke*

Acrotylus insubricus *Insubrische Ödlandschrecke*

Merkmale: Zur Gattung *Acrotylus* gehören kleinere, meist deutlich behaarte Ödlandschrecken. Der Mittelkiel des Halsschilds ist zweimal gekerbt (kurz vor und etwa in der Mitte). Die Hinterflügel sind im Spitzenteil glasartig durchsichtig, an der Basis (bei den hier vorgestellten Arten) rosa getönt. Den Außenrand der getönten Fläche begrenzt eine halbmondförmige, braune Binde.

Acrotylus insubricus erreicht als Männchen 12–16 mm, als Weibchen 15–22 mm Körperlänge. Die Grundfärbung ist graubraun mit feinen, dunkleren Flecken. An den Halsschildseiten befindet sich ein größerer, dunkler Fleck mit einem weißen Punkt. Am Oberrand des Hinterschenkels liegen drei dunkle, dreieckige Flecke. Die Art ist erst ab August/September adult und kann den Winter hindurch bis zum Frühjahr beobachtet werden.

Vorkommen: Die Art ist im gesamten Mittelmeergebiet verbreitet und kommt vor allem auf Küstendünen und (etwas seltener) auf steinigem Ödland vor. In Mitteleuropa scheint sie zu fehlen.

Fehlt in Deutschland

Acrotylus patruelis *Schlanke Ödlandschrecke*

Merkmale: Diese Art ähnelt sehr der anderen und entspricht ihr weitgehend in der Körpergröße, ist aber im gesamten Körperbau deutlich schlanker, was besonders bei der Form der Vorderflügel auffällt. Ihre Fühler sind zudem länger als Kopf und Halsschild zusammen genommen (bei *A. insubricus* dagegen etwa gleich lang wie diese beiden Körperabschnitte). Das Halsschild ist hinten abgerundet und oberseits ziemlich glatt, bei der anderen Art stumpfwinklig und etwas rau.

Vorkommen: Diese Ödlandschrecke ist ähnlich verbreitet wie *A. insubricus* und kommt gelegentlich mit ihr gemeinsam vor. Beide Arten sind auf Sandböden hervorragend getarnt und werden fast immer erst beim Auffliegen entdeckt. *A. patruelis* ist daneben auch auf dürren, steinigen Böden zu finden. 2003 wurden vier wohl mit der Bahn verschleppte Exemplare dieser Art auf dem Gelände des Rangierbahnhofs Nürnberg gefunden.

Fehlt in Deutschland

Acrotylus insubricus ♀, Argeles Plage SF 6.9.87
Acrotylus patruelis ♀, Banjole Is 7.9.83

Familie Acrididae *Feldheuschrecken*

Oedaleus decorus *Kreuzschrecke*

Merkmale: Die Kreuzschrecke gehört zu den größeren Vertretern unter den Ödlandschrecken: Das Männchen erreicht 18–24 mm, das Weibchen 30–38 mm Körperlänge. Die Grundfärbung ist grün oder (seltener) gelbbraun mit dunkelbraunen Zeichnungen. Auf den Vorderflügeln sind breite, dunkle Querbinden ausgebildet; auch das Halsschild ist seitlich dunkel gefleckt. Besonders markant ist eine aus vier weißen Strichen zusammengesetzte Zeichnung auf der Oberseite des Halsschilds, die von oben betrachtet einem schräg gestellten Kreuz entspricht. Die Hinterschenkel sind außen mit zwei dunklen Schrägstreifen gezeichnet und unterseits wie die Hinterschienen hellrot oder gelblich gefärbt. Im Flug entfaltet die Art hell gelbgrün getönte Hinterflügel mit einer bogenförmigen, braunen Binde. Ausgewachsene Tiere treten von Juli bis September, in Südeuropa auch schon Ende Juni auf.

Vorkommen: *Oedaleus decorus* ist im Mittelmeergebiet beheimatet und hier gebietsweise, etwa in Südfrankreich, nicht selten. Sie neigt aber zu starken Häufigkeitsschwankungen: Während sie in manchen Jahren an bestimmten Orten allgegenwärtig zu sein scheint, fehlt sie in anderen dort fast vollständig. In Mitteleuropa zählt sie zu den größten Seltenheiten. Sie kommt hier vereinzelt in den ungarischen Steppengebieten und (sehr selten) im Wallis vor. Sie ist auch aus dem Vinschgau (Südtirol) und dem Elsaß gemeldet, doch fehlen hier offenbar Bestätigungen aus neuerer Zeit. Alte Meldungen aus Deutschland beruhen sicher auf Verwechslungen. Die Kreuzschrecke bewohnt sehr heiße und trockene, schütter bewachsene Lebensräume. Man kann sie z. B. auf der Südseite pontischer Sandhügel oder auf steilen Felssteppen antreffen, ebenso an ausgesprochenen Trockenstandorten in unmittelbarer Nähe der Meeresküste.

Wissenswertes: Die auffallende Art ist recht scheu und sehr flugtüchtig. Es gehört daher schon zu den schwierigeren Aufgaben, sie zu fangen oder zu fotografieren.

Fehlt in Deutschland

Oedaleus decorus ♂, Mas d'Icart Ca 23.6.85
Oedaleus decorus ♀, Les Chabrands Pr 7.7.89

Familie Acrididae *Feldheuschrecken*

Aiolopus thalassinus *Grüne Strandschrecke* (= Epacromia thalassina)

Merkmale: Die Grüne Strandschrecke erinnert wie die drei folgenden Arten im Habitus mehr an die Grashüpfer (Gomphocerinae), gehört aber nach dem Bau der Stridulationsorgane zu den Ödlandschrecken. Sie erreicht 15–19 mm (Männchen) bzw. 21–29 mm Körperlänge (Weibchen). Die Grundfarbe ist grün oder (seltener) braun mit sehr unterschiedlich ausgeprägter, dunkler Fleckung. Im Vorderflügel sind meistens zwei helle Querbinden und große, dunkle Flecke zu erkennen. Die Hinterflügel sind an der Basis ganz leicht grünlich, an der Spitze etwas graubraun getönt. Die Hinterschienen sind basal schwarz und weiß geringelt, im Übrigen rot oder gelb gefärbt. Imagines treten von August bis Oktober auf.

Vorkommen: Die Art lebt in Feuchtgebieten, besonders an Ufern kleinerer stehender Gewässer, manchmal auch in Sandgruben. Die meisten der früheren Vorkommen sind heute erloschen. Sie hat derzeit nur noch wenige, individuenarme Populationen im Bereich der Oberrheinischen Tiefebene (vielleicht auch am Bodensee) und ist daher vom Aussterben bedroht. Sie ist bei uns geschützt.

Rote Liste 1

Aiolopus strepens *Braune Strandschrecke*

Merkmale: Die Art entspricht in der Größe etwa der Grünen Strandschrecke, ist aber deutlich untersetzter gebaut: so sind die Hinterschenkel höchstens 3,5-mal so lang wie hoch, bei *A. thalassinus* mehr als viermal. Die Grundfärbung ist meistens braun, seltener grün. Die Hinterschienen sind im Basaldrittel meist weißlich, ansonsten rot; dazwischen liegt ein dunkler Ring. Die Hinterflügel sind an der Spitze bräunlich verdunkelt, im Basalteil bläulich oder grünlich getönt. Adulte Tiere erscheinen ab dem Spätsommer und leben dann noch bis ins Frühjahr.

Vorkommen: *Aiolopus strepens* ist im Mittelmeergebiet fast überall recht häufig. Die nördlichsten Vorkommen finden sich im Tessin, in Südtirol und im südlichen Österreich. Die Art besiedelt vorzugsweise sonniges, nicht zu trockenes Ödland.

Fehlt in Deutschland

Aiolopus thalassinus ♀, Jockgrim Pf 14.8.83
Aiolopus strepens ♀, T. Madeloc PO 14.9.91

Familie Acrididae *Feldheuschrecken*

Epacromius tergestinus *Fluss-Strandschrecke*

Merkmale: Die Fluss-Strandschrecke ähnelt ebenfalls der auf der vorangegangenen Seite behandelten Grünen Strandschrecke, der sie auch in der Größe weitgehend entspricht. Ihre Grundfärbung ist aber meistens braun oder rötlich, selten grün. Die Vorderflügel sind fein dunkel gefleckt, ohne deutliche Binden. Die Hinterschienen sind niemals rot, sondern ganz hell bläulich (oft fast weiß) mit einem breiten, dunklen Ring etwa im Basaldrittel und einer weiteren derartigen Verdunkelung an der Unterseite kurz vor der Spitze. Adulte Tiere treten von Juli bis Oktober auf.

Vorkommen: *Epacromius tergestinus* lebt vorwiegend auf schlammigen Kiesbänken der Alpenflüsse. Die sehr seltene, überall extrem zurückgehende Art wurde in Deutschland nur in den Jahren 1936 bis 1941 von Fischer am Lechufer bei Augsburg gefunden (häufig!). Das Fundgebiet ist heute durch den Lechausbau zerstört, die Heuschrecke damit endgültig bei uns ausgerottet. Nicht viel besser erging es ihr an den übrigen mitteleuropäischen Fundorten. Auch in Österreich ist sie seit geraumer Zeit verschollen. Die Schweizerischen Fundorte sind anscheinend bis auf ein Restvorkommen im Rhonetal ebenfalls durch Flussbegradigung und Kiesabbau erloschen. Eine weitere Restpopulation hält sich noch im Etschtal bei Prad (Vinschgau, Italien). Doch auch dort ist zu befürchten, dass die empfindliche Art bei einer noch stärkeren Ausweitung des Kiesabbaus verdrängt wird. Im Etschtal bewohnt sie gemeinsam mit *Tetrix tuerki* feuchte, schlammige Kiesflächen am Rand einer Kiesgrube. Es hat den Anschein, als käme hier der Kiesabbau ihren Bedürfnissen sogar entgegen, doch zeigen die Beobachtungen in anderen Gebieten (z. B. im Rheintal bei Chur), dass *Epacromius tergestinus* offenbar nur kleinflächige Kiesentnahme verkraftet; bei großflächigem Abbau erlischt die gesamte Population.

Ähnlich: In Osteuropa (nach Westen bis ins Gebiet des Neusiedler Sees) kommt in Steppengebieten (oft auf salzhaltigen Böden) als ähnliche Art *Epacromius coerulipes* vor. Sie unterscheidet sich von *E. tergestinus* durch die etwas untersetztere Gestalt (so sind bei den Fühlern die längsten Glieder weniger als doppelt so lang wie breit, bei *E. tergestinus* dagegen 2,5- bis dreimal so lang wie breit).

Rote Liste 0!

Epacromius tergestinus ♂, (Prad ST) 28.9.88
Epacromius tergestinus ♀, (Prad ST) 28.9.88

Familie Acrididae *Feldheuschrecken*

Stethophyma grossum *Sumpfschrecke* (= Mecostethus grossus)

Merkmale: Die Sumpfschrecke ist in der Grundfärbung olivgrün bis braun. Die Weibchen sind manchmal pupurrot gescheckt. Die Vorderflügel haben am Vorderrand (= Unterrand bei angelegten Flügeln) einen gelben Streifen. Die Hinterschenkel sind unten rot (selten gelb), die Hinterschienen gelb mit schwarzen Ringen und Dornen. Das Halsschild hat neben einem Mittelkiel fast gerade Seitenkiele. Zwischen den Vordercoxen befindet sich ein kleiner, kegelförmiger Höcker. Die Größe schwankt sehr stark, zwischen 12 und 25 mm (Männchen) bzw. 26 und 39 mm (Weibchen). Imagines sind zwischen Juli und Oktober zu finden.

Vorkommen: Die Sumpfschrecke lebt nur in Feuchtgebieten. Sie besiedelt nasse Wiesen, Gewässerufer, selbst Schwingrasen von Mooren. Sie meidet aber die Torfmoosbereiche der Hochmoore. Die einst weit verbreitete Art hat überall starke Bestandseinbußen erlitten. Sie verschwindet sehr schnell mit der Entwässerung ihrer Lebensräume und ist damit ein guter Indikator für noch intakte Feuchtgebiete. Nur in wenigen Gegenden, etwa im Alpenvorland, hat sie sich einigermaßen behaupten können. Sie wird mittlerweile als stark gefährdet eingestuft.

Gesang: Die Männchen bringen etwa 10 m weit hörbare, knipsende Laute hervor. Sie heben hierzu einen (manchmal auch beide) Hinterschenkel an und schleudern die Schiene ruckartig nach hinten. Dabei streichen die Enddorne der Hinterschiene über den Flügel. Diese als „Schienenschleuderzick" bezeichneten Laute werden in unregelmäßiger Folge als normaler Gesang, bei Störungen auch von beiden Geschlechtern als Abwehrlaut vorgetragen.

Wissenswertes: *Stethophyma grossum* ist in beiden Geschlechtern ein guter Flieger. Die Eipakete werden dicht unter oder über der Erdoberfläche in der Vegetation abgelegt.

Rote Liste 2

Stethophyma grossum ♂, Rotenburg LH 28.7.78
Stethophyma grossum ♀, Arnegg SA 25.9.82

Familie Acrididae *Feldheuschrecken*

Mecostethus parapleurus *Lauchschrecke*
(= M. alliaceus, Parapleurus alliaceus)

Merkmale: Die Lauchschrecke variiert in der Körperlänge zwischen 17 und 23 mm als Männchen bzw. 28 und 32 mm als Weibchen. Sie ist meist leuchtend hellgrün, seltener olivgrün oder braun gefärbt. Der Körper ist, im Gegensatz zur nahe verwandten Sumpfschrecke, nur schwach gezeichnet. Von den Augen läuft ein scharf abgesetzter, schwarzer Streifen über die Halsschildseiten bis etwa zur Flügelmitte. Die Flügel sind unter diesem Streifen in der Grundfärbung, darüber meist bräunlich getönt. Adulte Tiere treten (in Mitteleuropa) erst ab August auf und leben bis in den Oktober.

Vorkommen: *Mecostethus parapleurus* bewohnt vorzugsweise Feuchtwiesen und Gewässerufer, kommt daneben aber auch auf langgrasigen Trockenwiesen vor. Das Verbreitungsgebiet der Art umfasst die wärmeren Teile Mitteleuropas. In Deutschland ist sie insbesondere im Bodenseegebiet und im Rheintal verbreitet; daneben gibt es ein Vorkommen im Raum Passau. An den weiteren, in der älteren Literatur erwähnten Fundorten im süddeutschen Raum scheint sie inzwischen ausgestorben zu sein. Trotz gebietsweise noch recht individuenreicher Bestände ist sie überall in Mitteleuropa durch Veränderungen ihrer Lebensräume stark gefährdet.

Rote Liste 2

Mecostethus parapleurus ♂, Eriskirch OS 23.8.83
Mecostethus parapleurus ♀, Eriskirch OS 23.8.83

Familie Acrididae *Feldheuschrecken*

Paracinema tricolor *Dreifarbschrecke*

Merkmale: Die Dreifarbschrecke erreicht als Männchen 22–29 mm, als Weibchen 30–45 mm Körperlänge und gehört damit zu den größten Ödlandschrecken. Die Grundfärbung ist lebhaft hellgrün. Oben über das Halsschild laufen zwei dunkle Längsbinden. Die Vorderflügel sind im mittleren Teil vom Flügelansatz bis zur Spitze bräunlich, davor und dahinter schmal weißlich gestreift. Die Hinterschienen sind leuchtend rot mit weißen, schwarzspitzigen Dornen. Adulte Tiere erscheinen von Juli bis Oktober.

Vorkommen: Die ausgesprochen feuchteliebende Art bewohnt im Mittelmeergebiet grasbewachsene Ufer stehender und fließender Gewässer. Sei ähnelt im Verhalten der Sumpfschrecke und ist wie diese sehr flugtüchtig, so dass es nicht einfach ist, sie zu fotografieren. Ihre nördlichsten Vorkommen liegen im Trentino (Etschtal, ob noch?). Sonst ist sie z. B. in Südfrankreich und Istrien in den entsprechenden Feuchtgebieten nicht gerade selten.

Fehlt in Deutschland

Calephorus compressicornis *Flachfühlerschrecke*

Merkmale: Diese Ödlandschrecke gehört im Gegensatz zur Dreifarbschrecke mit 12–14 mm (Männchen) bzw. 16–20 mm Körperlänge (Weibchen) zu den kleinsten Arten dieser Unterfamilie. Ihre Fühler sind etwas abgeflacht. Die Färbung ist hellbraun oder grün mit kontrastreicher, helldunkler Zeichnung im Medialfeld oder Vorderflügel. Die Hinterflügel tragen eine dunkle Binde (beim Männchen meist zu einem Fleck reduziert). Adulte Tiere erscheinen zwischen Juli und Oktober.

Vorkommen: Die Art ist nur im westlichen Mittelmeergebiet zu finden. Hier reicht ihr Verbreitungsgebiet von der Iberischen Halbinsel bis zur südfranzösischen Mittelmeerküste. Man findet sie vor allem in Küstendünen kurz hinter dem Strand an etwas feuchten Stellen. Hier wird sie aber wegen ihrer geringen Größe leicht übersehen.

Fehlt in Deutschland

Paracinema tricolor ♀, Rovinj Is 11.9.83
Calephorus compressicornis ♀, Argeles Plage SF 6.9.87

Familie Acrididae *Feldheuschrecken*

Unterfamilie Acridinae *Nasenschrecken*

Zur artenarmen Unterfamilie der Nasenschrecken gehören die größten europäischen Feldheuschrecken. Sie besitzen einen stabartig verlängerten Körper, bei dem der obere Teil des Kopfes mit den Augen stark nach vorn verschoben ist und fast in der Verlängerung der Längsachse des Rumpfes liegt. Auch die Hinterbeine sind ausgesprochen lang und schmal, ebenso die Vorderflügel. Die Fühler dagegen erscheinen messerförmig abgeflacht und am Ende scharf zugespitzt.

Bei den Acridinae sind offenbar keine Lautäußerungen bekannt. Man kann die Vertreter dieser Unterfamilie leicht mit den (allerdings deutlich kleineren) Pyrgomorphiden (S. 198) verwechseln.

Acrida ungarica *Gewöhnliche Nasenschrecke*

Merkmale: Die Gewöhnliche Nasenschrecke erreicht als Männchen 30–40 mm, als Weibchen 45–60 mm Körperlänge. Durch ihren auffälligen Körperbau (siehe Beschreibung der Unterfamilie) ist sie unverkennbar. Die Färbung ist recht variabel, grün oder braun, oft auch gemischt. Neben ziemlich einfarbigen Tieren treten solche mit kontrastreichen, weißlichen Zeichnungen (vor allem im Medialfeld der Vorderflügel) auf. Adulte Tiere erscheinen von Juli bis Oktober.

Vorkommen: *A. ungarica* ist als einzige Vertreterin der Nasenschrecken im europäischen Mittelmeergebiet weit verbreitet (weitere Arten dieser Unterfamilie erreichen mit ihrem Verbreitungsgebiet den äußersten Süden und Osten Europas). Ihre nördlichsten Vorkommen finden sich im östlichen Österreich (in der Umgebung des Neusiedler Sees) und in den Steppengebieten Ungarns. Man findet diese markante Heuschrecke vorzugsweise an sehr trockenen Orten, besonders auf schütter bewachsenem Brachland. An ihren Vorkommensorten lebt sie meist in hoher Individuendichte.

Wissenswertes: Die Art ist außerordentlich scheu und flugtüchtig. Sie ist durch ihre Färbung oft hervorragend dem Untergrund angepasst und wird daher meist erst gesehen, wenn sie sich mit stürmischem Flug davonmacht.

Fehlt in Deutschland

Acrida ungarica ♂, Castiglione d. Pescáia To 13.9.79
Acrida ungarica ♀, Collioure PO 3.9.87

Familie Acrididae *Feldheuschrecken*

Unterfamilie Gomphocerinae *Grashüpfer*

Zu den Gomphocerinae zählt das Heer der vielen Grashüpferarten, die oft in Unmengen Wiesen und sonstiges Grasland besiedeln. Sie erscheinen in Seitenansicht meist spitzköpfig. Der Stridulationsapparat besteht aus einer glatten Schrillader im Vorderflügel und einer mit feinen Zäpfchen besetzten Schrillleiste auf der Innenseite der Hinterschenkel. Die Gesänge sind sehr weit ausdifferenziert. Bei den meisten Arten gibt es verschiedene Gesangsformen, vor allem „gewöhnlichen" Gesang (zum Anlocken der Weibchen), Rivalengesang (beim Zusammentreffen von Männchen) und Werbegesang (bei der Balz vor dem Weibchen). Bei den Gesangsbeschreibungen beschränke ich mich meist auf die gewöhnlichen Gesänge, da man diese am häufigsten hört. Die Artbestimmung ist manchmal sehr schwierig, wird aber gerade in den schwierigen Fällen durch das Studium der Gesänge wesentlich erleichtert.

Arcyptera fusca *Große Höckerschrecke* (= Stethophyma fusca)

Merkmale: Die Große Höckerschrecke ist durch Färbung und Größe (23–36 mm als Männchen, 29–40 mm als Weibchen) eine der imposantesten Erscheinungen unter den heimischen Heuschrecken. Die Grundfarbe ist gelblich bis oliv mit gelber und schwarzer Zeichnung. Die leuchtend roten Hinterschienen haben an der Basis einen schwarzen und einen gelben Ring, die Vorderflügel sind gelb gestreift und im Spitzenteil schwarzbraun wie die Hinterflügel. Bei den Weibchen sind die Flügel verkürzt. Die Seitenkiele des Halsschilds sind fast gerade. Die Imagines leben von Juli bis September.

Vorkommen: Die schöne Heuschrecke war früher von vier Fundorten in Süddeutschland bekannt (u. a. Irndorfer Hardt, Garchinger Heide). In neuerer Zeit wurde sie nur noch bei Augsburg (inzwischen verschollen) und neuerdings wieder auf der Schwäbischen Alb beobachtet. Sie lebt auf vegetationsarmen, trockenen Bergwiesen und Heiden. In den Alpen außerhalb Deutschlands ist sie gebietsweise noch recht häufig. Sie ist bei uns aber vom Aussterben bedroht und steht unter Naturschutz.

Gesang: Die sehr flugtüchtigen Männchen fliegen mit einem weichen Schnarrton. Nach der Landung streichen sie oft ihre Hinterschenkel einmal kurz über die Flügel und erzeugen dadurch ein kräftig knarrendes „rä". Der gleiche Laut wird in Verbindung mit einem Schwirrlaut als gewöhnlicher Gesang gebracht, etwa: „rä-tschschsch-rä-rä".

Rote Liste 1

Arcyptera fusca ♂, Augsburg 4.9.80
Arcyptera fusca ♀, Augsburg 8.9.81

Familie Acrididae *Feldheuschrecken*

Arcyptera microptera *Kleine Höckerschrecke*

Merkmale: Die Kleine Höckerschrecke erreicht 19–22 mm (Männchen) bzw. 24–29 mm Körperlänge (Weibchen). Sie ähnelt der größeren Verwandten, besitzt aber geknickte Halsschildseitenkiele; außerdem reichen die Flügel auch beim Weibchen fast bis zur Abdomenspitze (der wissenschaftliche Artname ist also irreführend). Die Grundfärbung ist gelblich olivgrün, die Vorderflügel sind am Vorderrand weißlich gestreift, die Hinterflügel glasartig durchsichtig. Die Hinterknie sind schwarz mit je einem hellen Ring vor und hinter dem Gelenk, die Hinterschienen ansonsten, wie die Unterseite der Hinterschenkel, leuchtend rot. Zwischen den Vordercoxen liegt ein kleiner Höcker. Die Art ist eine der frühesten Feldheuschrecken; sie ist manchmal schon Ende Mai adult und lebt bis Juli/ August, ausnahmsweise bis in den September.

Vorkommen: *Arcyptera microptera* ist ein typischer Steppenbewohner. In Deutschland wurde die Art im vorigen Jahrhundert auf der Fränkischen Alb gefunden. Ein weiteres Vorkommen wurde bis etwa 1950 auf dem Griesheimer Sand bei Darmstadt beobachtet. Inzwischen ist sie dort aber wie in ganz Deutschland mit Sicherheit ausgestorben. Sie kommt heute vor allem in Südosteuropa vor, etwa auf steinigen Trockenrasen in Istrien. Kürzlich wurde sie auch in den französischen Alpen wiederentdeckt (Luquet briefl.).

Gesang: Der im Vergleich mit der Großen Höckerschrecke ziemlich leise Gesang setzt sich aus etwa 4–6 s langen Rufreihen zusammen. Diese beginnen mit kurzen, kratzenden Tönen und enden jeweils mit einem etwas längeren, zischenden Laut.

Ähnlich: Im westlichen Südfrankreich kommen zwei weitere, sehr ähnliche *Arcyptera*-Arten mit etwas kürzeren Flügeln vor. Bei *Arcyptera carpentieri* sind die Hinterflügel kaum kürzer als die Vorderflügel, bei *A. brevipennis* nur etwa halb so lang wie diese. Da beide kaum Unterschiede im Gesang gegenüber der Kleinen Höckerschrecke erkennen lassen, erscheint die Artberechtigung allein nach der Länge der Flügel etwas zweifelhaft.

Rote Liste 0!

Arcyptera microptera ♂, Marcana Is 12.7.88
Arcyptera microptera ♀, Marcana Is 12.7.88

Familie Acrididae *Feldheuschrecken*

Arcyptera kheili *(Provence-Höckerschrecke)*

Merkmale: Die Art gehört in die nahe Verwandtschaft der Kleinen Höckerschrecke. Sie wird etwas größer als diese (22–24 mm als Männchen,
28–32 mm als Weibchen) und besitzt deutlich kürzere Flügel: Diese reichen
beim Männchen etwa bis zur Abdomenmitte, beim Weibchen nur bis zum
dritten Abdominalsegment. Die Färbung ist beim Männchen gelbgrün (am
Rücken dunkler), beim Weibchen grauoliv mit einem schwach rötlichen
Einschlag. Auf den Hinterleibstergiten des Weibchens sind paarige, schwarze und weiße Schrägstriche entwickelt. Die Unterseite der Hinterschenkel
und die Hinterschienen sind rot, die Hinterknie schwarz. Vor und hinter
dem Gelenk ist ein breiter, heller Ring zu erkennen. Adulte Tiere erscheinen
zwischen Juli und September.

Vorkommen: Diese schöne Höckerschrecke besitzt ein ziemlich eng
begrenztes Verbreitungsgebiet: Sie kommt nur in den Südwestalpen im
Südosten Frankreichs vor und bewohnt hier trockene Bergwiesen zwischen
etwa 500 m und 1200 m Höhe (Provinzen Basses Alpes, Alpes-Maritimes,
Var, Bouches-du-Rhone). Ich fand sie oberhalb der Verdon-Schlucht bei la
Palud s.-Verdon, wo sie einen lückig mit Lavendelsträuchern bewachsenen
Hang besiedelte.

Wissenswertes: Der Gesang ähnelt offenbar sehr dem der Kleinen
Höckerschrecke. Daher erscheint es nicht ganz ausgeschlossen, dass
A. kheili keine eigene Art darstellt, sondern besser als Unterart von
A. microptera zu führen wäre. Auf jeden Fall bedarf der Verwandtschafts-
kreis um die Kleine Höckerschrecke noch einer eingehenden Bearbeitung,
um den Status von *A. kheili*, aber auch von *A. brevipennis* und *a. carpentieri*
hinreichend zu klären.

Fehlt in Deutschland

Arcyptera kheili ♂, La Palud s. Verdon Pr 23.7.86
Arcyptera kheili ♀, La Palud s. Verdon Pr 23.7.86

Familie Acrididae *Feldheuschrecken*

Dociostaurus brevicollis *Südosteuropäischer Grashüpfer*

Merkmale: *Dociostaurus brevicollis* erreicht als Männchen 12–16 mm, als Weibchen 15–24 mm Körperlänge. Die Halsschildseitenkiele sind nur in der hinteren Hälfte entwickelt, vorn werden sie durch helle Striche vorgetäuscht. Die Flügel reichen etwa bis zu den Hinterknien. Die Grundfärbung ist gelbbraun bis dunkelbraun mit dunkleren Flecken. Die Halsschildseitenlappen tragen unten eine weiße Makel in einem dunklen Feld. Das Medialfeld des Vorderflügels ist schwarz-weiß gefleckt. Die Hinterschienen sind bläulich, die Hinterknie dunkel. Adulte Tiere erscheinen von Juni bis September.

Vorkommen: Die Art ist in Südosteuropa heimisch und geht nach Westen bis an die nördliche Adriaküste. Im Norden reicht ihr Verbreitungsgebiet bis Ungarn, ins Burgenland und nach Niederösterreich. Sie bewohnt dürre Steppengebiete und trockenes Ödland.

Fehlt in Deutschland

Dociostaurus genei *Südwesteuropäischer Grashüpfer*

Merkmale: Die Art ähnelt sehr dem Südosteuropäischen Grashüpfer, bleibt aber mit 10–12 mm (Männchen) bzw. 14–18 mm Körperlänge (Weibchen) kleiner als die andere Art. Wie bei dieser reichen die Flügel etwa bis zu den Hinterknien. In der Färbung und Zeichnung entspricht sie weitgehend der anderen Art. Der Augenabstand verhält sich bei Betrachtung von oben zur Augenlänge etwa wie 1:3, bei *D. brevicollis* dagegen etwa wie 1:2. Die Erscheinungszeit adulter Tiere reicht von Juni bis September.

Vorkommen: *Dociostaurus genei* bewohnt dürre, trockene Gebiete und kommt nur im westlichen Mittelmeergebiet von Spanien bis zur italienischen Westküste vor. In Südfrankreich ist die Art an entsprechenden Stellen ziemlich häufig, z. B. an trockenen Stellen in den Flussauen und im Dünengelände an der Mittelmeerküste.

Fehlt in Deutschland

Dociostaurus brevicollis ♀, Podersdorf Bu 21.7.84
Dociostaurus genei ♀, Les Chabrands Pr 7.7.89

Familie Acrididae *Feldheuschrecken*

Dociostaurus maroccanus *Marokkanische Wanderheuschrecke*

Merkmale: Die Marokkanische Wanderheuschrecke zeigt starke Schwankungen in der Körpergröße; sie variiert zwischen 16 und 30 mm beim Männchen bzw. 23 und 37 mm beim Weibchen. Sie unterscheidet sich ansonsten von den beiden anderen hier vorgestellten *Dociostaurus*-Arten durch ihre längeren Flügel, die die Hinterknie meist deutlich überragen. In Färbung und Zeichnung entspricht sie weitgehend den anderen Arten, allerdings sind bei ihr die Hinterschienen nicht bläulich, sondern rötlich oder gelblich. Adulte Tiere erscheinen von Juni bis September.

Vorkommen: Die Art ist in Südeuropa weit verbreitet, geht aber im Westen nur etwa bis zu den Pyrenäen. Sie bewohnt sehr dürre, steinige Gebiete und neigt in manchen Jahren zu Massenvermehrungen. Dann kann es, ähnlich wie bei der Europäischen Wanderheuschrecke, zur Ausbildung einer speziellen Wanderphase kommen, die sich von der Ruhephase durch etwas längere Flügel und weniger deutliche dunkle Flecke an der Oberkante der Hinterschenkel unterscheidet. Die Wanderphase ist früher schon bis Budapest und nach Niederösterreich vorgedrungen und hat dann auch Schäden in der Landwirtschaft angerichtet.

Fehlt in Deutschland

Ramburiella hispanica *Spanischer Grashüpfer*

Merkmale: Dieser hübsch gezeichnete Grashüpfer erreicht eine Körperlänge von 18–23 mm als Männchen und 25–30 mm als Weibchen. Die Grundfärbung ist gelblich oder hellbraun, vielfach mit leicht rosa Tönung. Von der Stirnspitze laufen zwei parallele, nach hinten immer breiter werdende, dunkelbraune Längsstreifen über den Scheitel, das Halsschild und die Flügelflächen bis zur Flügelspitze; zwischen sich schließen sie eine schmale, weißliche Längsbinde ein. Eine ebenso gefärbte Längsbinde liegt auch vor der dunklen Binde im Costalfeld des Vorderflügels. Die Hinterflügel sind im Basalteil rosa getönt. Die Hinterknie sind dunkel, die Hinterschienen bläulich. Adulte Tiere erscheinen von Juni bis September.

Vorkommen: Die Art ist in Südwesteuropa heimisch und geht im Osten bis an den Rand der Südwestalpen (z. B. Chaine de la Ste. Baume). Sie bewohnt ausgesprochen trockenheißes, felsiges Gelände. Gebietsweise, etwa am Ostabfall der Pyrenäen, kann sie ziemlich häufig auftreten.

Fehlt in Deutschland

Dociostaurus maroccanus ♀, Crau Pr 23.6.85
Ramburiella hispanica ♀, Banyuls s.M. PO 6.9.91

Familie Acrididae *Feldheuschrecken*

Chrysochraon dispar *Große Goldschrecke*

Merkmale: Bei der Großen Goldschrecke unterscheiden sich die Geschlechter sehr deutlich. Das Weibchen wird 22–30 mm groß und ist bräunlich gefärbt, mit leichtem Metallglanz. Die Unterseiten der Hinterschenkel und die Hinterschienen sind weinrot. Die lappenförmigen, stark verkürzten Vorderflügel berühren sich fast in der Rückenmitte. Die Färbung des nur 16–19 mm großen Männchens ist ein metallisch glänzendes, leuchtendes Hellgrün. Die Vorderflügel sind deutlich länger; sie reichen fast bis zur Abdomenspitze. Die Hinterflügel sind zu ganz winzigen Resten reduziert. Die Unterseite der Hinterschenkel und die Hinterschienen sind gelb, die Hinterknie dunkel. Gelegentlich treten in beiden Geschlechtern voll geflügelte Individuen auf. Imagines erscheinen schon Ende Juni und leben bis September, z. T. noch im Oktober.

Vorkommen: Meist lebt *Chrysochraon dispar* in Feuchtgebieten, vor allem auf feuchten Wiesen und an Grabenrändern. Manchmal tritt die Art aber auch in trockenen, langgrasigen Gebieten und an Waldrändern auf. Ihr Verbreitungsgebiet reicht nach Norden bis ins südliche Holstein. Durch den allgemeinen Rückgang der Feuchtgebiete gilt die Art mittlerweile als gefährdet.

Gesang: Der Gesang besteht aus kurzen Versen von ca. 0,5–1 s Länge, die einander in Abständen von etwa 5–10 s folgen. Ein einzelner Vers ist aus drei bis neun Einzeltönen zusammengesetzt und lässt sich umschreiben als „sisisisisi".

Wissenswertes: Die Eiablage erfolgt niemals in den Erdboden, sondern in Pflanzenstängel oder morsches Holz. Das Weibchen wählt hierzu meist abgestorbene, verholzte Triebe von Himbeeren, Goldrute u. Ä. aus, die abgebrochen sind. Durch die Bruchstelle dringt es mit der Abdomenspitze in den markerfüllten Hohlraum vor, indem es mit den Legeröhrenklappen das Mark zur Seite drückt (S. 19 oben).Es dringt so etwa 4 cm tief ins Innere des Stängels vor und verlängert dabei teleskopartig die Abdomenspitze. Die Eier werden bei der Ablage in ein rasch erhärtendes, schaumiges Sekret eingebettet (S. 22 oben rechts). Eine ausführliche Beschreibung der Eiablage gibt Ramme (1927).

Rote Liste 3

Chrysochraon dispar ♂, Baustetten OS VIII 76
Chrysochraon dispar ♀, Baustetten OS 25.8.82

Familie Acrididae *Feldheuschrecken*

Euthystira brachyptera *Kleine Goldschrecke*
(= Chrysochraon brachytpera)

Merkmale: Die Kleine Goldschrecke ähnelt der größeren Schwesterart *Chrysochraon dispar* (S. 260), besonders das Männchen. Die Körperlänge schwankt zwischen 13 und 17 (Männchen) bzw. 18 und 26 mm (Weibchen). Beide Geschlechter sind meistens hellgrün mit Metallglanz. Die winzigen, schuppenförmigen Flügel des Weibchens sind rosa oder (seltener) gelbgrün gefärbt; sie sind am Rücken durch einen breiten Zwischenraum voneinander getrennt. Die Legeröhrenklappen sind stark verlängert, fast wie bei einer Laubheuschrecke. Die Flügel des Männchens reichen etwa bis zur Abdomenmitte und sind am Ende abgestutzt, meist auch etwas ausgerandet. Die Hinterknie sind nicht verdunkelt. Die Art ist manchmal schon Anfang Juni adult und lebt bis September.

Vorkommen: *Euthystira brachyptera* lebt gleichermaßen in feuchten wie in trockenen Lebensräumen. Sie besiedelt sumpfige Wiesen ebenso wie langgrasige Trockenrasen, manchmal sogar extrem trockene, steinige Gebiete. Ihr Verbreitungsgebiet reicht nach Norden etwa bis zum Maintal und zur Rhön. In Süddeutschland gehört sie vielerorts zu den häufigsten Heuschrecken überhaupt. Sie ist hier wesentlich häufiger als die Große Goldschrecke, mit der sie oft gemeinsam vorkommt.

Gesang: Der Gesang ist recht leise, etwa 3 m weit hörbar und besteht aus ganz kurzen Versen mit vier bis sechs Einzeltönen, die bei höheren Temperaturen zu einem kurzen Schwirrton verschwimmen. Sie klingen dann etwa wie „srrr".

Wissenswertes: Die Eiablage erfolgt auch bei dieser Art oberirdisch. Das Weibchen faltet mit den Hinterbeinen Blätter (meist von Gräsern) zusammen und legt in den Knick – oft auch zwischen zwei Blätter – die Eier und bettet sie dabei in eine rasch erhärtende, schaumige Flüssigkeit. Die später braunen Eikokons enthalten jeweils fünf bis sechs Eier (S. 22 unten rechts).

Euthystira brachyptera ♂, Suppingen SA 9.9.82
Euthystira brachyptera ♀, Baustetten OS 13.8.78

Familie Acrididae *Feldheuschrecken*

Podismopsis keisti *Schweizer Goldschrecke* (= Chrysochraon keisti)

Merkmale: Die erst kürzlich entdeckte Art erreicht als Männchen 14–16 mm, als Weibchen 22–26 mm Körperlänge, erscheint dabei aber deutlich untersetzter gebaut als die beiden anderen Goldschrecken. Die Flügel reichen beim Männchen bis kurz vor die Abdomenspitze, beim Weibchen kaum bis zur Mitte des zweiten Abdominalsegments. Die meist deutlich metallisch glänzenden Weibchen variieren stark in der Färbung: Neben fast golden gefärbten (wie auf der unteren Abbildung) treten silbergraue und kaffeebraune, kupferglänzende Exemplare auf. Der Körper ist kaum gezeichnet; nur ein schmaler, schwarzer Streifen vom Auge bis oberhalb der Fühlerwurzel ist immer zu erkennen. Die Hinterschienen sind stets leuchtend rot gefärbt. Demgegenüber erscheinen die Männchen wesentlich einheitlicher: Ihre Grundfärbung ist graugrün oder olivgrün mit dunklerem Rücken. An den Körperseiten zieht eine breite, dunkelbraune Binde nach hinten, die sich auf dem Abdomen in einzelne Flecke auflöst. An den Hinterbeinen sind die Knie schwarz, die Schienen gelb oder rot gefärbt. Der metallische Glanz ist meist nicht so deutlich wie bei den Weibchen. Adulte Tiere treten von Juli bis September auf.

Vorkommen: Diese interessante Heuschrecke, deren Männchen man bei flüchtiger Betrachtung für *Chorthippus parallelus*, das Weibchen dagegen für *Podisma* halten könnte (der Gattungsname nimmt darauf Bezug), gehört zu den bemerkenswertesten Neuentdeckungen der letzten Jahre (Nadig 1989a). Sie ähnelt sehr einer nur aus Rumänien bekannten und dort ebenfalls in einem eng begrenzten Gebiet in den Karpaten endemischen Art. *Podismopsis keisti* wurde bisher trotz intensiver Nachsuche nur auf dem Gamserrugg und Chäserrugg, zwei benachbarten Gipfeln der lang gestreckten Churfirstenkette, in Höhen zwischen 1750 m und 2000 m gefunden. Sie lebt dort in großer Individuenzahl auf beweideten Almwiesen.

Gesang: Der Gesang besteht aus schrillen, metallischen Kratzlauten, die in kurzen Versen vorgetragen werden. Im Labor stridulierten die Männchen auch spontan bei völliger Dunkelheit, was für Grashüpfer ziemlich ungewöhnlich ist und möglicherweise als Anpassung an unwirtliche Lebensbedingungen gewertet werden kann.

Fehlt in Deutschland

Podismopsis keisti ♂, Gamserrugg SG 17.9.89
Podismopsis keisti ♀, Gamserrugg SG 13.8.98

Familie Acrididae *Feldheuschrecken*

Stenobothrus lineatus *Heidegrashüpfer*

Merkmale: Bei der Gattung *Stenobothrus* ist der Vorderflügel am Vorderrand (= Unterrand des angelegten Flügels) nicht ausgebuchtet (Unterschied zu *Chorthippus*); sein Medialfeld ist erweitert und regelmäßig quer geadert (Unterschied zu *Omocestus*). Beim Weibchen sind die Legeröhrenklappen gezähnt. Die Halsschild-Seitenkiele sind gebogen und hinten etwa 1,5-mal so weit voneinander entfernt wie an der engsten Stelle. Der Heidegrashüpfer ist mit 15–19 mm (Männchen) bzw. 21–26 mm Körperlänge (Weibchen) in Deutschland die größte Art der Gattung. Die Grundfarbe ist meistens grün, seltener braun oder rotviolett. Oft sind die Tiere sehr bunt gescheckt. Die Abdomenspitze ist beim Männchen meist rot. Die Flügel sind beim Männchen voll entwickelt, beim Weibchen ganz leicht verkürzt. Am Ende des breiten Medialfelds liegt ein schräger, weißer Fleck, beim Weibchen am Vorderrand des Flügels außerdem ein weißlicher Längsstreifen. Imagines treten von Anfang Juli bis Oktober auf.

Vorkommen: *Stenobothrus lineatus* bevorzugt Trockengebiete. Er ist einer der dominierenden Grashüpfer in Heidegebieten und auf Trockenrasen. Auch an Wegrändern und auf Ödland kann man ihn häufig antreffen, seltener auf Feuchtwiesen. Er kommt fast im gesamten Gebiet vor, fehlt aber im nördlichen Schleswig-Holstein.

Gesang: Der gewöhnliche Gesang zählt zu den markantesten Heuschreckengesängen. Er besteht aus einem ganz regelmäßig in der Tonhöhe auf- und absteigenden Schwirren (vergleichbar mit einer Sirene), das etwa 10–20 s anhält. Der Vers beginnt ganz leise und stockend, steigert sich aber bald zur vollen Lautstärke (dann etwa 5 m weit hörbar). Ein solcher Gesangsbeginn lässt sich umschreiben als „si-si-suisuisuisui…". Beim Singen werden die beiden Hinterschenkel kurz nacheinander, also zeitlich versetzt, über die Flügel gezogen (s. Foto oben). Ganz anders klingt der Werbegesang vor dem Weibchen. Dieser besteht in seiner ersten Phase aus lauter kurzen, spitzen Tönen, die wie „zizizizi…." klingen. Im weiteren Verlauf wird er dem gewöhnlichen Gesang wieder ähnlicher.

Wissenswertes: Die Eipakete werden vom Weibchen oberflächlich an Graswurzeln abgelegt.

Stenobothrus lineatus, ♂ singend, Riedheim BS 6.8.84
Stenobothrus lineatus ♀, Lautern SA 15.9.82

Stenobothrus nigromaculatus *Schwarzfleckiger Grashüpfer*

Merkmale: Der Schwarzfleckige Grashüpfer ist nur wenig kleiner als der ähnliche *S. lineatus*: 13–18 mm (Männchen) bzw. 18–25 mm (Weibchen). Die Grundfarbe ist grün oder hellbraun, die Abdomenspitze beim Männchen meist rot. Die Flügel sind beim Weibchen deutlich verkürzt und viel schmäler als die Hinterschenkel; sie enden weit vor der Abdomenspitze. Beim Männchen sind sie nur leicht verkürzt und reichen etwa bis zum Hinterleibsende. Das Medialfeld ist viel schmäler als bei *S. lineatus* und deutlich länger als der halbe Flügel; in ihm liegt eine Reihe brauner Würfelflecke, die sich beim Weibchen kontrastreicher als beim Männchen abheben. Imagines treten von Juli bis Oktober auf.

Vorkommen: *Stenobothrus nigromaculatus* ist bei uns selten. Er lebt an sehr trockenen, vegetationsarmen Stellen und kommt z. B. auf felsigen Trockenrasen (Fränkische Alb), auf steppenartigen Schotterflächen (Garchinger Heide) und in Dünengebieten (Mainzer Sand) vor. Die meisten seiner Fundgebiete sind Wärmeinseln; er wurde aber auch im Allgäu bis in fast 1500 m Höhe gefunden. Die nördlichsten Fundorte liegen im mittleren Hessen. Die Art ist durch Veränderungen ihrer Umwelt stark gefährdet und vielerorts schon verschwunden.

Gesang: Der gewöhnliche Gesang setzt sich aus einer Reihe anschwellender Schwirrtöne (meist 3 in Folge) zusammen. Diese beginnen leise, steigern sich plötzlich zur vollen Lautstärke und enden abrupt nach etwa 1 s. Zwischen den einzelnen Tönen liegen jeweils etwas längere Pausen. Oft respondieren zwei Männchen miteinander, indem eines immer in die Pausen des anderen singt. In den abwechslungsreichen Werbegesang sind auch ganz andere, z. B. summende und tickende Laute eingefügt.

Rote Liste 2

Stenobothrus nigromaculatus ♂, Winden Bu 22.7.84
Stenobothrus nigromaculatus ♀, Heroldingen NöR 4.9.82

Familie Acrididae *Feldheuschrecken*

Stenobothrus stigmaticus *Kleiner Heidegrashüpfer*

Merkmale: Der Kleine Heidegrashüpfer sieht aus wie eine Zwergausgabe von *S. lineatus*. Er wird nur 11–15 mm (Männchen) bzw. 15–20 mm groß (Weibchen). Die Grundfarbe ist fast immer grün, die Abdomenspitze beim Männchen rot. Die Flügel sind beim Weibchen verkürzt und etwas schmäler als die Hinterschenkel. Besonders bei älteren Weibchen, deren Hinterleib prall mit Eiern gefüllt ist, wird diese Verkürzung deutlich (das untere Foto zeigt ein junges Weibchen). Beim Männchen sind die Flügel voll entwickelt. Das Medialfeld ist bei dieser Art nur ganz schwach erweitert. Dadurch wird sie den *Omocestus*-Arten sehr ähnlich. Während das Weibchen an den gezähnten Legeröhrenklappen eindeutig als *Stenobothrus* zu erkennen ist, bereitet die Ansprache des Männchens, vor allem die Unterscheidung von *Omocestus haemorrhoidalis*, manchmal Schwierigkeiten. Hier helfen zwei weitere Merkmale: Hinter den Augen liegt oben am Kopf beiderseits ein gelbbrauner, oben und unten schmal schwarz gesäumter Längsstreifen in der grünen Grundfärbung; außerdem sind die Seitenkiele des Halsschilds viel schwächer gebogen. Imagines erscheinen von Juni/Juli bis Oktober.

Vorkommen: Der Kleine Heidegrashüpfer lebt nur in warmen, trockenen Gebieten, die außerdem ganz kurzrasig sein müssen. Er ist daher ein typischer Bewohner von Schafweiden. In seiner Gesellschaft lebt immer *S. lineatus*, oft auch *Omocestus haemorrhoidalis*. In Norddeutschland ist er sehr selten, im Süden etwas häufiger. Da Schafweiden, aber auch andere vergleichbare Lebensräume immer seltener werden, ist er gefährdet.

Gesang: Der Gesang ist recht leise und besteht aus schnell gereihten, gleichartigen Tönen, die wie „chichichichi…" klingen. Ein Vers dauert höchstens 3 s; der nächste folgt in größerem Abstand. Auch im Gesang erinnert *Stenobothrus stigmaticus* sehr an *Omocestus haemorrhoidalis*.

Rote Liste 3

Stenobothrus stigmaticus ♂, Rammingen SA 5.8.84
Stenobothrus stigmaticus ♀, Rammingen SA 5.8.84

Familie Acrididae Feldheuschrecken

Stenobothrus grammicus *Gezeichneter Grashüpfer*

Merkmale: Dieser oft sehr ansprechend gefärbte Grashüpfer erreicht als Männchen 16–20 mm, als Weibchen 18–25 mm Körperlänge. Das markanteste Merkmal findet sich an den weißlichen Maxillar- und Labialpalpen: Ihre Spitzen sind scharf abgesetzt schwarz oder dunkelbraun gezeichnet (auf der Abbildung des Männchens gut zu erkennen). Die Halsschildseitenkiele sind deutlich winklig geknickt. Beim Männchen sind die Spitzen der auffallend langen Fühler etwas erweitert (so dass man diese mit einer Keulenschrecke verwechseln könnte). Die Flügel sind etwa so breit wie die Hinterschenkel und reichen beim Männchen bis zu den Hinterknien bzw. etwas darüber hinaus, beim Weibchen enden sie kurz davor. Die Grundfärbung ist heller oder dunkler grün, beim Weibchen gelegentlich auch braun. Die Hinterschenkel sind unterseits rot oder orange, wie die Hinterschienen, und tragen kurz vor dem dunklen Kniegelenk einen deutlichen, hellen Ring. Das Stigma ist, wie bei vielen *Stenobothrus*-Arten, weiß, das Medialfeld mehr oder weniger deutlich dunkel gefleckt. Adulte Tiere findet man von Juni bis August.

Vorkommen: *Stenobothrus grammicus* kommt in Südfrankreich und auf der Iberischen Halbinsel vor und ist offenbar nur von wenigen Fundorten bekannt. In Frankreich wurde er außer in den Ostpyrenäen in den südwestlichen Ausläufern der Alpen (Mont Ventoux, Chaine de la Ste. Baume) gefunden. Er bewohnt grasige, trockene Waldlichtungen und kurzgrasiges, steiniges Wiesengelände bis in Höhen von etwa 1500 m.

Gesang: Der Gesang dieser Art ist sehr leise. Nach Luquet (1978) besteht er aus etwa 3–4 s langen Versen, die sich aus sechs bis acht, in unregelmäßigen Abständen aneinander gereihten, tickenden Einzellauten zusammensetzen. Zwischen den Versen liegen extrem unterschiedlich lange Pausen.

Ähnlich: Etwa im gleichen Verbreitungsgebiet kommt der etwas kleinere, recht ähnliche *Stenobothrus festivus* vor. Er unterscheidet sich von *S. grammicus* vor allem durch die einheitlich hellen Taster und seine nicht erweiterten Fühlerspitzen. Offenbar treten beide Geschlechter vorwiegend in braunen Farbtönen auf.

Fehlt in Deutschland

Stenobothrus grammicus ♂, Mont Ventoux Pr 25.8.92
Stenobothrus grammicus ♀, Ste.-Baume Pr 23.8.92

Familie Acrididae *Feldheuschrecken*

Stenobothrus fischeri *Südlicher Grashüpfer*

Merkmale: Der Südliche Grashüpfer gehört mit einer Körperlänge von
18–21 mm als Männchen und 23–26 mm als Weibchen zu den größeren
Stenobothrus-Arten. Die Halsschildseitenkiele sind nur ganz schwach
gebogen. Die Flügel sind so breit wie die Hinterschenkel oder etwas schmäler und reichen beim Männchen bis zu den Hinterknien, beim Weibchen
enden sie kurz davor. Die Grundfärbung ist hellgrün oder seltener gelbbraun. Das Hinterleibsende ist, vor allem beim Männchen, intensiv rot. Die
Hinterknie sind glänzend schwarz, davor liegt ein meist deutlicher, heller
Ring. Die Unterseite der Hinterschenkel ist meist gelblich; die Hinterschienen sind leuchtend rot. Die dunkle Fleckung im Medialfeld und der weiße
Stigmafleck sind meist nicht sehr deutlich entwickelt. Adulte Tiere trifft
man im Juni und Juli, im August nur noch vereinzelt.

Vorkommen: Die Art ist vor allem auf der Balkanhalbinsel verbreitet und
hier gebietsweise, z. B. in Istrien, auf dürren, steinigen Böden nicht selten.
Weiter nördlich kommt sie nur ganz vereinzelt vor und besiedelt hier ausgesprochene Wärmeinseln, z. B. vegetationsarme Dünengebiete in Niederösterreich und Ungarn. Weit vom eigentlichen Verbreitungsgebiet entfernt
befindet sich ein isoliertes Vorkommen in Südfrankreich in den Ausläufern
der Südwestalpen, wo *S. fischeri* bis in Höhen von etwa 1700 m vorkommt.

Gesang: Der Gesang wird in etwa 2 s langen, zu Beginn etwas anschwellenden Versen vorgetragen, die sich aus zahlreichen, sehr kurzen, schabenden Einzeltönen zusammensetzen.

Ähnlich: In Osteuropa und sehr selten in Niederösterreich kommt als weitere ähnliche Art dieser Gattung *Stenobothrus eurasius* vor. Bei diesem ist
das erweiterte Medialfeld des Vorderflügels deutlich länger als der halbe
Flügel (wie z. B. auch bei *S. nigromaculatus*), bei *S. fischeri* dagegen etwa
halb so lang wie der Flügel. Ein weiterer, allerdings nicht so leicht erkenn-
barer Unterschied liegt in der Aderung der Hinterflügel: Das Medialfeld (es
liegt im Hinterflügel bereits kurz hinter dessen Vorderrand) ist in ganzer
Länge fast gleich breit, während es sich bei den übrigen *Stenobothrus*-
Arten (mit Ausnahme von *rubicundulus* und *cotticus*) zur Flügelspitze stark
verschmälert.

Fehlt in Deutschland

Stenobothrus fischeri ♂, Svetvincenat Is 21.7.88
Stenobothrus fischeri ♀, Svetvincenat Is 21.7.88

Familie Acrididae *Feldheuschrecken*

Stenobothrus crassipes *Zwerggrashüpfer*

Merkmale: Dieser unscheinbare Grashüpfer wird als Männchen 10–12 mm, als Weibchen 13–16 mm lang und ist damit die kleinste *Stenobothrus*-Art. Da die Flügel zu schmalen, kurzen Stummeln reduziert sind (beim Männchen reichen sie etwa bis zur Hinterleibsmitte, beim Weibchen nur bis zum 2. Abdominalsegment), kann man ihn leicht mit einer Larve verwechseln. Das erweiterte, regelmäßig quer geaderte Medialfeld ist beim Männchen gut zu erkennen; es reicht fast bis zur Flügelspitze. Die Grundfärbung ist meist heller oder dunkler braun; gelegentlich sind die Körperflanken oder der Rücken grün. Außer den hell gefärbten, schmal dunkel gesäumten und nur leicht gebogenen Halsschildseitenkielen sind im Allgemeinen kaum weitere Zeichnungen ausgebildet. Die Hinterknie können hell oder dunkel gefärbt sein. Adulte Tiere treten von Juli bis September, an den nördlichsten Vorkommensorten vielfach erst ab August auf.

Vorkommen: Der Zwerggrashüpfer ist ein ausgesprochenes Steppentier und hat seinen Verbreitungsschwerpunkt in den südosteuropäischen Steppengebieten, wie etwa in Ungarn, wo er ziemlich häufig vorkommt. Die nach bisheriger Kenntnis am weitesten nach Nordwesten vorgeschobenen Vorkommen lagen im Burgenland (Steppengebiete am Ostufer des Neusiedler Sees) und in Niederösterreich (z. B. Wiener Neustadt). So bedeutete es für die Fachwelt eine große Überraschung, als *Stenobothrus crassipes* 1982 während einer Exkursion der Universität Jena im Westteil des Kyffhäusers gleich an vier verschiedenen Stellen, z. T. in größerer Zahl, erstmals sogar in Deutschland gefunden wurde (Köhler 1985). Der Kyffhäuser, ein vorwiegend aus Gipsen und Kalkgestein aufgebauter Gebirgsstock südöstlich des Harzes, ist seit langem als Grenzstandort zahlreicher Steppenpflanzen und -tiere bekannt. Der Zwerggrashüpfer lebt hier im Gipskarst auf sehr dürren, extensiv mit Schafen beweideten Trockenrasen. Es hat durchaus den Anschein, dass die Art hier tatsächlich heimisch ist und nicht etwa eingeschleppt oder bewusst angesiedelt wurde. Offenbar wurde sie bisher wegen ihres unscheinbaren Erscheinungsbildes nur übersehen. In der Roten Liste wird sie als Art mit geographischer Restriktion angeführt.

Gesang: Der sehr leise Gesang besteht aus etwa 3 s andauernden, weichen Schwirrversen, die zu Beginn leicht anschwellen.

Rote Liste R

Stenobothrus crassipes ♂, (Kyffhäuser Th) 8.8.91
Stenobothrus crassipes ♀, (Kyffhäuser Th) 8.8.91

Familie Acrididae *Feldheuschrecken*

Stenobothrus ursulae *Aostatal-Grashüpfer* (= Stenobothrus nadigi)

Merkmale: Dieser erst seit wenigen Jahren bekannte Grashüpfer erinnert durch seine verkürzten Flügel etwas an den Zwerggrashüpfer, wird aber mit einer Körperlänge von 11–17 mm als Männchen und 15–24 mm als Weibchen deutlich größer. Die Flügel enden beim Männchen etwa mit dem zweiten, bei Weibchen dem ersten Drittel des Hinterleibs. Anders als bei den übrigen *Stenobothrus*-Arten ist das Medialfeld im Vorderflügel nicht erweitert und nur beim Männchen an der Basis quer geadert, ansonsten netzadrig. Die sehr langen Fühler des Männchens sind am Ende etwas erweitert. Die Halsschildseitenkiele sind deutlich gebogen. Die Färbung schwankt sehr, vor allem bei den Weibchen. Neben verschiedenen Brauntönen (rotbraun, dunkelbraun, ocker treten vereinzelt auch grün gezeichnete Weibchen auf. Die Hinterknie sind dunkelbraun bis schwarz, die Hinterschenkel wie die Schienen unterseits honiggelb. Adulte Tiere erscheinen im August und September, vermutlich auch schon früher.

Vorkommen: Diese bemerkenswerte neue Art wurde 1985 von Nadig südöstlich des Gran-Paradiso-Nationalparks an den Südosthängen der Punta Verzel entdeckt und von ihm nach seiner Assistentin benannt (Nadig 1986). Die Art lebt dort zwischen 1300 m und 1500 m Höhe in einem feuchten Alpweidengelände auf Borstgrasrasen und zwischen verschiedenen Zwergsträuchern (vor allem Heidekraut). Ebenfalls 1986 (aber etwas später als Nadig) beschrieb La Graeca einen „*Stenobothrus nadigi*" aus dem Aostatal (Lago di Chamolet) aus Höhen zwischen 2100 m und 2400 m. Eine eingehende Untersuchung durch Nadig erbrachte außer der unterschiedlichen Größe, die sich durch die unterschiedliche Höhenlage der beiden voneinander isolierten Populationen erklären lässt, keinen deutlichen Unterschiede, so dass *S. nadigi* als Synonym von *S. ursulae* zu gelten hat. Im Rahmen dieser Untersuchungen wurde von Nadig ein weiterer Fundort in über 2000 m Höhe entdeckt (Val de Camporcher bei Dondenaz).

Gesang: Der Gesang wird in etwa 5–7 s dauernden Versen vorgetragen, die sich aus etwa 30 kratzenden Einzeltönen zusammensetzen. Die Lautstärke nimmt im Verlauf des Verses deutlich zu.

Fehlt in Deutschland

Stenobothrus ursulae ♂, St. Elisabetta Pi 25.8.90
Stenobothrus ursulae ♀, St. Elisabetta Pi 25.8.90

Familie Acrididae *Feldheuschrecken*

Stenobothrus rubicundulus *Bunter Alpengrashüpfer*

Merkmale: Dieser auffällige Grashüpfer erreicht eine Körperlänge von 18–21 mm als Männchen und 20–26 mm als Weibchen. Das Männchen besitzt auffallend lange und breite, dunkelbraun gefärbte Vorderflügel, beim Weibchen sind sie heller und enden meist deutlich vor der Abdomenspitze. Die bei beiden Geschlechtern ebenfalls dunkelbraunen Hinterflügel sind in den Längsadern besonders versteift und durch ein erweitertes, mehr oder weniger parallelseitiges Medialfeld ausgezeichnet. Dieser gegenüber den übrigen *Stenobothrus*-Arten abweichende Bau der Hinterflügel steht im Zusammenhang mit dem Flugschnarren dieser Art und hat zur Aufstellung einer eigenen Untergattung *Crotalacris* geführt. Die Färbung ist recht variabel, es dominieren Brauntöne in verschiedene Abstufungen, doch auch hellgrüne oder graugrüne bzw. in verschiedenen Farbtönen gescheckte Tiere kommen vor. Die Hinterschenkel sind unterseits orange oder rot, ebenso die Hinterschienen, die Hinterknie schwarz. Die Hinterleibsspitze ist beim Männchen leuchtend rot, beim Weibchen gelblich oder rötlich. Die Art ist in warmen Lagen schon ab Anfang Juni, in Hochlagen ab Juli adult und dann noch bis in den September zu finden.

Vorkommen: *Stenobothrus rubicundulus* ist auf der Balkanhalbinsel und in den Alpen ziemlich weit verbreitet, tritt aber überall nur an vereinzelten, weit auseinander liegenden Fundorten auf. In den Alpen bewohnt er vorwiegend die mittleren und südlichen Teile (er fehlt in den deutschen Alpen) und wurde hier in Höhen zwischen etwa 500 m und über 2000 m gefunden. An der nördlichen Adriaküste geht er sogar bis auf etwa 100 m herab. Sein Lebensraum sind steinige oder felsige, trockene Abhänge, oft in Lichtungen subalpiner Lärchenwälder.

Gesang: Der Gesang setzt sich aus einer langen und sehr dichten, aber unregelmäßig gereihten Folge teils schwirrender, teils metallisch tickender Laute zusammen. Er geht vielfach in ein sitzend vorgetragenes, sehr lautes Flügelschnarren über. Man hat oft den Eindruck, dass das Tier sich dabei festklammern muss, um nicht durch die eigene Flügelbewegung losgerissen zu werden. Das Flügelschnarren wird aber auch im Flug (z. B. auf der Flucht) vorgetragen und dann oft ohne Unterbrechung nach der Landung weitergeführt.

Fehlt in Deutschland

Stenobothrus rubicundulus ♂, Muottas Muragl Gr 11.8.91
Stenobothrus rubicundulus ♀, Ucka Is 10.9.89

Familie Acrididae *Feldheuschrecken*

Stenobothrus cotticus *Cottischer Grashüpfer*

Merkmale: *Stenobothrus cotticus* erinnert sehr an *S. rubicundulus*, ist aber weniger bunt gefärbt und bleibt mit einer Körperlänge von 15–17 mm als Männchen bzw. 18–20 mm als Weibchen deutlich kleiner. Wie bei diesem sind auch hier die Hinterflügel dunkel pigmentiert und besonders versteift, so dass auch *S. cotticus* ein Flügelschnarren hervorbringen kann (er gehört ebenfalls zur Untergattung *Crotalacris*). Beim Männchen sind die Vorderflügel ebenfalls schwarzbraun; der helle Stigmafleck ist kaum erkennbar. Das Weibchen dagegen besitzt hellbraune, dunkel gefleckte Flügel, oft mit weißem Streifen am Vorderrand. Die Grundfärbung ist braun oder grün, beim Männchen meist ziemlich dunkel. Oft läuft bei beiden Geschlechtern ein ockerfarbener Längsstreifen von der Oberseite des Kopfes bis zum Hinterwinkel des Halsschilds. Die Hinterschenkel sind unterseits, wie die Hinterschienen, honiggelb, beim Männchen ebenso die Hinterleibsspitze. Die Hinterknie sind schwarz. Adulte Tiere findet man von Juli bis September.

Vorkommen: *Stenobothrus cotticus* ist ein Endemit der Südwestalpen. Sein Verbreitungsschwerpunkt liegt in den Hautes Alpes (z. B. Col d'Izoard, Montgenevre) und reicht von dort bis ins Susatal nach Italien (z. B. Colle Assietta). Weitere Fundorte liegen in den französischen und italienischen Meeralpen. Fast überall kommt die Art erst in Höhen ab ca. 2000 m vor und geht bis auf 2750 m. In diesen Lagen herrschen Steinschutthalden und Felspartien vor, die Vegetation ist nur noch sehr lückig entwickelt. Dennoch können solche Gebiete von zwar nicht sehr arten-, aber doch ausgesprochen individuenreichen Heuschreckengesellschaften besiedelt sein. Am Colle Assietta etwa lebt *S. cotticus* in ca. 2500 m Höhe gemeinsam mit sehr zahlreichen *Gomphocerus sibiricus*, *Arcyptera fusca* und *Anonconotus apenninigenus*.

Gesang: Der Gesang von *Stenobothrus cotticus* stellt eine sehr regelmäßige, etwas anschwellende Folge kurzer Schwirrverse dar. Diese haben eine Dauer von ca. 0,3 s, die dazwischen liegenden Pausen sind etwa doppelt so lang. Bei der Balz vor dem Weibchen geht dieser Gesang oft (wie bei *S. rubicundulus*) in sitzend vorgetragenes Flügelschnarren über, bei dem das Männchen nicht selten abhebt und dann nach kurzem Rundflug zurückkehrt, um mit dem normalen Gesang fortzufahren.

Fehlt in Deutschland

Stenobothrus cotticus ♂, Colle d. Assietta CA 21.8.92
Stenobothrus cotticus ♀, Colle d. Assietta CA 21.8.92

Familie Acrididae *Feldheuschrecken*

Omocestus viridulus *Bunter Grashüpfer*

Merkmale: Bei der Gattung *Omocestus* ist der Vorderflügel am Vorderrand
– wie bei *Stenobothrus* – nicht ausgebuchtet (Unterschied zu *Chorthippus*);
sein Medialfeld ist nicht erweitert (Unterschied zu *Stenobothrus*). Die Seitenkiele des Halsschilds sind winklig geknickt, hinten ist ihr Abstand etwa
doppelt so groß wie an der Knickstelle. Die Legeröhre ist nicht gezähnt.
Der Bunte Grashüpfer ist äußerst variabel in der Färbung: grün, braun, rot
oder gelblich, oft sehr bunt gescheckt. Die Tiere sind vielfach an den Seiten
braun oder rot und am Rücken leuchtend grün. Die Abdomenspitze ist niemals rot. Die Flügel sind wenig oder gar nicht gefleckt, aber am Rücken oft
grün. Die Körperlänge variiert zwischen 13 und 17 mm (Männchen) bzw.
20 und 24 mm (Weibchen). Die Weibchen können denen von *Stenobothrus
lineatus* oder *Omocestus ventralis* sehr ähneln. Die Art ist schon früh, ab
Mitte Juni, adult und lebt bis August/ September, ausnahmsweise auch bis
Oktober.

Vorkommen: Der Bunte Grashüpfer ist ein typischer Bewohner von mäßig
feuchten bis trockenen Bergwiesen. Dort ist er eine der dominierenden
Heuschrecken. Er kommt aber auch im norddeutschen Flachland verbreitet
vor und wurde sogar schon auf Helgoland gefunden. In den Alpen geht er
bis in 2600 m Höhe.

Gesang: Der Gesang ist leicht zu erkennen. Er besteht aus einem zu
Beginn anschwellenden Schwirren, das von einem markanten Ticken überlagert wird und etwa 10–20 s anhält. Ein solcher Vers erinnert auffallend an
einen schnell tickenden Wecker; in Holland hat man die Art daher auch
„Weckertje" getauft.

Omocestus viridulus ♂, Gerhausen SA 30.7.84
Omocestus viridulus ♀, Langenau SA 10.9.82

Familie Acrididae *Feldheuschrecken*

Omocestus rufipes *Buntbäuchiger Grashüpfer* (= O. ventralis)

Merkmale: Der Buntbäuchige Grashüpfer gehört mit zu den schönsten Feldheuschrecken. Das Weibchen ähnelt sehr dem von *O. viridulus*. Die markantesten Merkmale liegen auf der Unterseite: Der Bauch ist vorn grünlich, wird in der Mitte gelb und zur Abdomenspitze hin dann leuchtend rot – fast wie bei einem Regenbogen. Dazu bilden die schwarzen, an den Spitzen weißen Taster einen zusätzlichen Farbakzent. Die gleiche Farbverteilung findet sich auch beim Männchen. Ein weiterer Unterschied besteht in den Flügeln, die bei *O. rufipes* im Medialfeld meist deutlich, bei *O. viridulus* nur manchmal ganz schwach gefleckt sind. Die Hinterflügel sind in der Spitzenhälfte deutlich verdunkelt. Während die Weibchen an den Körperseiten meist schwarzbraun, am Rücken leuchtend grün gefärbt sind, erscheinen die Männchen dunkelbraun bis schwarz mit oft gelbbraunem Rücken und stets blutroter Abdomenspitze. Die Hinterschienen und oft auch die Schenkel sind beim Männchen rot. Die Körpergröße beträgt 12–17 mm (Männchen) bzw. 18–21 mm (Weibchen). Imagines findet man von Anfang Juli bis November.

Vorkommen: *Omocestus rufipes* lebt meist an trockenen, z. T. extrem dürren Orten, etwa zusammen mit *Psophus stridulus* und *Platycleis albopunctata* auf felsigen, fast vegetationsfreien Trockenrasen, mit *Myrmeleotettix maculatus* auf trockenen Wegen in Mooren oder mit den beiden anderen *Omocestus*-Arten gemeinsam auf kurzgrasigen Schafweiden. Die Art ist vor allem im südlichen Deutschland weit verbreitet, aber nirgends häufig. Im Norden ist sie selten und geht hier etwa bis zum unteren Elbetal. Sie steht auf der Vorwarnliste (Rote Liste V)

Gesang: Der Gesang klingt ganz ähnlich wie bei *O. viridulus*. Die Verse sind aber deutlich kürzer; meist dauern sie etwa 5 s.

Omocestus rufipes ♂, Lautern SA 2.9.82
Omocestus rufipes ♀, Lautern SA 2.9.82

Familie Acrididae *Feldheuschrecken*

Omocestus haemorrhoidalis *Rotleibiger Grashüpfer*

Merkmale: Der Rotleibige Grashüpfer ist mit 10–14 mm (Männchen) bzw. 16–19 mm Körperlänge (Weibchen) die kleinste *Omocestus*-Art in Deutschland. Die Grundfärbung ist heller oder dunkler braun, der Rücken, besonders beim Männchen, manchmal grün. Beim Männchen ist die Abdomenspitze rotgelb, doch nie so feuerrot wie bei *O. ventralis* (daher ist der Name eigentlich etwas irreführend). Die Taster sind einfarbig hellgrau. Die Vorderflügel sind im Medialfeld deutlich gefleckt, die Hinterflügel fast glasartig durchsichtig und nur an der Spitze etwas verdunkelt. Die Art ist recht unauffällig und leicht mit anderen Grashüpfern zu verwechseln, das Weibchen vor allem mit *Myrmeleotettix maculatus*, das Männchen besonders mit dem von *Stenobothrus stigmaticus*. Adulte Tiere erscheinen von Anfang Juli bis Oktober.

Vorkommen: *Omocestus haemorrhoidalis* liebt Wärme und Trockenheit. Die Schwerpunkte seines Vorkommens liegen auf kurzgrasigen, dürren Schafweiden und in Dünengebieten. Die Art kommt fast im gesamten Gebiet vor, ist aber überall selten. Sie gilt als gefährdet mit unbekanntem Gefährdungsstatus.

Gesang: Der Gesang ist sehr leise und besteht aus schnell gereihten, gleichartigen Tönen, die wie „schischischischi…" klingen und zu etwa 3 s dauernden Versen zusammengefasst sind. Bei hohen Temperaturen folgen die Einzeltöne so schnell aufeinander, dass sie zu einem einheitlichen Schwirren zusammenfließen. Die Verse werden in ganz unregelmäßigen Abständen aneinander gereiht.

Rote Liste G

Omocestus haemorrhoidalis ♂, Riedheim BS 26.9.82
Omocestus haemorrhoidalis ♀, Rammingen SA 8.9.82

Familie Acrididae *Feldheuschrecken*

Omocestus petraeus *Felsgrashüpfer*

Merkmale: Der Felsgrashüpfer hat große Ähnlichkeit mit dem Rotleibigen Grashüpfer, dem er in der Größe etwa gleicht. Das Männchen hat aber niemals eine rote, sondern stets eine blass gelblich gefärbte Hinterleibsspitze. Bei beiden Geschlechtern ist außerdem die Brust ziemlich dicht behaart (bei *O. haemorrhoidalis* schwach behaart), und die Queradern im Medialfeld der Vorderflügel haben einen größeren Abstand zueinander und sind regelmäßiger verteilt als bei der andern Art (hierdurch erinnert *O. petraeus* an die Gattung *Stenobothrus*). Die Grundfärbung ist meist gelbbraun oder graubraun, selten grün (wie bei dem abgebildeten Weibchen). Über die Mitte von Scheitel und Halsschild zieht ein heller Längsstreifen. Adulte Tiere treten von Juni bis Oktober auf.

Vorkommen: Der wärmeliebende Felsgrashüpfer ist vorwiegend in Ost- und Südosteuropa heimisch, kommt aber auch in Südfrankreich an zahlreichen Orten vor. In Mitteleuropa tritt er nur an einigen ausgesprochenen Wärmeinseln im Burgenland, in Niederösterreich und in Südtirol auf. Recht häufig findet man ihn dagegen in Istrien. Er bewohnt steinige Trockengebiete mit nur schwach entwickelter Vegetation und scheint den Rotleibigen Grashüpfer südlich der Alpen weitgehend zu ersetzen.

Wissenswertes: Der sehr leise Gesang besteht aus etwa 5–10 s langen, etwas anschwellenden Versen, die auch bei höheren Temperaturen aus deutlich getrennten Einzeltönen zusammengesetzt sind.

Fehlt in Deutschland

Omocestus petraeus ♂, Svetvincenat Is 22.7.88
Omocestus petraeus ♀, Svetvincenat Is 22.7.88

Familie Acrididae *Feldheuschrecken*

Omocestus raymondi *Südfranzösischer Grashüpfer*

Merkmale: Dieser unscheinbare Grashüpfer ist schwer zu charakterisieren, da er eigentlich keine besonders typischen Merkmale besitzt. Er erreicht als Männchen 12–16 mm, als Weibchen 14–19 mm Körperlänge. Der nicht erweiterte Flügelvorderrand, das schmale Medialfeld und die ungezähnten Legeröhrenklappen weisen ihn als Angehörigen der Gattung *Omocestus* aus. Hier gehört er nach seinen stark winklig geknickten Halsschildseitenkielen zusammen mit *O. haemorrhoidalis* und *O. petraeus* zur Untergattung *Dirshius*. Von den beiden verwandten Arten unterscheidet er sich außer durch die größere Körperlänge durch die etwas längeren Flügel und die im Spitzenteil deutlich verdunkelten (oft fast schwarzen) Hinterflügel (bei *O. haemorrhoidalis* sind diese nur ganz leicht verdunkelt, bei *O. petraeus* glasartig durchsichtig). Die Grundfärbung ist meist dunkelbraun, beim Männchen oft fast schwarz ohne besonders auffallende Zeichnungen. Das Männchen besitzt meist eine rote oder orangefarbige Abdomenspitze. Adulte Tiere erscheinen von Juni bis Oktober, manchmal schon im Mai.

Vorkommen: Die südwesteuropäisch verbreitete Art ist in Südfrankreich (von den Pyrenäen bis zu den Ausläufern der Südwestalpen) weit verbreitet und gebietsweise recht häufig, wird aber durch ihr unauffälliges Erscheinungsbild leicht übersehen. Weiter östlich fehlt sie, ebenso im gesamten Mitteleuropa. Ihr Lebensraum sind vor allem steinige und felsige Gebiete im niedrigen Bergland und in der Ebene.

Gesang: Der Gesang besteht aus sehr kurzen, nur etwa 1 s andauernden Schwirrversen, die deutlich lauter sind als bei den beiden verwandten Arten. Meist wird man erst durch diesen Gesang auf die Art aufmerksam.

Fehlt in Deutschland

Omocestus raymondi ♂, T. Madeloc PO 14.9.91
Omocestus raymondi ♀, T. Madeloc PO 14.9.91

Familie Acrididae *Feldheuschrecken*

Omocestus antigai *Pyrenäen-Grashüpfer*
(= O. broelemanni, Stenobothrus broelemanni)

Merkmale: Die Art vermittelt etwas zwischen den Gattungen *Omocestus* und *Stenobothrus*. So sind die Legeröhrenklappen meist mehr oder weniger deutlich gezähnt (*Stenobothrus*-Merkmal), das Medialfeld der Vorderflügel aber kaum erweitert (*Omocestus*-Merkmal). Sie wurde daher – je nach Autor – teils in die eine, teils in die andere Gattung eingereiht. Bisher galten *O. antigai* und *O. broelemanni* als getrennte Arten. Nach eingehender Untersuchung der verschiedenen Merkmale, vor allem auch der Gesänge, erscheint es allerdings angebracht, die beiden Arten zusammenzufassen. Dabei erweist sich der ältere Name, *O. antigai*, als gültiger Artname. Die Körperlänge schwankt zwischen 15 und 18 mm beim Männchen sowie 18 und 21 mm beim Weibchen. Die Flügel sind deutlich verkürzt, beim Männchen enden sie meist deutlich vor der Abdomenspitze, beim Weibchen reichen sie etwa bis zu dessen Mitte. Die Grundfärbung ist braun oder (seltener) grün, die Hinterleibsspitze beim Männchen oft in der hinteren Hälfte rot. Die Hinterschenkel sind unterseits hell orange bis kräftig rot; sie tragen vor dem dunklen Knie einen breiten, hellen Ring. Auch die Hinterschienen zeichnen sich durch orange bis rote Färbung aus. Adulte Tiere sind im August und September zu finden, wahrscheinlich auch bereits früher im Jahr.

Vorkommen: Die Art ist offenbar im Ostteil der spanischen Pyrenäen weiter verbreitet (= die „bisherige" Art *O. antigai*), kommt auf der französischen Seite der Ostpyrenäen aber anscheinend nur an wenigen Stellen vor (= die bisherige Art *O. broelemanni*). Ich fand sie sehr vereinzelt am Osthang des Canigou in etwa 1400 m Höhe in der Umgebung des Tour de Batere. Sie lebt hier in grasigem, teilweise mit Zwergwacholder bewachsenem Gelände. Nach Harz (1975) kommt sie in Höhen bis 2200 m vor.

Fehlt in Deutschland

Omocestus antigai ♂, Canigou PO 5.9.93
Omocestus antigai ♀, Canigou PO 5.9.93

Familie Acrididae *Feldheuschrecken*

Gomphocerus sibiricus *Sibirische Keulenschrecke* (= Aeropus sibiricus)

Merkmale: Bei der Sibirischen Keulenschrecke sind, wie bei allen Keulen-schrecken, die Fühler am Ende etwas erweitert und dadurch keulenförmig. Diese Erweiterung ist aber nur von oben und unten sichtbar; in Seitenan-sicht sind die Fühlerspitzen abgeflacht. Die Grundfarbe ist braun, grün oder gelblich, oft sind verschiedene Farben kombiniert. Die Flügel sind am Vor-derrand ausgebuchtet, beim Weibchen leicht verkürzt. Das Medialfeld ist (ähnlich wie bei *Stenobothrus*) erweitert. Das Männchen ist durch die bla-senförmig angeschwollenen Vorderschienen unverkennbar. Darüber hin-aus erscheint das Halsschild in Seitenansicht stark bucklig (beim Weibchen undeutlich). Die Körperlänge variiert zwischen 18 und 23 mm (Männchen) bzw. 19 und 25 mm (Weibchen). Imagines treten von Juli bis September auf.

Vorkommen: Die Sibirische Keulenschrecke kommt bei uns nur in den Alpen vor. Ihre Fundorte beginnen bei etwa 1000 m, doch erst in Höhen um 2000 m wird sie gebietsweise häufig. Sie lebt auf trockenen, vegetations-armen Alpenmatten, besonders an südexponierten, grasigen Hängen, aber auch im Alpenrosengestrüpp. Die obere Grenze ihrer Verbreitung liegt (in der Schweiz) bei 2600 m. Sie wird in der Roten Liste als Art mit geographi-scher Restriktion geführt.

Gesang: Der lautstarke Gesang von *Aeropus sibiricus* in einem stillen Hochalpental ist ein bleibendes Erlebnis. Es dominieren meist zwei Ge-sangsweisen. Die eine ist der Rivalenlaut, ein kratzendes „trrrt", das an den Laut von *Chorthippus brunneus* erinnert und oft in ganz ähnlicher Weise von zwei Männchen alternierend vorgetragen wird. Die andere Singweise, der gewöhnliche Gesang, besteht aus schnell gereihten, sehr lauten Tönen (ca. 5/s), die wie „trä" klingen und in etwa 15–20 s dauernden Versen vorge-tragen werden. Oft singen mehrere Männchen genau synchron, aber auch regelmäßiger Wechselgesang kommt vor.

Wissenswertes: Bei der Balz vor dem Weibchen kommt es auch zu fast pantomimischen Bewegungsweisen. Dabei spielen offensichtlich die bla-senförmigen Vorderschienen der Männchen eine wichtige Rolle als opti-sche Signalgeber. Ansonsten ist über die Funktion dieser merkwürdigen Sonderbildungen nichts bekannt.

Rote Liste R

Gomphocerus sibiricus ♂, Hochgurgl Ti 31.7.83
Gomphocerus sibiricus ♀, Hochgurgl Ti 1.8.83

Familie Acrididae *Feldheuschrecken*

Aeropedellus variegatus *Alpen-Keulenschrecke*

Merkmale: Diese ziemlich untersetzt gebaute Keulenschrecke erreicht als Männchen 13–18 mm, als Weibchen 17–24 mm Körperlänge. Die Fühler sind bei beiden Geschlechtern ziemlich kurz und am Ende nur schwach erweitert. Die Flügel sind am Vorderrand deutlich erweitert (wie bei *Aeropus*) und reichen beim Männchen nicht ganz bis zur Abdomenspitze, beim Weibchen nur etwa bis zu dessen Mitte. Die Grundfärbung ist düster graubraun bis grauoliv, bei Weibchen finden sich oft ausgedehnte, hellgrüne Zeichnungen (wodurch dieses an die Gattung *Stenobothrus* erinnert). Vorn an den Halsschildseitenlappen fällt fast stets ein tiefschwarzer, dreieckig-eiförmiger Fleck ins Auge. Die Hinterleibstergite erscheinen durch ausgedehnte, schwarze Zeichnungen deutlich hell-dunkel gescheckt. Adulte Tiere treten meist erst ab August auf und sind dann noch bis in den September zu beobachten.

Vorkommen: *Aeropedellus variegatus* ist neben *Bohemanella frigida* die zweite typisch boreoalpin verbreitete Heuschreckenart: außer im hohen Norden Europas und in Sibirien kommt sie nur in den Hochlagen der Alpen und einiger Südeuropäischer Gebirge vor. Ihr Verbreitungsgebiet in den Alpen weist große Lücken auf (die Art fehlt in Deutschland und Österreich), reicht aber von den Südostalpen (Triglav-Gebiet in Slowenien) bis in die französischen und piemontesischen Hochalpen. Die höchste Fundortdichte herrscht im Engadin (z. B. Muottas Muragl, Schafberg, Piz Lagalb). Fast überall lebt die Alpen-Keulenschrecke erst in Höhen ab 2400 m; der höchste bislang bekannt gewordene Fundort (M. Cotschen) stellt mit 3100 m einen absoluten Rekord für Heuschrecken dar. Die äußerst kälteresistente, zugleich wärmeempfindliche Art bewohnt hier sehr lebensfeindliche Biotope, in denen zwischen Gesteinstrümmern nur noch wenige Gräser und Polsterpflanzen wachsen.

Gesang: Der Gesang setzt sich wie bei *Gomphocerus sibiricus* aus zwei verschiedenen Elementen zusammen, ist aber wesentlich leiser. Zu Beginn werden kurze, kratzende Töne in schneller Folge vorgetragen (die bis auf die viel geringere Lautstärke sehr an die entsprechenden Laute von *G. sibiricus* erinnern), dann folgt ein etwas lauterer, ca. 1–2 s andauernder Schwirrvers. Durch dieses abschließende Gesangselement wird man im Gelände am ehesten auf die Art aufmerksam.

Fehlt in Deutschland

Aeropedellus variegatus ♂, (Muottas Muragl Gr) 12.8.91
Aeropedellus variegatus ♀, (Muottas Muragl Gr) 12.8.91

Familie Acrididae *Feldheuschrecken*

Gomphocerippus rufus *Rote Keulenschrecke* (= Gomphocerus rufus)

Merkmale: Bei der Roten Keulenschrecke sind die Fühlerenden (vor allem beim Männchen) sehr deutlich verbreitert. Die Fühlerkeulen sind schwarz mit weißen Spitzen. Die Grundfarbe schwankt zwischen rotbraun und graubraun, auch gelbliche Töne kommen vor. Die Flügel sind am Vorderrand ausgebuchtet, das Medialfeld ist nicht erweitert. Die Körperlänge beträgt 14–16 mm (Männchen) bzw. 17–24 mm (Weibchen). Die ersten Imagines findet man im Juli, aber noch im September treten Larven auf. Die Tiere leben bis Oktober/ November.

Vorkommen: Die Rote Keulenschrecke lebt an mäßig feuchten bis mäßig trockenen Stellen, vor allem an sonnigen Waldrändern, auf Waldlichtungen, aber auch auf Trockenrasen. Sie hält sich weniger am Boden auf als andere Feldheuschrecken; gern sonnt sie sich z. B. im Brombeergestrüpp. Im südlichen und mittleren Deutschland ist sie häufig. Nach Norden geht sie nicht ganz bis zum Nordrand der Mittelgebirge. In den Alpen kommt sie bis in Höhen von etwa 2000 m vor.

Gesang: Der Gesang besteht aus schnell gereihten, zischenden Tonstößen, die etwa wie „sch-sch-sch-sch..." klingen. Die Verse dauern durchschnittlich 5 s und setzen sich aus ca. 30 derartigen Einzelstößen zusammen. Bei der Werbung vor dem Weibchen wird ein dreiphasiger Werbegesang vorgetragen, der von ausdrucksvollen Fühler- und Tasterbewegungen begleitet wird.

Wissenswertes: Das Weibchen legt sein Eipaket im Erdboden ab. Es verschließt das bei der Eiablage entstandene Loch durch kratzende und stampfende Bewegungen mit den Hinterbeinen.

Gomphocerippus rufus ♂, Arnegg SA 29.8.84
Gomphocerippus rufus ♀, Auendorf SA 30.9.84

Familie Acrididae *Feldheuschrecken*

Myrmeleotettix maculatus *Gefleckte Keulenschrecke*
(= Gomphocerus maculatus)

Merkmale: Das Männchen der Gefleckten Keulenschrecke besitzt deutliche, einfarbig dunkle Fühlerkeulen, die meist nach außen gebogen sind. Beim Weibchen dagegen ist die Fühlererweiterung kaum erkennbar. Die Grundfarbe ist meist rotbraun bis gelbbraun, oft auch grün oder bunt gescheckt. Beim Männchen ist die Abdomenspitze meist rot. Vielfach sind die Tiere ganz hervorragend dem Untergrund angepasst, besonders die Weibchen. Der Vorderrand der Flügel ist nicht ausgebuchtet, das Medialfeld etwas erweitert und dunkel gefleckt. Mit nur 11–13 mm (Männchen) bzw. 12–17 mm Körperlänge (Weibchen) gehört die Art zu unseren kleinsten Feldheuschrecken. Vor allem das Weibchen ist leicht mit dem von *Omocestus haemorrhoidalis* zu verwechseln. Es ist aber etwas untersetzter gebaut als dieses (so ist z. B. bei Betrachtung von oben das Halsschild nur etwa so lang wie der Kopf, bei *O. haemorrhoidalis* deutlich länger). Die Erscheinungszeit der Imagines ist recht lang; sie reicht von Mitte Juni bis Oktober.

Vorkommen: Die Gefleckte Keulenschrecke bewohnt ausschließlich vegetationsarme, trockene Stellen. In den norddeutschen Heidegebieten und auf Sanddünen ist sie sehr häufig, ebenso in dürren, kalkarmen Gegenden Süddeutschlands. Auf Kalktrockenrasen kommt sie dagegen nur selten vor. Erstaunlicherweise lebt sie auch vielfach in Mooren, bewohnt hier aber nur die trockensten Stellen, z. B. ausgetrocknete, abgetorfte Flächen.

Gesang: Der Gesang ist leise, aber recht markant. Er besteht aus ca. 10 s langen Reihen schwirrender Laute, die jeweils knapp 0,5 s dauern und durch kurze Unterbrechungen getrennt sind, etwa „rrr-rrr-rrr-rrr...". Am Schluss folgen einige Laute in etwas größerem Abstand.

Myrmeleotettix maculatus ♂, Gosheim NÖR 28.8.83
Myrmeleotettix maculatus ♀, Betzhorn LH 31.8.81

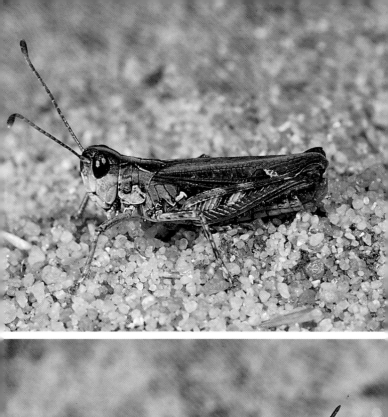

Familie Acrididae *Feldheuschrecken*

Myrmeleotettix antennatus *Langfühlerige Keulenschrecke*

Merkmale: Diese Art ähnelt sehr der Gefleckten Keulenschrecke und entspricht ihr etwa in der Größe. Der auffallendste Unterschied liegt in den Fühlern: Diese erreichen beim Männchen nahezu Körperlänge und tragen an der Spitze eine sehr breite, flache Fühlerkeule; beim Weibchen sind sie schwach, aber deutlicher als bei der anderen Art erweitert. Die Färbung schwankt zwischen ockergelb und dunkelbraun; insgesamt ist sie weit weniger variabel als bei der Gefleckten Keulenschrecke. Adulte Tiere findet man von Juli bis Oktober.

Vorkommen: *Myrmeleotettix antennatus* ist sehr wärmeliebend und zeigt wie die andere Art der Gattung eine ausgesprochene Vorliebe für lockere Sandböden. Sie kommt nur im östlichen Teil Europas vor und reicht mit ihrem Verbreitungsgebiet im Westen bis nach Ungarn und Niederösterreich. Hier lebt sie vorzugsweise auf fast vegetationsfreien Sanddünen.

Fehlt in Deutschland

Gomphoceridius brevipennis *Pyrenäen-Keulenschrecke*

Merkmale: Diese ziemlich robust gebaute Keulenschrecke erreicht als Männchen 13–18 mm, als Weibchen 17–21 mm Körperlänge. Die gekeulten Fühler sind auffallend kurz; beim Männchen reichen sie, nach hinten gelegt, kaum über das Halsschild hinaus, beim Weibchen nur bis zu dessen Mitte. Als einzige Keulenschrecke besitzt sie deutlich verkürzte Flügel, die beim Männchen etwa bis zur Abdomenspitze, beim Weibchen bis zum Ende des 2. Segments reichen. Die Grundfärbung variiert zwischen verschiedenen Grün- und Brauntönen. Die Hinterschenkel sind unterseits, oft sogar in ganzer Ausdehnung, rot oder orange, ebenso die Hinterschienen; die Hinterknie sind meist dunkel. Adulte Tiere dieser Art treten von Juli bis September auf.

Vorkommen: Die Pyrenäen-Keulenschrecke gehört zusammen mit *Cophopodisma pyrenaea* (S. 212) zu den bemerkenswertesten Endemiten der Pyrenäen. Sie lebt hier fast ausschließlich in Höhen von 2000–2600 m, oft gemeinsam mit *C. pyrenaea*. Beide Arten besiedeln die Almwiesen der Mittel- und Ostpyrenäen oftmals in hoher Dichte und werden meist noch von der Sibirischen Keulenschrecke begleitet.

Fehlt in Deutschland

Myrmeleotettix antennatus ♂, Szigetmonostor Un 8.7.86
Gomphoceridius brevipennis ♀, Canigou PO 8.9.91

Familie Acrididae *Feldheuschrecken*

Stauroderus scalaris *Gebirgsgrashüpfer*
(= S. morio, Chorthippus scalaris)

Merkmale: Der Gebirgsgrashüpfer steht den *Chorthippus*-Arten sehr nahe und wird manchmal auch zu dieser Gattung gerechnet (Harz 1975). Beim Männchen sind das Medialfeld und das Costalfeld des Vorderflügels auffällig erweitert und ganz regelmäßig quer geadert. Beim Weibchen ist das Medialfeld ebenfalls erweitert, aber netzförmig geadert. Die Hinterflügel sind bei beiden Geschlechtern dunkelbraun, beim Männchen auch die Spitzen der Vorderflügel. Die Grundfärbung ist ansonsten braun, gelblich oder olivgrün. Die Hinterschienen sind rot oder gelb. Mit einer Körperlänge von 18–21 mm (Männchen) bzw. 23–27 mm (Weibchen) ist der Gebirgsgrashüpfer etwas größer als die meisten *Chorthippus*-Arten. Er ist von Juli bis September adult.

Vorkommen: *Stauroderus scalaris* bewohnt vor allem trockene, steinige Bergwiesen. Er kam früher sogar im Allergebiet und im Harz vor, von wo er aber seit langem verschwunden ist. Seine aktuellen Fundorte bei uns liegen im südlichen Schwarzwald und auf der mittleren Schwäbischen Alb sowie an einer einzigen Stelle in den deutschen Alpen. Er gilt derzeit als gefährdet. Sehr individuenreiche Bestände finden sich u. a. noch in den Schweizer Alpen (dort gehört die Art stellenweise zu den häufigsten Heuschrecken).

Gesang: Der Gebirgsgrashüpfer verfügt über ein sehr reiches Repertoir an Lautäußerungen; ich beschränke mich hier auf die wichtigsten. Der gewöhnliche Gesang besteht aus zwei verschiedenen Elementen, einem weich schwirrenden Laut durch schnelle Auf- und Abbewegungen der Schenkel („dsch") und einem harten Schnarrton durch einmaliges Hochreißen der Schenkel („trr"). Diese Laute werden abwechselnd in unterschiedlich langen Reihen vorgetragen: „dsch-trr-dsch-trr-dsch-trr…". Am Anfang steht immer der weiche, am Ende der harte Ton. Daneben erzeugen beide Geschlechter ein weiches Flugschnarren, viel weicher als bei *Psophus stridulus.*

Rote Liste 3

Stauroderus scalaris ♂, (Huben Ti) 11.8.83
Stauroderus scalaris ♀, Reichenau Gr 31.7.84

Familie Acrididae *Feldheuschrecken*

Chorthippus apricarius *Feld-Grashüpfer*
(= Glyptobothrus apricarius, Stauroderus apricarius)

Merkmale: In der Gattung *Chorthippus* sind Arten mit recht unterschiedlichen Merkmalen zusammengefasst. Allen (mit Ausnahme des Männchens von *Ch. albomarginatus*) gemeinsam ist eine deutliche Ausbuchtung am Vorderrand des Vorderflügels. Die Legeröhrenklappen sind außerdem ungezähnt. Hinsichtlich der Flügeladerung und der Form der Halsschild-Seitenkiele gibt es große Unterschiede.

Der Feld-Grashüpfer gehört zur Untergattung *Glyptobothrus*, die sich von *Chorthippus* i.e.S. durch winklig geknickte Halsschildseitenkiele unterscheidet. *Chorthippus apricarius* besitzt wie *Stauroderus scalaris* ein erweitertes, beim Männchen regelmäßig quer geadertes Costal- und Medialfeld. Beim Weibchen sind diese beiden Flügelfelder netzadrig. Die Hinterflügel sind glasartig durchsichtig. Die Grundfarbe ist im Allgemeinen blass gelbbraun, selten rotbraun, mit nur schwach entwickelter, dunklerer Zeichnung. Die Tympanalöffnung ist oval. Die Körperlänge beträgt 13–16 mm (Männchen) bzw. 16–22 mm (Weibchen). Imagines erscheinen von Juli bis Oktober.

Vorkommen: *Chorthippus apricarius* bevorzugt warme, trockene Sandböden, kommt aber auch auf Kalktrockenrasen vor. Er lebt vor allem an trockenen, grasigen Wegrändern zwischen Getreidefeldern oder Wiesen. Gebietsweise kommt er noch häufig vor (vor allem in Norddeutschland), ist aber vielerorts von den Rändern landwirtschaftlicher Nutzflächen bereits verschwunden. Er gilt derzeit noch nicht als gefährdet.

Gesang: Der sehr unauffällige, leicht zu übersehende Feld-Grashüpfer verrät sich oft durch seinen sehr charakteristischen Gesang. Die Einzelsilben setzen sich aus zwei unterschiedlichen Klangelementen zusammen, einem stoßenden („k") und einem schabenden Anteil („chi"). Das stoßende Element erscheint meist nur in jeder zweiten Silbe. Die Silben werden zu langen Versen aneinander gereiht und klingen dann etwa wie „kchichi-kchichi-kchichi....". Die Verse beginnen leise, erreichen bald die volle Lautstärke und enden ganz unvermittelt. Der Gesang klingt etwas zischend-schnaufend; daher hat man die Art in Holland „Locomotiefje" getauft.

Chorthippus apricarius ♂, Rotenburg LH 30.7.91
Chorthippus apricarius ♀, Rotenburg LH 30.7.91

Familie Acrididae *Feldheuschrecken*

Chorthippus pullus *Kiesbank-Grashüpfer*
(= Glytobothrus pullus, Stauroderus pullus)

Merkmale: Beim Kiesbank-Grashüpfer sind in beiden Geschlechtern die Flügel verkürzt; beim Männchen reichen sie etwa bis zur Abdomenspitze, beim Weibchen bis zur Mitte des Hinterkörpers. Voll geflügelte Exemplare sind sehr selten. Die Grundfärbung, einschließlich der Flügel, ist meistens dunkel rotbraun oder graubraun, seltener gelblich. Die Hinterschenkel tragen oben zwei dunkle Flecken; die Hinterknie sind schwarz. Einen starken Kontrast zur unauffälligen Grundfärbung bilden die leuchtend blutroten Hinterschienen. Die Tympanalöffnung ist oval. Die Körpergröße variiert zwischen 12 und 17 mm (Männchen) bzw. 18 und 22 mm (Weibchen). Imagines findet man von Juli bis Oktober.

Vorkommen: *Chorthippus pullus* ähnelt in seinen Ansprüchen sehr der Gefleckten Schnarrschrecke (S. 230). Wie diese lebt er auf Kiesbänken der Alpenflüsse und in sandigen Heidegebieten. Inzwischen ist er aber aus den Sandheiden weitgehend verschwunden (kommt aber noch in der Umgebung von Berlin und in Sachsen vor). Er ging früher gemeinsam mit *Tetrix tuerki* und *Bryodemella tubeculata* an Lech und Isar bis weit ins Alpenvorland. Außerhalb der eigentlichen Alpenregion scheint er aber heute an den Alpenflüssen verschwunden zu sein. Er gilt bei uns inzwischen als vom Aussterben bedroht.

Gesang: Der Gesang ist ein 1–2 s anhaltendes Schwirren, das etwa wie „ssss" klingt. Es ähnelt dem Gesang von *Stenobothrus nigromaculatus*, ist aber weicher und gleichförmiger. Auch fehlt die für *S. nigromaculatus* typische Reihung mehrerer Verse. Besondere Werbegesänge fehlen ebenfalls.

Rote Liste 1

Chorthippus pullus ♂, (Huben Ti) 10.8.83
Chorthippus pullus ♀, Oberstdorf Ag 11.9.82

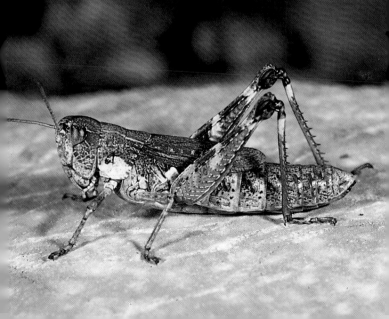

Familie Acrididae *Feldheuschrecken*

Chorthippus alticola *Höhengrashüpfer*

Merkmale: Der Höhengrashüpfer erreicht als Männchen 13–17 mm, als Weibchen 18–22 mm Körperlänge. Die Form der Halsschildseitenkiele variiert sehr. Es gibt Individuen mit nur leicht gebogenen Kielen (etwa wie bei *Ch. parallelus*); meist sind sie aber deutlich winklig gebogen. Dieses Merkmal kann sogar innerhalb einzelner Populationen starken Schwankungen unterliegen. Das Hörorgan ist oval geformt (etwa wie beim Steppengrashüpfer). Die Flügel reichen beim Männchen bis kurz vor die Abdomenspitze; beim Weibchen sind sie stark verkürzt, etwa wie beim Gemeinen Grashüpfer. Die Färbung schwankt ganz außerordentlich. In den östlichen Teilen des Verbreitungsgebietes (s.u.) ist die Grundfärbung heller oder dunkler braun; die Hinterschienen sind honiggelb. Ebenfalls gelblich gefärbt ist die Hinterleibsspitze des Männchens. An den Abdomenseiten zieht eine breite, oft in Flecken aufgelöste Längsbinde zur Abdomenspitze (beim Männchen endet sie meist schon vorher). Ganz im Gegensatz dazu herrschen im westlichen Teil des Verbreitungsgebietes sehr bunte Färbungstypen vor (wie bei den beiden abgebildeten Individuen). Oft sind weite Teile des Körpers leuchtend grün gefärbt oder kontrastreich hell-dunkel gescheckt. Das Männchen besitzt eine leuchtend blutrote Hinterleibsspitze und ebenso gefärbte Hinterleibsschienen (beim Weibchen sind diese gelblich oder rötlich). Dieses sehr unterschiedliche Erscheinungsbild führte dazu, dass die östliche Unterart zunächst als eigene Art (*Chorthippus rammei*) beschrieben wurde. Im Übergangsbereich lassen sich aber zahlreiche Übergangsformen finden (Nadig 1981). Adulte Tiere erscheinen von Juli bis Oktober.

Vorkommen: Die Art ist ein Endemit der österreichischen, slowenischen und italienischen Alpen. Ihr Verbreitungsgebiet reicht, mit zahlreichen Unterbrechungen, vom Hochobir in Kärnten (hier die Unterart *Ch. alticola rammei*) über die Karawanken bis zu den Bergen westlich und nordwestlich des Gardasees (wo die meist auffallend bunt gefärbte Unterart *Ch. alticola alticola* auftritt). Sie lebt auf Almwiesen und Zwergstrauchheiden in Höhen zwischen 1500 m und 2100 m.

Gesang: Der Gesang erinnert etwas an *Chorthippus parallelus* oder *Ch. montanus*. Er setzt sich aus leicht anschwellenden Versen zusammen, die jeweils aus etwa acht kurzen Einzellauten bestehen.

Fehlt in Deutschland

Chorthippus alticola ♂, Passo di Tremalzo Ve 11.9.88
Chorthippus alticola ♀, Passo di Tremalzo Ve 11.9.88

Familie Acrididae *Feldheuschrecken*

Chorthippus vagans *Steppengrashüpfer*
(= Glyptobothrus vagans, Stauroderus vagans)

Merkmale: Der Steppengrashüpfer ähnelt sehr den Arten der nachfolgenden *Biguttulus*-Gruppe. Am sichersten unterscheidet er sich von diesen durch seine ovale Tympanalöffnung und den Gesang (s.u.). Die Grundfärbung ist dunkelbraun bis gelblich, die Abdomenspitze bei beiden Geschlechtern oben rot. Über die Halsschildseiten ziehen oben zwei breite, schwarze Längsstreifen, durch die, scharf abgesetzt, die weißen, geknickten Seitenkiele verlaufen. Die Hinterschienen sind rot oder gelb. Die Flügel reichen meist nur bis zu den Hinterknien. Im Habitus und in der Flügelform (auch im Lebensraum) ähnelt die Art am meisten *Ch. mollis*, ist aber im Allgemeinen wesentlich bunter und dunkler. Die Körperlänge schwankt zwischen 12 und 15 mm (Männchen) bzw. 16 und 22 mm (Weibchen). Imagines findet man von Juli/August bis Oktober.

Vorkommen: *Chorthippus vagans* lebt an warmen, trockenen Orten mit spärlicher Vegetation. Er kommt vor allem auf felsigen Steppenheiden, aber auch in Dünengebieten und lichten Kiefernwäldern vor. In Bayern ist er gebietsweise nicht selten, etwa im Altmühltal sowie im Raum Nürnberg, Würzburg und Passau. Im übrigen Gebiet gehört die Art zu den seltensten Heuschrecken. Die nördlichsten Vorkommen liegen am Steinhuder Meer und an der Elbe. Die Art ist durch Veränderungen ihrer Lebensräume gefährdet.

Gesang: Der Gesang ist wenig ausdifferenziert. Er setzt sich aus gleichartigen, kratzenden Tönen zusammen, die in langen, regelmäßigen Reihen mit etwa 5 Lauten/s vorgetragen werden, etwa „trätra-trä...". Als Rivalengesang werden die gleichen Laute in unregelmäßig zerhackter Folge gebracht, z. B. „träträ-trä-träträträ-träträ-...".

Rote Liste 3

Chorthippus vagans ♂, Eichstätt FrA 19.8.84
Chorthippus vagans ♀, Eichstätt FrA 19.8.84

Chorthippus biguttulus *Nachtigall-Grashüpfer*
(= Glyptobothrus biguttulus, Stauroderus biguttulus,
Stauroderus variabilis part.)

Merkmale: Der Nachtigall-Grashüpfer gehört zur schwer bestimmbaren Gruppe von Arten mit schmal nierenförmiger Tympanalöffnung (*Biguttulus*-Gruppe). Früher hielt man die drei heimischen Vertreter für Angehörige der gleichen Art, die nur ausgesprochen variabel in der Flügel-form sein sollte (*Stauroderus variabilis*). Zwar war schon lange aufgefallen, dass manche Tiere schmale, lange Flügel hatten und andere kurze, breite. Doch ließen sich danach keine zwei Arten trennen, da immer wieder „Zwischenformen" auftraten, die sich nicht klar eingliedern ließen. Erst als Ramme die Gesänge untersuchte, stellte sich heraus, dass sich gleich drei verschiedene Arten unter dem Sammelnamen *St. variabilis* verbargen (Ramme 1920). Bei *Chorthippus biguttulus* sind die Vorderflügel vergleichs-weise kurz und breit. Beim Männchen ist das Costalfeld erweitert; die Costa mündet nahe der Flügelspitze mit einem Knick in die Subcosta. Die Flügel-breite beträgt bei beiden Geschlechtern 3 mm, die Länge beim Männchen 12 mm, beim Weibchen 15 mm (Durchschnittswerte). Daraus ergibt sich ein Verhältnis Länge: Breite von 4 (Männchen) bzw. 5 (Weibchen). Die Färbung bietet keine zuverlässigen Merkmale: Sie variiert besonders bei den Weib-chen außerordentlich und kann z. B. rotbraun, schwarzbraun, grau, grün oder rosenrot sein (s. unteres Foto). Beim Männchen ist die Abdomenspitze rot, beim Weibchen nicht. Die Größe schwankt zwischen 13 und 15 mm (Männchen) bzw. 17 und 22 mm (Weibchen). Imagines erscheinen von Mitte Juli bis November.

Vorkommen: Der Nachtigall-Grashüpfer ist eine unserer häufigsten Heu-schrecken. Er lebt an mäßig trockenen Stellen, etwa auf Wiesen und an Wegrändern und ist nirgends selten.

Gesang: Der Gesang besteht aus laut schmetternden Versen, die zur typi-schen Geräuschkulisse einer Sommerwiese gehören. Sie beginnen mit zunächst deutlich getrennten Schlägen, die immer dichter aufeinander fol-gen, gleichzeitig lauter werden und ganz abrupt nach etwa 2–3 s enden.

Ähnlich: Südlich des Alpenhauptkammes wird der Nachtigall-Grashüpfer durch den sehr ähnlichen, aber meist bunter gefärbten *Chorthippus eisen-tratuti* ersetzt. Bei diesem sind die Verse deutlich kürzer.

Chorthippus biguttulus ♂, Langenau SA 10.9.82
Chorthippus biguttulus ♀, rote Farbvariante, Hirschau b. Tübingen 12.9.81

Familie Acrididae *Feldheuschrecken*

Chorthippus brunneus *Brauner Grashüpfer*
(= Glyptobothrus brunneus, Stauroderus brunneus, S. bicolor,
S. variabilis part.)

Merkmale: Der Braune Grashüpfer ist durchschnittlich etwas größer als *Ch. biguttulus*. Er erreicht 14–18 mm (Männchen) bzw. 19–25 mm Körperlänge (Weibchen). Seine Flügel sind (absolut) länger und (relativ) schmäler. Beim Männchen ist das Costalfeld kaum erweitert; die Costa mündet fast gerade in die Subcosta. Bei durchschnittlich 3 mm Breite erreichen die Flügel beim Männchen im Schnitt 14,5 mm, beim Weibchen 18 mm Länge. Daraus ergibt sich ein Verhältnis Länge: Breite von 4,8 (Männchen) bzw. 6 (Weibchen). Wenn die Heuschrecke genau von der Seite fotografiert ist, lässt sich dieses Verhältnis leicht ausmessen. Die Färbung ist ähnlich variabel wie bei der vorangegangenen Art. Die Abdomenspitze ist beim Männchen und oft auch beim Weibchen oben rot. Adulte Tiere treten von Anfang Juli bis Oktober auf.

Vorkommen: *Chorthippus brunneus* ist etwas mehr an trockene Lebensräume gebunden als *Ch. biguttulus*. Er lebt z. B. in Sandgruben, auf Trockenrasen und trockenen Waldlichtungen. Er ist etwas seltener als der Nachtigall-Grashüpfer, kommt aber im gesamten Gebiet vor.

Gesang: Der Gesang ist sehr markant und leicht einzuprägen. Er besteht aus harten „sst"-Lauten von etwa 0,2 s Dauer. Diese werden in monotonen Folgen mit jeweils knapp 2 s Abstand vorgetragen. Sobald ein Männchen den Gesang eines anderen wahrnimmt, fällt es augenblicklich in dessen Gesang ein. Es kommt dann zu einem ganz regelmäßigen Wechselgesang zwischen zwei Tieren, wobei das eine immer genau in der Gesangspause des anderen singt, etwa „s̅s̅t̅ s̲s̲t̲ s̅s̅t̅ s̲s̲t̲ s̅s̅t̅ s̲s̲t̲". Die obere Reihe bezeichnet dabei das eine, die untere das andere Männchen. Man kann die Tiere auch leicht zum Singen anregen, indem man selbst versucht, ihren Gesang nachzuahmen. Dadurch lässt sich sogar ein Wechselgesang mit einer Heuschrecke aufnehmen.

Ähnlich: Auf der Balkanhalbinsel (nördlich bis Istrien) wird die Art durch den äußerst ähnlichen *Chorthippus bornhalmi* ersetzt. Dieser lässt sich von *Ch. brunneus* leicht durch seinen mehrsilbigen Gesang unterscheiden.

Chorthippus brunneus ♂, Ringingen SA 14.9.82
Chorthippus brunneus ♀, Ringingen SA 14.9.82

Familie Acrididae *Feldheuschrecken*

Chorthippus mollis *Verkannter Grashüpfer*
(= Glyptobothrus mollis, Stauroderus mollis, S. variabilis part.)

Merkmale: Der Verkannte Grashüpfer ist die dritte heimische Art aus der *Biguttulus*-Gruppe. Die Artberechtigung wurde erst durch das Studium der Gesänge eindeutig belegt. Er ist etwas kleiner als die beiden anderen Arten, 12,5–14 mm als Männchen und 17–19 mm als Weibchen (Diese Maße gelten allerdings nur für mitteleuropäische Tiere). In den Flügelmerkmalen steht die Art zwischen *Ch. biguttulus* und *Ch. brunneus*. Beim Männchen ist das Costalfeld etwas mehr als bei *Ch. brunneus* und etwas weniger als bei *Ch. biguttulus* erweitert; die Costa mündet mit einem ganz schwachen Knick in die Subcosta. Die Flügel sind nur 2,5 mm breit, beim Männchen 12 mm, beim Weibchen 15 mm lang. Als Verhältnis Länge: Breite ergibt sich 4,8 beim Männchen und 6 beim Weibchen (also die gleiche Werte wie bei *Ch. brunneus*). Die meisten Tiere sind unauffällig graubraun, die Abdomenspitze ist beim Männchen nur selten etwas rötlich (wie auf dem Foto oben). Imagines kommen von Juli bis Oktober vor.

Vorkommen: In seinen Ansprüchen ist *Chorthippus mollis* etwas wählerischer als die anderen Arten der *Biguttulus*-Gruppe. Er lebt fast nur an heißen, trockenen Stellen, z. B. auf felsigen Trockenrasen und in Heidegebieten. In seiner Gesellschaft sind meistens auch *Ch. biguttulus* und *Ch. brunneus* anzutreffen, öfters auch *Ch. vagans*.

Gesang: Der Gesang ist die sicherste und einfachste Möglichkeit, *Ch. mollis* anzusprechen. Bemerkenswert ist, dass beide Hinterschenkel verschiedene Töne erzeugen, die zu einem gemeinsamen Laut verschmelzen. Der eine Schenkel bringt einen Stoßlaut („z"), der andere ein Schwirren („rrr") hervor; aus beiden Bestandteilen wird ein „zrrr". Im Ablauf der etwa 20 s dauernden Strophe, die aus ca. 50 bis 60 Einzellauten besteht, ändert sich der relative Anteil der stoßenden und der schwirrenden Komponente: Zunächst ist nur das Stoßen zu hören, dann tritt zunächst leise, später immer lauter werdend das Schwirren hinzu, bis dieses schließlich das Stoßen ganz zurückdrängt. In gekürzter Form würde eine solche Strophe etwa lauten: „z-z-zr-zr-zrr-zrr-zrrr-zrrrr-rrrr-rrrr". Die Strophe endet mit einigen verlangsamt angefügten „rrr"-Lauten.

Chorthippus mollis, ♂ singend, Lautern SA 15.9.82
Chorthippus mollis ♀, Lautern SA 27.8.84

Chorthippus cialacensis *Cialancia-Grashüpfer*

Merkmale: Der Cialancia-Grashüpfer erreicht als Männchen 12–17 mm, als Weibchen 16–24 mm Körperlänge. Die Halsschildseitenkiele sind winklig eingebogen. Das Tympanum ist schmal nierenförmig, etwa wie bei *Chorthippus biguttulus*. Die deutlich verkürzten Flügel reichen beim Männchen etwa bis zur Abdomenmitte, manchmal bis kurz vor dessen Spitze, beim Weibchen höchstens bis zum 5. Segment. Die Grundfärbung schwankt zwischen ockergelb und dunkelbraun bis rotbraun. Ein auffallendes Merkmal sind die unterseits leuchtend rot oder gelb gefärbten Hinterschenkel. Die Hinterschienen sind stets rot gefärbt. Adulte Tiere erscheinen im August und September, vielleicht auch schon früher.

Vorkommen: Die Art wurde 1985 von Nadig in den Cottischen Alpen in der Umgebung der Pta. Cialancia (südlich von Perrero) in Höhen zwischen 2260 m und 2750 m entdeckt. Später wurde ein weiteres Vorkommen im Piano del Re am Nordfuß des Mont Viso bei etwa 2100 m Höhe gefunden. Sie besiedelt hier offene, steinige Stellen und tritt an den Fundorten z. T. in hoher Individuendichte auf. Charakteristische Begleitarten sind neben dem weit verbreiteten *Gomphocerus sibiricus* die für die Südwestalpen typischen Hochgebirgsarten *Epiposidma pedemontana* und *Anonconotus apenninigenus*, im Piano del Re aber statt Letzterem *Anonconotus baracunensis*. Das Vorkommen der zunächst als eigenen Art *Ch. sampeyrensis* beschriebenen Tiere (s.u.) schließt sich südlich des Mont Viso an und dürfte etwa bis zur Stura di Demonte reichen.

Wissenswertes: Die erst seit 1985 bekannte Art gehört sicher zu den interessantesten Neuentdeckungen der letzten Jahre. Noch im gleichen Jahr entdeckte Nadig weitere, recht ähnliche Tiere etwas weiter südlich, am Colle di Sampeyre, die er aufgrund auffallender Unterschiede in der Fühlerlänge, Flügelform und Färbung als *Chorthippus sampeyrensis* beschrieb (Nadig 1986). Eingehende Untersuchungen der Gesänge lassen aber mittlerweile eine Trennung in zwei Arten nicht sinnvoll erscheinen.

Fehlt in Deutschland

Chorthippus cialacensis ♂, Piano del Re CA 22.8.98
Chorthippus cialacensis ♀, Piano del Re CA 22.8.92

Familie Acrididae *Feldheuschrecken*

Chorthippus binotatus *Zweifleckiger Grashüpfer* (= Ch. saulcyi)

Merkmale: *Chorthippus binotatus* ist ein außerordentlich variabler, aber durch seine Größe meist auffallender Grashüpfer. Es gibt große Unterschiede zwischen verschiedenen, oft eng benachbarten Populationen. Dies führte zur Aufstellung mehrerer Arten und Unterarten, deren Status aber momentan nicht ausreichend geklärt scheint. Eine gründliche Revision, die auch biologische Untersuchungen einschließen sollte, erscheint daher dringend geboten. Die Körperlänge schwankt bei den Männchen zwischen 15 und 21 mm, bei den Weibchen zwischen 17 und 29 mm. Die Halsschildseitenkiele sind meist winklig geknickt, oft aber auch nur gebogen. Die Tympanalöffnung ist schmal spaltförmig. Die Flügel sind ähnlich geformt wie bei *Ch. brunneus*, nur etwas kürzer und breiter. Sie reichen bei beiden Geschlechtern fast oder ganz bis zur Abdomenspitze. Die Grundfärbung ist meist braun, seltener grün. Auffallend sind die roten Hinterschienen und die unterseits meist ebenfalls roten Hinterschenkel. Adulte Tiere erscheinen von Juli bis Oktober.

Vorkommen: Die Art ist von der Iberischen Halbinsel und den Pyrenäen bis zu den französischen Südalpen verbreitet. Sie lebt vorzugsweise im Gebirge in Höhen zwischen 1000 m und 2300 m, kommt aber gebietsweise (etwa in Spanien und an der französischen Atlantikküste) auch im Flachland vor. Sie bewohnt vorwiegend trockene, grasige und steinige Abhänge.

Gesang: Der Gesang besteht aus kurzen Versen, die sich jeweils aus mehreren (ca. fünf) kurzen Einzellauten zusammensetzen. Durch diese mehrsilbigen Verse ist die Art leicht vom auf den ersten Blick ähnlichen (aber durchschnittlich kleineren) *Chorthippus brunneus* zu unterscheiden.

Fehlt in Deutschland

Chorthippus binotatus ♂, Pic Neulos PO 10.9.91
Chorthippus binotatus ♀, Pic Neulos PO 10.9.91

Familie Acrididae *Feldheuschrecken*

Chorthippus dorsatus *Wiesengrashüpfer*

Merkmale: Der Wiesengrashüpfer und die noch folgenden *Chorthippus*-Arten gehören zur Untergattung *Chorthippus* i. e. S. Die Vertreter dieser Untergattung besitzen Halsschild-Seitenkiele, die gerade bis leicht gebogen, niemals aber winklig geknickt sind. Der Schwerpunkt ihrer Verbreitung liegt mehr in Feuchtgebieten, während die Arten der vorangegangenen Untergattung vorzugsweise in Trockengebieten zu Hause sind.

Bei *Chorthippus dorsatus* laufen die Halsschild-Seitenkiele im vorderen Drittel etwa parallel (oder ganz leicht zusammen), in den hinteren zwei Dritteln deutlich auseinander. Die Färbung ist meist einheitlich braun oder olivgrün, öfters auch am Rücken grasgrün und ansonsten braun. Zeichnungen fehlen weitgehend (ganz selten kommt beim Weibchen ein weißer Flügelstreifen vor). Oft liegt in der Färbung ein leichter Metallglanz.

Das Männchen hat eine rote Abdomenspitze. Die Körperlänge beträgt 14–18 mm (Männchen) bzw. 19–25 mm (Weibchen). Imagines erscheinen von Juli bis September.

Vorkommen: *Chorthippus dorsatus* lebt vorzugsweise auf mäßig feuchten Wiesen, besonders auf Streuwiesen im Randbereich von Mooren, aber auch an trockeneren Stellen. Die Art kommt im gesamten Gebiet nicht selten vor.

Gesang: Der Gesang besteht aus kurzen, kratzenden Tönen wie bei *Chorthippus parallelus*. Zum Schluss eines jeden Verses wird aber stets ein schwirrender Laut angefügt. Ein solcher Vers klingt wie „rärärärädsch" und dauert etwa 1 s.

Chorthippus dorsatus ♂, Baustetten OS 12.9.82
Chorthippus dorsatus ♀, Baustetten OS 12.9.82

Familie Acrididae *Feldheuschrecken*

Chorthippus albomarginatus *Weißrandiger Grashüpfer* (= Ch. elegans)

Merkmale: Der Weißrandige Grashüpfer ähnelt dem Wiesengrashüpfer, besonders das Männchen. In beiden Geschlechtern sind aber die Halsschild-Seitenkiele fast vollkommen gerade, von vorn nach hinten etwas divergierend, die Färbung ist braun, grau, gelblich oder grün. Oft ist das Weibchen am Rücken grün und sonst bräunlich. Die Flügel sind am Vorderrand beim Weibchen schwach, beim Männchen gar nicht erweitert (Ausnahme bei der Gattung *Chorthippus*!). Beim Weibchen verläuft durch das Costalfeld fast immer ein weißer Längsstreifen, der dem Männchen meist fehlt. Im Flügel des Männchens ist der s-förmig geschwungene Radius ein gutes Merkmal. Die Körperlänge schwankt zwischen 13 und 15 mm (Männchen) bzw. 18 und 21 mm (Weibchen). Imagines kommen von Juli bis Oktober vor.

Vorkommen: Der Weißrandige Grashüpfer lebt auf mäßig feuchten bis nassen Wiesen, auch auf Salzwiesen im Bereich der Meeresküste. Er ist in Norddeutschland häufig und wird nach Süden seltener (dort kommt er z. B. im Alpenvorland vor).

Gesang: Der Gesang ähnelt dem von *Stenobothrus nigromaculatus* und *Chorthippus brunneus*. Er setzt sich aus meist drei gleichmäßig lauten (also nicht wie bei *S. nigromaculatus* anschwellenden) Versen von etwa 0,5 s Dauer (also länger als bei *Ch. brunneus*) zusammen. Diese Verse klingen etwa wie „rrrrt". Oft kommt es auch hier zum Wechselgesang zweier Männchen.

Chorthippus albomarginatus ♂, (Ulm SA) 29.9.83
Chorthippus albomarginatus ♀, Rammingen SA 5.8.84

Familie Acrididae *Feldheuschrecken*

Chorthippus parallelus *Gemeiner Grashüpfer* (= Ch. longicornis part.)

Merkmale: Bei beiden Geschlechtern des Gemeinen Grashüpfers sind die Flügel verkürzt. Beim Männchen reichen sie knapp bis zur Abdomenspitze, beim Weibchen etwa bis zu dessen Mitte. Beim Vorderflügel des Männchens liegt das Stigma (ein Bereich mit verdichteter Aderung, der als weißlicher oder bräunlicher Fleck erscheint) höchstens 1,5 mm von der Flügelspitze entfernt. Wenn man ein Männchen in die Hand nimmt und gegen das Licht hält, kann man erkennen, dass die kurzen Hinterflügel weit vor dem Stigma enden. Beim Weibchen sind die Flügelstummel am Ende zugespitzt. Gelegentlich treten voll geflügelte Exemplare auf. Die Legeröhrenklappen sind deutlich kürzer als bei der folgenden Art. Die Grundfarbe schwankt zwischen grün, braun, gelblich und rötlich, auch bunt gescheckte Tiere kommen vor. Die Halsschild-Seitenkiele laufen im vorderen Drittel parallel oder etwas zusammen, in den hinteren zwei Dritteln auseinander. Die Hinterknie sind dunkel. Die Körperlänge beträgt 13–16 mm (Männchen) bzw. 17–23 mm (Weibchen). Adulte Tiere erscheinen ab Juni/Juli; sie können noch im November gefunden werden.

Vorkommen: Der Gemeine Grashüpfer dürfte die häufigste einheimische Heuschrecke sein. Man findet ihn zwar am zahlreichsten auf mäßig feuchten Wiesen, doch kommt er ebenso auf Trockenrasen, an Wegrändern und in Mooren vor. Er fehlt lediglich in extrem trockenen und in ganz nassen Gebieten. Zusammen mit *Metrioptera roeselii* ist er eine der letzten Arten, die auch auf überdüngten Fettwiesen überleben können.

Gesang: Der Gesang besteht aus kurzen Versen mit schnell gereihten, kratzenden Tönen. Ein solcher Vers klingt wie „sräsräsräsräsrä" und dauert gut 1 s. Die Verse folgen sich in etwa 3 s Abstand.

Chorthippus parallelus ♂, Riedheim BS 29.7.84
Chorthippus parallelus ♀, Riedheim BS 29.7.84

Familie Acrididae *Feldheuschrecken*

Chorthippus montanus *Sumpfgrashüpfer* (= Ch. longicornis part.)

Merkmale: *Chorthippus montanus* ähnelt so sehr der vorangegangenen Art, dass beide lange unter dem Namen *Ch. longicornis* zusammengefasst wurden. Zwar wurde mehrfach (schon vor 150 Jahren) eine Trennung versucht, aber von späteren Autoren immer wieder verworfen. Erst durch das eingehende Studium der Gesänge wurde auch in diesem Fall eine eindeutige Unterscheidung beider Arten möglich (Faber 1929). Eine Trennung nur nach morphologischen Merkmalen ist dagegen in vielen Fällen sehr schwierig. Beim Männchen des Sumpfgrashüpfers liegt das Stigma mindestens 2,5 mm von der Flügelspitze entfernt; die Hinterflügel erreichen dieses fast oder ganz. Beim Weibchen sind die Flügelspitzen breiter abgerundet und die Legeröhrenklappen deutlich länger als bei der anderen Art. In den übrigen Merkmalen, auch in der Größe, gleichen sich die beiden Arten weitgehend. Auch hier kommen manchmal voll geflügelte Exemplare vor, beim Weibchen auch alle Zwischenformen vorn kurzflügligen zu voll geflügelten. Imagines treten von Juli bis Oktober auf.

Vorkommen: Der Sumpfgrashüpfer ist deutlich seltener als *Ch. parallelus*. Er lebt vorwiegend auf sumpfigen Wiesen und Schwingrasen, oft in Gesellschaft von *Mecostethus grossus* und den *Conocephalus*-Arten. Gelegentlich findet man ihn aber auch an etwas trockeneren Stellen, wo er dann Mischpopulationen mit dem Gemeinen Grashüpfer bilden kann. Er kommt im gesamten Gebiet vor. Durch den allgemeinen Rückgang der Feuchtgebiete ist er gefährdet.

Gesang: Der Gesang ist lauter, aber etwas weicher als bei *Ch. parallelus*, vor allem deutlich langsamer. Die Verse bestehen auch hier aus gleichartigen Tönen, die wie „schr-schr-schr..." klingen. Ein einzelner Vers dauert etwa 2–3 s; nach etwa 5 s Abstand folgt der nächste.

Rote Liste 3

Chorthippus montanus ♂, Baustetten OS 25.8.82
Chorthippus montanus ♀, Arnegg SA 20.9.82

Familie Acrididae *Feldheuschrecken*

Euchorthippus declivus *Dickkopf-Grashüpfer*

Merkmale: Die *Euchorthippus*-Arten besitzen wie die Vertreter der Gattung *Chorthippus* eine deutliche Erweiterung am Vorderrand der Vorderflügel, unterscheiden sich von diesen aber durch die fast vollkommen geraden Halsschildseitenkiele und den auffallend großen, rundlichen Kopf. Außerdem besitzen die Männchen eine kegelförmig verlängerte Subgenitalplatte, ähnlich wie bei den Vertretern der Gattung *Chrysochraon*.

Der Dickkopf-Grashüpfer erreicht als Männchen 14–18 mm, als Weibchen 18–27 mm Körperlänge. Die schmalen Flügel sind deutlich verkürzt und enden bei beiden Geschlechtern stets vor der Abdomenspitze, beim Weibchen meist schon kurz hinter dessen Mitte. Die Subgenitalplatte des Männchens ist schmal kegelförmig verlängert (von der Seite betrachtet etwa doppelt so lang wie an der Basis hoch) und am Ende scharf zugespitzt. Die Grundfärbung ist gelblich oder graubraun bis dunkelbraun, bei den Männchen oft grünlich, mit meist deutlich entwickelten, dunkleren Längsbinden von den Augen zu den Halsschildseitenlappen und vielfach von dort weiter über die Flügel. Adulte Tiere erscheinen von Juli bis Oktober.

Vorkommen: *Euchorthippus declivus* ist im Mittelmeergebiet weit verbreitet und in den meisten Gegenden die häufigste Art der Gattung. Sein Verbreitungsgebiet reicht nördlich bis ins Burgenland und nach Niederösterreich, in die südliche Schweiz sowie entlang der Atlantikküste bis zur Insel Jersey. Er ist recht anpassungsfähig und besiedelt vor allem trockenes Ödland, daneben aber z. B. auch Waldlichtungen und Feuchtgebiete. Im Gebirge geht er kaum über 1000 m hinauf.

Gesang: Der Gesang besteht aus kurzen Versen von jeweils etwa 0,25–0,5 s Dauer, die etwa wie „drrrt" klingen und zu vier bis sechs in Folge vorgetragen werden. Sie erinnern etwas an die Laute von *Chorthippus brunneus*, klingen aber weniger scharf und stärker gedehnt, so dass die fünf bis sechs Einzelstöße, aus denen sich ein Kurzvers zusammensetzt, noch gerade eben wahrnehmbar sind.

Fehlt in Deutschland

Euchorthippus declivus ♂, Svetvincenat Is 22.7.88
Euchorthippus declivus ♀, Banjole Is 5.9.83

Familie Acrididae *Feldheuschrecken*

Euchorthippus pulvinatus *Gelber Grashüpfer*

Merkmale: Der Gelbe Grashüpfer ähnelt sehr dem Dickkopf-Grashüpfer, er scheint aber insgesamt deutlich schlanker als dieser, vor allem das Weibchen. Die Körperlänge beträgt beim Männchen 12–17 mm, beim Weibchen 20–27 mm. Die recht schmalen Flügel sind länger als bei der anderen Art; bei Tieren aus dem östlichen Teil des Verbreitungsgebietes (s.u.) reichen sie bei beiden Geschlechtern etwa bis zu den Hinterknien oder enden kurz davor, bei solchen aus dem westlichen Teilareal dagegen können sie, vor allem bei Weibchen, schon deutlich vor dem Hinterknie enden. Beim Männchen ist die Subgenitalplatte, von der Seite betrachtet, wenig länger als an der Basis hoch und am Unterrand kurz vor der Spitze deutlich konkav. Die Färbung ist meist gelblich oder hellbraun, seltener grünlich, mit ähnlicher Zeichnung wie bei der anderen Art. Adulte Tiere treten von Juli bis Oktober, z. T. noch im Dezember auf.

Vorkommen: Die Art besiedelt in Südeuropa und im südlichen Mitteleuropa zwei voneinander getrennte Teilareale mit zwei verschiedenen Unterarten. *E. pulvinatus pulvinatus*, die etwas länger geflügelte östliche Unterart, kommt von Niederösterreich und der Tschechischen Republik weiter nach Osten sowie vereinzelt in Italien vor. Die zweite, etwas kürzer geflügelte Unterart, *E. pulvinatus gallicus*, ist von Südfrankreich bis zur Iberischen Halbinsel verbreitet und geht nach Norden etwa bis zur Loire. Beide Unterarten verhalten sich etwas anspruchsvoller als *E. declivus* (mit dem sie aber zusammen vorkommen können), indem sie nur an trockenen, vegetationsarmen Stellen auftreten, besonders auf Sanddünen.

Ähnlich: Nach dem Gesang sind die *Euchorthippus*-Arten nicht sicher zu unterscheiden. In Südfrankreich und Spanien kommt mit *Euchorthippus chopardi* noch eine weitere, ähnliche Art dieser Gattung vor. Sie ähnelt im eher schlanken Erscheinungsbild am stärksten *E. pulvinatus*. Die Weibchen beider Arten sind nicht immer sicher zu unterscheiden. Das Männchen *E. chopardi* ist dagegen durch seine kurz kegelförmige, am Ende abgerundete Subgenitalplatte verhältnismäßig gut von den beiden anderen Arten zu unterscheiden. Alle drei Arten können in Südfrankreich nebeneinander vorkommen.

Fehlt in Deutschland

Euchorthippus pulvinatus ♂, Argeles Plage SF 9.9.91
Euchorthippus pulvinatus ♀, Argeles Plage SF 9.9.91

Glossar

Verzeichnis der Fachausdrücke und Abkürzungen
(Nähere Erklärungen der Körperteile im Kapitel Körperbau, ab S. 6)

Abdomen	Hinterkörper
adult	ausgewachsen
Analis	hinterste Längsader(n) im Flügel
Cercus (pl. Cerci)	zangen- oder stiftförmiger Hinterleibsanhang
Clypeus	Kopfschild, schildförmig abgegrenzte Region an der Kopfvorderseite
Costa	1. Längsader im Flügel
Costalfeld	Flügelfeld hinter der Costa
Coxa	Hüfte, 1. Beinglied
Cubitalfeld	Flügelfeld hinter dem Cubitus
Cubitus	5. Längsader im Flügel (meist in Zweizahl)
Exuvie	bei der Häutung zurückbleibende Körperhülle
Femur	Schenkel, 3. Beinglied
Halsschild	Rückenplatte des 1. Thoraxsegments
Halsschild-Seitenkiele	erhabene Linien oben an den Halsschildseiten
Halsschildseitenlappen	seitlich heruntergezogene Teile des Halsschilds
Imago (pl. Imagines)	erwachsenes Tier
Komplexauge	aus vielen Einzelaugen zusammengesetztes Auge
Labium	Unterlippe
Labrum	Oberlippe
Mandibel	Oberkiefer
Maxille	Unterkiefer
Media	4. Längsader im Flügel
Medialfeld	Flügelfeld hinter der Media
Mesonotum	Rückenplatte des 2. Thoraxsegments
Mesosternum	Bauchplatte des 2. Thoraxsegments
Metamorphose	Veränderung der Körpergestalt im Lauf der Entwicklung zum erwachsenen Tier
Metanotum	Rückenplatte des 3. Thoraxsegments
Metasternum	Bauchplatte des 3. Thoraxsegments
Metazona	durch Querfurche abgetrennter hinterer Teil des Halsschilds
Ocellen	Punktaugen
Palpen	Taster, gegliederte Anhänge der Mundwerkzeuge
Praecostalfeld	Flügelfeld vor der Costa
Pronotum	Halsschild
Prosternum	Bauchplatte des 1. Thoraxsegments
Prozona	durch Querfurche abgetrennter vorderer Abschnitt des Halsschilds
Radius	3. Längsader im Flügel
Schrilleiste	gezähnte Struktur zur Gesangserzeugung
Spermatophore	Samenkapsel
Spiegel	runde Membran im Vorderflügel männlicher Langfühlerschrecken, die das Stridulationsgeräusch verstärkt
Sternit	Bauchplatte
Stridulation	zirpende Geräuscherzeugung

Stylus (pl. Styli)	stiftförmiger Anhang der Subgenitalplatte bei den Männchen einiger Langfühlerschrecken
Subcosta	2. Längsader im Flügel
Subgenitalplatte	letzte Bauchplatte des Abdomens
Tarsus	Fuß, letzter, nochmals gegliederter Abschnitt des Insektenbeins
Tergit	Rückenplatte
Thorax	Brust, mittlerer Abschnitt des Insektenkörpers
Tibia	Schiene, 4. Beinglied
Trochanter	Schenkelring, 2. Beinglied
Tympanalöffnung	Öffnung des Hörorgans
Tympanum	Trommelfell
♂	Männchen
♀	Weibchen

Verwendete Abkürzungen bei den Fundorten hinter den Bildlegenden

()	Aufnahme nicht am Fundort gemacht
Ag	Allgäu
BaW	Bayerischer Wald
Bd	Baden
BS	Bayerisches Schwaben
Bu	Burgenland
CA	Cottische Alpen (Italien)
Ca	Camargue (Frankreich)
Ce	Cevennen (Frankreich)
FrA	Fränkische Alb
FrW	Frankenwald
Gr	Graubünden (Schweiz)
Is	Istrien (Kroatien)
LH	Lüneburger Heide
NöR	Nördlinger Ries
OS	Oberschwaben
Pf	Pfalz
Pi	Piemont (Italien)
Pr	Provence (Frankreich)
PO	Pyrénées-Orientales (Frankreich)
SA	Schwäbische Alb
SF	Südfrankreich
SG	Sankt Gallen (Schweiz)
SI	Slowenien
SN	Südniedersachsen
ST	Südtirol (Italien)
Ti	Tirol (Österreich)
To	Toscana (Italien)
Th	Thüringen
Tr	Trentino (Italien)
Un	Ungarn

Literaturverzeichnis

BELLMANN, H. (2004): Heuschrecken - Die Stimmen von 61 heimischen Arten. CD, Musikverlag Edition Ample

BRANDT, D. (1997): Einige Beobachtungen zu Vorkommen, Ökologie und Biologie der Östlichen Grille *Modicogryllus frontalis* (FIEBER, 1844) in Kiesgruben der Südlichen Oberrheinebene. Articulata 12 (2): 211-218

BUCHWEITZ, M. U. J. TRAUTNER (1997): In vino veritas? Zum Vorkommen der Östlichen Grille *Modicogryllus frontalis* (FIEBER, 1844) im Jagsttal (Baden-Württemberg). Articulata 12(2): 201-209

CHOPARD, L. (1951): Orthopteroides. Faune de France 56, Verlag P. Lechevalier, Paris

CORAY, A. (2003): *Phaneroptera nana* FIEBER, 1853 (Ensifera: Phaneropteridae) überwindet den Rhein bei Basel. Articulata 18(2): 247-250

CORAY, A. U. A.W. LEHMANN (1998): Taxonomie der Heuschrecken Deutschlands (Orthoptera): Formale Aspekte der wissenschaftlichen Namen. Articulata Beih. 7: 63-152

DETZEL, P. (1998): Die Heuschrecken Baden-Württembergs. Verlag Eugen Ulmer, Stuttgart

DUIJM, M. U. G. KRUSEMANN (1983): De Krekels en Sprinkhanen in de Benelux. Bibliotheek van de Koninklijke nederlandse natuurhistorische vereniging nr. 34, Amsterdam

EBNER, R. (1951): Kritisches Verzeichnis der orthopteroiden Insekten von Österreich. Verh. Zool. Bot. Ges. Wien 92: 143-165

FABER, A. (1928): Die Bestimmung der Deutschen Geradflügler (Orthopteren) nach ihren Lautäußerungen. Z. wiss. Insektenbiologie 23: 209-234

FABER, A. (1929): Die Lautäußerungen der Orthopteren I. Z. Morph. Ökol. Tiere 13: 745-803

FABER, A. (1932): Die Lautäußerungen der Orthopteren II. Z. Morph. Ökol. Tiere 26: 1-93

FABER, A. (1953): Laut- und Gebärdensprache bei Insekten, Orthoptera (Geradflügler) I. Ges. d. Freunde u. Mitarbeiter d. Staatl. Mus. f. Naturk. in Stuttgart: 1-198

FARTMANN, T. (1997): Zur Verbreitung von *Tettigonia caudata* (CHARPENTIER, 1825) und Nemobius sylvestris (BOSC, 1792) in Berlin und Brandenburg. Articulata 12(1): 59-74

FISCHER, H. (1948): Die schwäbischen *Tetrix*-Arten. Ber. Naturf. Ges. Augsburg 1: 40-87

FISCHER, H. (1950): Die klimatische Gliederung Schwabens auf Grund der Heuschreckenverbreitung. Ber. Naturf. Ges. Augsburg 3: 65-95

GERHARDT, U. (1913): Copulation und Spermatophoren von Grylliden und Locustiden I. Zool. Jb. Syst. 35: 415-532

GERHARDT, U. (1914): Copulation und Spermatophoren von Grylliden und Locustiden II. Zool. Jb. Syst. 37: 1-64

GÖTZ, W. (1936): Klimatische Grundlagen des Vorkommens von *Polysarcus denticaudus* (Orthopt.) im Gebiet der Schwäbischen Alb. Jh. Ver. vaterl. Naturkde. Württ. 92: 139-153

GÖTZ, W. (1965): Orthoptera, Geradflügler. In BROHMER, P., P. EHRMANN U. G. ULMER: Die Tierwelt Mitteleuropas Bd. 4. Quelle & Meyer Verlag, Leipzig

GREIN, G. (1984): Gesänge der heimischen Heuschrecken. Akustisch-optische Bestimmungshilfe. Schallplatte. Herausgegeben vom Niedersächsischen Landesverwaltungsamt, Hannover

GREIN, G. U. G. IHSSEN (1980): Bestimmungsschlüssel für die Heuschrecken der Bundes-republik Deutschland und angrenzender Gebiete. Deutscher Jugendbund f. Natur-beobachtung, Hamburg

HARZ, K. (1957): Die Geradflügler Mitteleuropas. Gustav Fischer Verlag, Jena

HARZ, K. (1960): Geradflügler oder Orthopteren (Blattodea, Mantodea, Saltatoria, Dermaptera). In DAHL, F.: Die Tierwelt Deutschlands. Gustav Fischer Verlag, Jena

HARZ, K. (1969): Die Orthopteren Europas Vol. I. Verlag Dr. W. Junk, The Hague

HARZ, K. (1971): 8.-11. Ord. Orthoptera, Geradflüger. In BROHMER, P.: Fauna von Deutsch-land, 11. Aufl. Quelle & Meyer Verlag, Heidelberg

HARZ, K. (1975): Die Orthopteren Europas Vol. II. Verlag Dr. W. Junk, The Hague.

HARZ, K. (1984): Rote Liste der Geradflügler (Orthoptera s. lat.). In BLAB, J. ET AL. (Hrsg.): Rote Liste der gefährdeten Tiere und Pflanzen in der Bundesrepublik Deutschland, 4. Aufl., Kilda Verlag, Greven

HARZ, K. U. A. KALTENBACH (1976): Die Orthopteren Europas Vol. III. Verlag Dr. W. Junk, The Hague

HAUPT, H. (1995): Faunistische Beobachtungen an Heuschrecken (Orthoptera: Saltato-ria) im Unteren Odertal bei Schwedt (Brandenburg) mit einem Wiederfund von *Platycleis montana* KOLLAR, 1833. Articulata 10(2): 161-175

HEITZ, S. & G. HERMANN (1993): Wiederfund der Braunfleckigen Beißschrecke (*Platycleis tesselata* CHARPENTIER 1829) in der Bundesrepublik Deutschland. Articulata 8(2): 83-87

HELFERT, B. U. K. SÄNGER (1975): Haltung und Zucht europäischer Heuschrecken (Ortho-ptera: Saltatoria) im Labor. Z. angew. Zoologie 62: 267-279

HELLER, K.-G. (1984): Zur Bioakustik und Pylogenie der Gattung *Poecilimon* (Orthoptera, Tettigoniidae, Phaneropterinae). Zool. Jb. Syst. 111: 69-117

HELLER, K.-G. (1988): Bioakustik der europäischen Laubheuschrecken. Ökologie in Forschung und Anwendung 1, Verlag J. Margraf, Weikersheim

HELLER, K.-G., KORSUNOVSKAYA, O., RAGGE, D.R., VEDENINA, V., WILLEMSE, F., ZHANTIEV, R.D. U. L. FRANTSEVICH (1998): Check-List of European Orthoptera. Articulata Beih. 7: 1-61

HELVERSEN, O. V. (1965): *Meconema meridionale* (Costa 1860) in der südlichen Ober-rhein-Ebene (Orth. Ensifera). Mitt. Dtsch. Ent. Ges. 28: 19-22

HÖLLDOBLER, K. (1947): Studien über die Ameisengrille (*Myrmecophila acervorum* Pan-zer) im mittleren Maingebiet. Mitt. Schweiz. Ent. Ges. 20: 607-648

HÖLZEL, E. (1955) Heuschrecken und Grillen Kärntens. Carinthia II, 19. Sonderheft

INGRISCH, S. (1976): Vergleichende Untersuchungen zum Nahrungsspektrum mittel-europäischer Laubheuschrecken (Saltatoria: Tettigoniidae). Entomol. Z. 86: 217-224

INGRISCH, S. (1977): Beitrag zur Kenntnis der Larvenstadien mitteleuropäischer Laub-heuschrecken (Orthoptera: Tettigoniidae). Z. angew. Zoologie 64: 459-501

INGRISCH, S. (1979): Zum Vorkommen von *Tetrix ceperoi* in Südhessen (Saltatoria: Tetri-gidae). Ent. Z. 89: 257-259

INGRISCH, S. (1982): Orthopterengesellschaften in Hessen. Hess. Faun. Briefe 2: 38-46

INGRISCH, S. (1991): Taxonomie der *Isophya*-Arten der Ostalpen (Grylloptera: Phanero-pteridae). Mitt. Schweiz. Ent. Ges. 64: 269-279

Ingrisch, S. u. G. Köhler (1998a): Die Heuschrecken Mitteleuropas. Die neue Brehm-Bücherei Bd. 629, Westarp Wissenschaften, Magdeburg

Ingrisch, S. u. G. Köhler (1998b): Rote Liste der Geradflügler (Orthoptera s.l.) in:

Binot, M., Bless R., Boye, P., Gruttke, H. u. P. Pretscher: Rote Liste gefährdeter Tiere Deutschlands. Schriftenreihe f. Landschaftspflege u. Naturschutz 55: 252-254

Jacobs, W. (1953): Verhaltensbiologische Studien an Feldheuschrecken. Z. Tierpsychol. Beiheft 1: 1-228

Janßen, B., Manderbach, R. u. M. Reich (1996): Zur Verbreitung und Gefährdung von *Tetrix tuerki* (Krauss,1876) in Deutschland. Articulata 11 (1): 81-86

Junker, E.A. (1997): Untersuchungen zur Lebensweise und Entwicklung von *Myrmecophilus acervorum* (Panzer, 1799) (Saltatoria, Myrmecophilidae). Articulata 12(2): 93-106

Köhler, G. (1985): *Stenobothrus crassipes* (Charp., 1825) (Orthoptera, Acrididae) – Erstnachweis für das Gebiet der DDR. Ent. Nachr. Ber. 29: 217-219

Kühnelt, W. (1960): Verbreitung und Lebensweise der Orthopteren der Pyrenäen. Zool. Beitr. (N.F.) 5: 557-580

La Greca, M. (1985): Contributo alla conoscenza degli Ortotteri delle Alpi occidentali piemontesi con descrizione di una nuova specie di *Stenobothrus*. Animalia 12 (1/3): 215-244

Luquet, G. (1978): La systématique des Acridiens Gomphocerinae du Mont Ventoux (Vaucluse) abordée par le biais du comportement acoustique (1) (Orthoptera, Acrididae). Annls. Soc. Ent. Fr. (N.S.) 14 (3): 415-450

Luquet, G. (1985): Les methodes d'investigation appliquées à l'étude écologique des Acridiens du Mont Ventoux (Vaucluse) (1) (Orthoptera Caelifera Acridoidea). Sciences Nat. 48: 7-22

Marshall, J.A. u. E.C.M. Haes (1988): Grasshoppers and allied Insects of Great Britain and Ireland. Harley Books, Colchester

Möller, G. u. R. Prasse (1991): Faunistische Mitteilungen zum Vorkommen der Ameisengrille (*Myrmecophilus acervorum* Panzer 1799) im Berliner Raum. Erster Nachweis eines Männchens in Mitteleuropa. Artciculata 6(1): 49-51

Nadig, A. (1931): Zur Orthopterenfauna Graubündens. Jahresber. Naturf. Ges. Graubündens 69: 1-69

Nadig, A. (1980): *Ephippiger terrestris* (Yersin) und *E. bormansi* (Brunner v. W.) (Orthoptera): Unterarten einer polytypischen Art. Beschreibung einer dritten Unterart: *E. terrestris caprai* ssp.n. aus den ligurischen Alpen. Rev. Suisse Zool. 87 : 473-512

Nadig, A. (1981): *Chorthippus alticola* Ramme und *Ch. rammei* Ebner (Orthoptera): Unterarten einer polytypischen Art! Atti Acc. Rov. Agiati 230 (1980), s. VI, v. 20 (B): 19-32

Nadig, A. (1986): Drei neue Gomphocerinae-Arten aus den Westalpen Piemonts. Articulata II (8): 213-233

Nadig, A. (1987 a): Zur Taxonomie, Verbreitung und Ökologie der Gattung *Epipodisma* (Orthoptera: Acrididae, Podismini) in den Alpen. Mitt. Schweiz. Ent. Ges. 60: 159-166

Nadig, A. (1987 b): Saltatoria (Insecta) der Süd- und Südostabdachung der Alpen zwischen der Provence im W, dem pannonischen Raum im NE und Istrien im SE

(mit Verzeichnis der Fundorte und Tiere meiner Sammlung)). I. Teil: Laubheuschrecken. Revue suisse Zool. 94 : 257-356

Nadig, A. (1989 a): Eine aus den Alpen bisher unbekannte Untergattung in der Schweiz:
Chrysochraon (Podismopsis) keisti sp. n. (Saltatoria,Acridinae). Mitt. Schweiz. Ent.
Ges. 62: 79-86

Nadig, A. (1989 b): Die in den Alpen, im Jura, in den Vogesen und im Schwarzwald
lebenden Arten und Unterarten von Miramella Dovnar-Zap. (Orthoptera, Catantopidae) auf Grund populationsanalytischer Untersuchungen, Atti Acc. Rov. Agiati
(1988), s. VI, v. 28 (B): 101-264

Nadig, A. (1991 a): Die Verbreitung der Heuschrecken (Orthoptera: Saltatoria) auf
einem Diagonalprofil durch die Alpen (Inntal-Maloja-Bregaglia-Lago di Como-
Furche). Jahresber. Naturf. Ges. Graubünden 106, 2. Teil

Nadig, A. (1991 b): *Stenobothrus nadigi* La Greca, 1985 und St. Ursulae Nadig, 1986 sind
synonym. Articulata 6 (1): 1-8

Nadig, A. u. P. Thorens (1991): Liste faunistique commentée des Orthopteres de Suisse
(Insecta, Orthoptera Saltatoria). Mitt. Schweiz. Entomol. Ges. 64: 281-291

Nadig, A. u. E. Steinmann (1972): Orthopteren (Gradflügler) und Apoiden (Bienen) am
Fuße des Calanda im Churer Rheintal. Jahresber. Naturf. Ges. Graubündens 95: 1-88

Oschmann, M. (1969): Bestimmungstabellen für die Larven mitteldeutscher Orthopteren. Dtsch. Ent. Z. N.F. 16: 277-291

Ramme, W. (1927): Die Eiablage von *Chrysochraon dispar* Germ. (Orth. Acrid.). Z. Morph.
Ökol. Tiere 7, 127-133

Ramme, W. (1951): Zur Systematik, Faunistik und Biologie der Orthopteren von Südost-
Europa und Vorderasien. Akademie-Verlag, Berlin

Schiemenz, H. (1978): *Saltatoria*-Heuschrecken. In Stresemann, E.: Exkursionsfauna für
die Gebiete der DDR und der BRD, Bd. 2/1, 4. Aufl. Verlag Volk und Wissen, Berlin

Schlumprecht, H. u. G. Waeber (2003): Heuschrecken in Bayern. Verlag Eugen Ulmer,
Stuttgart

Schmidt, G. H. u. G. Schach (1978): Biotopmäßige Verteilung, Vergesellschaftung und
Stridulation der Saltatorien in der Umgebung des Neusiedler Sees. Zool. Beitr. 24:
201-308

Szijj, J. (2004): Die Springschrecken Europas. Die Neue Brehm-Bücherei Bd. 652,
Westarp Wissenschaften, Hohenwarsleben

Tauscher, H. (1986): Unsere Heuschrecken, Franckh'sche Verlagshandlung, Stuttgart

Thorens, P. u. A. Nadig (1997): Verbreitungsatlas der Orthopteren der Schweiz. Docu-
menta Faunistica Helvetiae 16, Schweizerisches Zentrum für die kartographische
Erfassung der Fauna, Neuchatel

Treiber R. u. M. Albrecht (1996): Die Große Schiefkopfschrecke (*Ruspolia nitidula*
Scopoli, 1786) neu für Bayern und Wiederfund für Deutschland (Orthoptera,
Saltatoria). Nachr.bl. Bayer. Entomol. 45 (3/4): 60-72

Tümpel, R. (1901): Die Geradflügler Mitteleuropas. M. Wilckens Verlag, Eisenach

Zacher, F. (1917): Die Geradflügler Deutschlands und ihre Verbreitung. Gustav Fischer
Verlag, Jena

Register

Acheta desertus 170
Acheta domesticus 168
Acheta frontalis 170
Acrida ungarica 248
Acrididae 220ff.
Acridinae 248
Acrometopa italica 76
Acrometopa macropoda 76
Acrometopa servillea 76
Acrotylus insubricus 234
Acrotylus patruelis 234
Acrydium bipunctatum 190
Acrydium subulatum 184
Aeropedellus variegatus 298
Aeropus sibiricus 296
Aiolopus strepens 238
Aiolopus thalassinus 238
Alpengrashüpfer, Bunter 280
Alpenschrecke 150
–, Südliche 152
Ameisengrille 180
Anacridium aegypticum 214
Anonconotus alpinus 150
Anonconotus apenninigenus 152
Anonconotus baracunensis 152
Antaxius difformis 148
Antaxius pedestris 148
Arachnocephalus vestitus 178
Arcyptera fusca 250
Arcyptera kheili 254
Arcyptera microptera 252

Barbitistes constrictus 80
Barbitistes fischeri 82
Barbitistes obtusus 82
Barbitistes ocskayi 84
Barbitistes serricauda 78
Barbitistes yersini 84
Beißschrecke, Braunfleckige 124
–, Gebirgs- 134
–, Graue 122
–, Istrische 134

–, Kleine 126
–, Kurzflüglige 132
–, Roesels 130
–, Steppen- 124
–, Südliche 122
–, Südöstliche 126
–, Veränderte 128
–, Westliche 120
–, Zweifarbige 132
Beißschrecken 114ff.
Bergschrecke, Alpine 148
–, Atlantische 148
–, Balkan- 152
Bodengrille, Dunkle 178
Bohemanella frigida 204
Bryodema tuberculata 230
Bryodemella tuberculata 230
Buntschrecke, Gehöckerte 98
–, Große 98
–, Kleine 96
–, Zierliche 94
Buschgrille 178

Calephorus compressicornis 246
Calliptamus italicus 216
Catantopidae 200ff.
Celes variabilis 228
Chorthippus albomarginatus 328
Chorthippus alticola 312
Chorthippus apricarius 308
Chorthippus biguttulus 316
Chorthippus binotatus 324
Chorthippus bornhalmi 318
Chorthippus brunneus 318
Chorthippus cialacensis 322
Chorthippus dorsatus 326
Chorthippus eisentrauti 316
Chorthippus elegans 328
Chorthippus longicornis part. 330, 332
Chorthippus mollis 320
Chorthippus montanus 332
Chorthippus parallelus 330

Chorthippus pullus 310
Chorthippus sampeyrensis 322
Chorthippus saulcyi 324
Chorthippus scalaris 306
Chorthippus vagans 314
Chorthopodisma cobellii 210
Chrysochraon brachytpera 262
Chrysochraon dispar 260
Chrysochraon keisti 264
Conocephalinae 106ff.
Conocephalus discolor 106
Conocephalus dorsalis 108
Conocephalus fuscus 106
Conocephalus mandibularis 108
Cophopodisma pyrenaea 212
Cyrtaspis scutata 105

Decticinae 114ff.
Decticus albifrons 116
Decticus verrucivorus 114
Dociostaurus brevicollis 256
Dociostaurus genei 256
Dociostaurus maroccanus 258
Dolichopoda 164
Dornschrecke, Eingedrückte 192
–, Gemeine 188
–, Langfühler- 188
–, Mittelmeer- 192
–, Türks 186
–, Westliche 186
–, Zweipunkt- 190
Dornschrecken 184ff.
Dreifarbschrecke 246

Eichenschrecke, Gemeine 102
–, Schildförmige 105
–, Südliche 104
Eichenschrecken 102ff.
Epacromia thalassina 238
Epacromius tergestinus 240
Ephippiger discoidalis 156
Ephippiger ephippiger 154

Ephippiger provincialis 158
Ephippiger terrestris 156
Ephippiger vitium 154
Ephippigerinae 154ff.
Epipodisma pedemontana 208
Epipodisma waltheri 208
Euchorthippus declivus 334
Euchorthippus pulvinatus 336
Eugryllodes pipens 172
Eumodicogryllus bordigalensis 172
Eupholidoptera chabrieri 142
Euthystira brachyptera 262

Feldgrille 166
Feldgrille, Mittelmeer- 168
Feldheuschrecken 220ff.
Felsgrashüpfer 290
Flachfühlerschrecke 246

Gampsocleis glabra 118
Gebirgsgrashüpfer 306
Gebirgsschrecke, Alpine 202
–, Gewöhnliche 200
–, Monte-Baldo- 210
–, Monte-Pasubio- 210
–, Nordische 204
–, Pyrenäen- 212
–, Südwestalpen- 208
Gewächshausschrecke 162
Glyptobothrus apricarius 308
Glyptobothrus biguttulus 316
Glyptobothrus brunneus 318
Glyptobothrus mollis 320
Glyptobothrus vagans 314
Glytobothrus pullus 310
Goldschrecke, Große 260
–, Kleine 262
–, Schweizer 264
Gomphoceridius brevipennis 304
Gomphocerinae 250ff.
Gomphocerippus rufus 300
Gomphocerus maculatus 302

Gomphocerus rufus 300
Gomphocerus sibiricus 296
Grabschrecke, Pfaendlers 194
Grabschrecken 194
Grashüpfer 250ff.
Grashüpfer, Aostatal- 278
–, Brauner 318
–, Buntbäuchiger 286
–, Bunter 284
–, Cialancia- 322
–, Cottischer 282
–, Dickkopf- 334
–, Feld- 308
–, Gelber 336
–, Gemeiner 330
–, Gezeichneter 272
–, Kiesbank- 310
–, Nachtigall- 316
–, Pyrenäen- 294
–, Rotleibiger 288
–, Schwarzfleckiger 268
–, Spanischer 258
–, Südfranzösischer 292
–, Südlicher 274
–, Südosteuropäischer 256
–, Südwesteuropäischer 256
–, Verkannter 320
–, Weißrandiger 328
–, Zweifleckiger 324
Grille, Feld- 166
–, Gelbe 172
–, Östliche 170
–, Stumme 180
–, Südliche 172
Grillen 166ff.
Grünschrecken 206
Gryllidae 166ff.
Gryllomorpha dalmatina 180
Gryllotalpa gryllotalpa 182
Gryllotalpa vulgaris 182
Gryllotalpidae 182
Gryllulus domesticus 168

Gryllus bimaculatus 168
Gryllus campestris 166

Heidegrashüpfer 266
Heidegrashüpfer, Kleiner 270
Heideschrecke 118
Heimchen 168
Heupferd, Grünes 110
Heupferd, Östliches 112
Heupferde 110ff.
Höckerschrecke, Große 250
–, Kleine 252
–, Provence- 254
Höhengrashüpfer 312
Höhlenschrecken 162ff.
Homorocoryphus nitidulus 108

Isophya brevicauda 94
Isophya costata 94
Isophya kraussii 92
Isophya modestior 94
Isophya pyrenaea 92

Kegelkopfschrecken 198
Keulenschrecke, Alpen- 298
–, Gefleckte 302
–, Langfühlerige 304
–, Pyrenäen- 304
–, Rote 300
–, Sibirische 296
Knarrschrecke, Flügellose 208
–, Kleine 214
Knarrschrecken 200ff.
Kreuzschrecke 236

Langbeinschrecken 164
Laubheuschrecken 72ff.
Lauchschrecke 244
Leptophyes albovittata 86
Leptophyes boscii 90
Leptophyes laticauda 90
Leptophyes punctatissima 88

Locusta danica 222
Locusta migratoria 222
Locustinae 220ff.

Maulwurfsgrille 182
Meconema meridionale 104
Meconema thalassinum 102
Meconema varium 102
Meconeminae 102ff.
Mecostethus alliaceus 244
Mecostethus grossus 242
Mecostethus parapleurus 244
Melanogryllus desertus 170
Melanoplus frigidus 204
Metrioptera bicolor 132
Metrioptera brachyptera 132
Metrioptera grisea part. 120
Metrioptera kuntzeni 134
Metrioptera roeselii 130
Metrioptera saussuriana 134
Micropodisma salamandra 208
Miramella alpina 202
Miramella carinthiaca 202
Miramella formosanta 202
Miramella irena 202
Modicogryllus frontalis 170
Mogoplistes brunneus 178
Myrmecophilus acervorum 180
Myrmeleotettix antennatus 304
Myrmeleotettix maculatus 302

Nasenschrecke, Gewöhnliche 248
Nasenschrecken 248
Nemobius sylvestris 174

Ödlandschrecke, Blauflügelige 224
–, Insubrische 234
–, Rotflügelige 226
–, Schlanke 234
Ödlandschrecken 220ff.
Odontopodisma decipiens 206
Odontopodisma falla 206

Odontopodisma rammei 206
Odontopodisma schmidtii 206
Oecanthus pellucens 182
Oedaleus decorus 236
Oedipoda caerulescens 224
Oedipoda germanica 226
Omocestus antigai 294
Omocestus broelemanni 294
Omocestus haemorrhoidalis 288
Omocestus petraeus 290
Omocestus raymondi 292
Omocestus rufipes 286
Omocestus ventralis 286
Omocestus viridulus 284
Orphania denticauda 100

Pachytilus migratorius 222
Pachytrachis gracilis 144
Pachytrachis striolatus 144
Pamphagidae 196ff.
Paracaloptenus bolivari 218
Paracaloptenus caloptenoides 218
Paracaloptenus cristatus 218
Paracinema tricolor 246
Parapleurus alliaceus 244
Paratettix meridionalis 192
Pezotettix giornae 214
Pferdeschrecke 228
Phaneroptera falcata 72
Phaneroptera nana 74
Phaneroptera quadripunctata 74
Phaneropterinae 72ff.
Pholidoptera aptera 136
Pholidoptera fallax 140
Pholidoptera griseoaptera 138
Pholidoptera littoralis 140
Platycleis affinis 122
Platycleis albopunctata 120
Platycleis denticulata 120
Platycleis grisea 122
Platycleis modesta 128
Platycleis montana 124

Platycleis stricta 126
Platycleis tesselata 124
Platycleis veyseli 126
Platycleis vittata 126
Plumpschrecke, Gemeine 92
–, Kurzschwänzige 94
Podisma alpina 202
Podisma pedestris 200
Podismopsis keisti 264
Poecilimon ampliatus 98
Poecilimon elegans 96
Poecilimon gracilis 94
Poecilimon ornatus 98
Polysarcus denticauda 100
Prionotropis hystrix 196
Prionotropis rhodanica 198
Pseudoprumna baldensis 210
Psophus stridulus 220
Psorodonotus illyricus 152
Pterolepis germanica 146
Pteronemobius concolor 176
Pteronemobius heydenii 176
Pteronemobius lineolatus 176
Pyrgomorpha conica 198
Pyrgomorphidae 198

Ramburiella hispanica 258
Rhacocleis germanica 146
Rhaphidophoridae 162ff.
Ruspolia nitidula 108

Säbeldornschrecke 184
Säbelschrecke, Dunkle 84
–, Graugrüne 84
–, Laubholz- 78
–, Nadelholz- 80
–, Südalpen- 82
–, Südfranzösische 82
Saga pedo 160
Sägeschrecke, Große 160
Sägeschrecken 160
Saginae 160

Sandschrecke, Blauflügelige 232
Sattelschrecke, Balkan- 156
–, Kantige 158
–, Provence- 158
–, Steppen- 154
–, Südalpen- 156
Sattelschrecken 154ff.
Schiefkopfschrecke, Große 108
Schildschrecke, Korsische 142
Schnarrschrecke, Gefleckte 230
–, Rotflügelige 220
Schönschrecke, Italienische 216
–, Kurzflüglige 218
Schwertschrecke, Kurzflüglige 108
–, Langflüglige 106
Schwertschrecken 106ff.
Sepiana sepium 128
Sichelschrecke, Gemeine 72
–, Langbeinige 76
–, Lilienblatt- 74
–, Vierpunktige 74
Sichelschrecken 72ff.
Sphingonotus caerulans 232
Stauroderus apricarius 308
Stauroderus bicolor 318
Stauroderus biguttulus 316
Stauroderus brunneus 318
Stauroderus mollis 320
Stauroderus morio 306
Stauroderus pullus 310
Stauroderus scalaris 306
Stauroderus vagans 314
Stauroderus variabilis part. 316, 318, 320
Steinschrecke, Crau- 198
–, Gesägte 196
Steinschrecken 196ff.
Stenobothrus broelemanni 294
Stenobothrus cotticus 282
Stenobothrus crassipes 276
Stenobothrus eurasius 274
Stenobothrus fischeri 274
Stenobothrus grammicus 272

Stenobothrus lineatus 266
Stenobothrus nadigi 278
Stenobothrus nigromaculatus 268
Stenobothrus rubicundulus 280
Stenobothrus stigmaticus 270
Stenobothrus ursulae 278
Steppengrashüpfer 314
Steppengrille 170
Stethophyma fusca 250
Stethophyma grossum 242
Strandschrecke, Braune 238
–, Fluss- 240
–, Grüne 238
Strauchschrecke, Alpen- 136
–, Gewöhnliche 138
–, Grüne 142
–, Kleine 146
–, Küsten- 140
–, Südliche 140
–, Zierliche 146
Südschrecke, Gestreifte 144
–, Zierliche 144
Sumpfgrashüpfer 332
Sumpfgrille 176
Sumpfgrille, Gestreifte 176
Sumpfschrecke 242

Tachycines asynamorus 162
Tartarogryllus bordigalensis 172
Tetrigidae 184ff.
Tetrix bipunctata 190
Tetrix ceperoi 186
Tetrix nutans 188
Tetrix subulata 184
Tetrix tenuicornis 188
Tetrix tuerki 186
Tetrix undulata 188
Tetrix vittata 188
Tettigonia cantans 112
Tettigonia caudata 112

Tettigonia viridissima 110
Tettigoniidae 72ff.
Tettigoniinae 110ff.
Thamnotrizon apterus 136
Thamnotrizon cinereus 138
Thyreonotus corsicus 142
Tridactylidae 194
Tridactylus pfaendleri 194
Troglophilus neglectus 164
Tylopsis liliifolia 74

Uromenus rugosicollis 158
Uvarovitettix depressus 192

Waldgrille 174
Wanderheuschrecke,
    Ägyptische 214
–, Europäische 222
–, Marokkanische 258
Wanstschrecke 100
Warzenbeißer 114
Warzenbeißer,
    Südlicher 116
Weinhähnchen 182
Wiesengrashüpfer 326

Xiphidium dorsale 108
Xiphidium fuscum 106
Xya pfaendleri 194
Xya variegata 194

Yersinella raymondi 146

Zartschrecke, Boscis 90
–, Gestreifte 86
–, Punktierte 88
–, Südliche 90
Zaunschrecke 128
Zwerggrashüpfer 276
Zwitscherschrecke 112

Impressum

Mit 309 Farbfotos, 111 Zeichnungen sowie 52 Gesangsdiagrammen.
Alle Fotos stammen von Heiko Bellmann außer folgende Aufnahmen: J. Coin (S. 173 oben), S. Ingrisch (S. 95), S. Plüss (S. 123, 141 unten, 157 unten, 159 oben)

Umschlaggestaltung von eStudio Calamar unter Verwendung von einem Foto der Gewöhnlichen Gebirgsschrecke (*Podisma pedestris*) von Heiko Bellmann.

Das Foto auf S. 1 zeigt Roesels Beißschrecke (*Metrioptera roeselii*), das auf S. 2. die Große Höckerschrecke (*Arcyptera fusca*) und das auf S. 4/5 den Warzenbeißer (*Decticus verrucivorus*) und das auf S. 70/71 die Sattelschrecke (*Ephippiger ephippiger*).

Bibliografische Information der Deutschen Bibliothek
Die Deutsche Bibliothek verzeichnet diese Publikation in der Deutschen National-bibliografie; detaillierte bibliografische Daten sind im Internet über http://dnb.ddb.de abrufbar.

Bücher · Kalender · Experimentierkästen · Kinder- und Erwachsenenspiele

Natur · Garten · Essen & Trinken · Astronomie
Hunde & Heimtiere · Pferde & Reiten · Tauchen · Angeln & Jagd
Golf · Eisenbahn & Nutzfahrzeuge · Kinderbücher

Informationen senden wir Ihnen gerne zu

KOSMOS Postfach 10 60 11
D-70049 Stuttgart
TELEFON +49 (0)711-2191-0
FAX +49 (0)711-2191-422
WEB www.kosmos.de
E-MAIL info@kosmos.de

Gedruckt auf chlorfrei gebleichtem Papier

© 2006, Franckh-Kosmos Verlags-GmbH & Co. KG, Stuttgart
Alle Rechte vorbehalten
ISBN-13: 978-3-440-10447-7
ISBN-10: 3-440-10447-8
Projektleitung: Teresa Baethmann
Lektorat: Bärbel Oftring
Produktion: Siegfried Fischer / Johannes Geyer
Grundlayout: eStudio Calamar
Printed in Czech Republic / Imprimé en République Tchèque